D1691748

Michael Pucher • Christian Thomaser

[signature: Walter Schachner]

Bravo GAK!

100 Jahre österreichischer Spitzenfußball
mit steirischer Tradition

SV

Steirische Verlagsgesellthaft

Dieses Buch wurde mit Unterstützung der Sportabteilung des Landes Steiermark hergestellt.

ISBN 3-85489-070-2
© Copyright 2002 by LIEBHERR GAK, 8041 Graz, Stadionplatz 1

Alle Rechte, insbesonders des – auch auszugsweisen – Nachdrucks, der phono- und phototechnischen Reproduktion, Fotokopie, Mikroverfilmung und Wiedergabe durch bestehende oder künftige Medien sind dem LIEBHERR GAK, der Steirischen Verlagsgesellschaft und dem Kompetenz Verlag vorbehalten und bedürfen auch der ausdrücklichen Zustimmung der Autoren.

Redaktion: Mag. Michael Pucher, Christian Thomaser und Gastautoren,
DI Herbert Rienessel und Robert Rienessel (Statistik)
Konzept: Dr. Klaus Edlinger
Organisation: Dr. Gernot Wainig, Christian Thomaser
Gestaltung, Graphik, Layout: Kompetenz Verlag, 8045 Graz-Weinitzen, Prenterweg 9
Hans Obersteiner & Andreas Postpüschel
Umschlag: SYMBOL (Foto), Andreas Postpüschel (Gestaltung)
Fotos: SYMBOL, Sepp Pail, Der Plankenauer, GAK-Archiv, Robert Frankl
Druck: LeykamDruck

100 Jahre GAK

Inhalt

Vorworte	7
Rudi Roth: Vom Fan zum Präsidenten	16

Gestern

Heribert Kasper und seine Erinnerungen	19
Chronik 100 Jahre GAK	21
Die Körösistraße – Eine Sportstätte mit Geschichte	31
Vom Mäzenatentum zum Sponsoring	33
Die Tiefschläge in 100 Jahren GAK	35
Warum lebt der GAK noch immer?	36
Legionäre aus 29 Ländern	38
Die anderen Sektionen des GAK	42
Der GAK und seine Trainer	45
Alle GAK-Trainer ab 1948	49
Die Teamspieler des GAK	55
Das Jahrhundert-Team	58
Der Trainer des Jahrhunderts	62
Der Spieler des Jahrhunderts	62
Nachwuchs mit Tradition	63
Universalgeschichte des Bösen	64
It´s Derbytime	66
Ein richtiger Sir	69
Schöner fremder Mann	70
Mein Bruder – Erinnerungen	73
Der GAK im Europacup	76
Das große Spiel gegen Inter Mailand	79
Offensive auf Tisch 1	81
Der GAK in seinen 5 ÖFB-Cup-Finalis	83

Inhalt

Heute

Präsidium und Vorstand	89
Die Saison 2001/2002	90
Die Spieler der Saison 2001/2002	94
Die sportliche Leitung	101
Ein GAK-Training	103
Die Südkurve	105
Das Porträt eines Fans	106
Unsere Fanclubs	107
Alle Fanklubs des GAK	109
Sturmfreie Bude	120
Am Stammtisch mit den Stars	121
Der VIP-Club	122
Teuflische Fanartikel	124
Rote Front im Hintergrund	126
Portrait des Platzwarts	128
Die Stimme des GAK	129
Teufelspost und Internet	130

Morgen

Fußballer mit Köpfchen Die GAK-Akademie	132
Vom BNZ-GAK zur Akademie	134
Die Amateure vom ESK/GAK	136
Der GAK-Nachwuchs	137
Visionen des Präsidenten	138

Statistik

Alle Präsidenten des GAK	140
Alle Spieler des GAK von 1902–2002	142
Die Teamspieler des GAK	165
Der GAK im Europacup	166
Alle Tabellen seit 1952	169
Der GAK im ÖFB-Cup	177
Derbies im Oberhaus	178
Die Autoren dieses Buches	182

Vorwort

Der GAK ist steirische Tradition

Der GAK ist ein Stück steirischer Sporttradition und unmittelbar mit der Entwicklung des Fußballs in der Steiermark verbunden. Die Athletiker sind für einige Meilensteine in der steirischen Fußballgeschichte verantwortlich. So war der GAK der erste Verein, der Auslandsreisen unternahm, mit Wunderteamtorhüter Rudi Hiden den ersten ganz großen Star in seinen Reihen hatte und als erster steirischer Klub österreichischer Amateurmeister wurde.

Der GAK war 1930 auch der erste mitteleuropäische Verein, der eine Tournee durch Afrika machte. Mit Stefan Kölly hatte der Grazer Athletik Klub 1952 den ersten Spieler eines steirischen Vereins in seinen Reihen, der in das Nationalteam einberufen wurde. Der GAK schaffte es neben Rapid und Austria Wien als einziger Klub, 23 Jahre lang ununterbrochen in der obersten Spielklasse zu bestehen und 1981 mit dem Sieg im ÖFB-Cup den ersten Fußballtitel für die Steiermark zu gewinnen.

In der 100-jährigen Vereinsgeschichte des GAK gab es aber nicht nur sonnige Zeiten. 1976 stand der Klub kurz vor dem Ruin, aber der unvergessene Konrad Reinthaler ging für seinen GAK im wahrsten Sinne des Wortes betteln und rettete den GAK.

Diese Höhen und Tiefen beweisen, wie fest der GAK mit dem steirischen Sport verwurzelt ist und welche Tradition dieser Verein hat.

Das 100-Jahr-Jubiläum des GAK ist für mich als Landeshauptmann der Steiermark ein schöner Anlass, ein herzliches Danke an alle Spieler und Funktionäre zu sagen, die diesen Verein durch all diese Jahre begleitet haben und ein Vorbild für die steirische Jugend waren.

Die 100-jährige Geschichte des GAK ist das Fundament für zumindest weitere 100 Jahre Spitzenfußball in der Steiermark!

Waltraud Klasnic
Landeshauptmann der Steiermark

Vorwort

Königliche Auszeichnung

Auf und ab – so spielt das Leben, so läuft der Ball. Eine wechselvolle Geschichte, längst nicht mehr aktuelle Tabellen und alte Zeitungsberichte sind unsere Zeugen, dass es so ist.

Es ist wohl mehr als das Glück des Tüchtigen, dass gerade die Zeit um das Jubiläumsjahr 2002 beim GAK von guten Ergebnissen, spannenden Spielen und insgesamt einer interessanten Entwicklung des Vereines geprägt ist. Ich denke etwa an den baldigen Startschuss für das Trainingszentrum oder die Fußballakademie, die wir in gemeinsamer Anstrengung zwischen dem Land Steiermark und dem Verein realisieren. Der GAK spielt derzeit im österreichischen Fußball eine neue, wichtige Rolle und die glanzvolle Fußballära unter dem engagierten Präsidenten Rudi Roth ist von außerordentlicher Dynamik und klarer strategischer Planung geprägt. Ich bin sehr stolz auf diesen GAK und auf all jene, die an diesem Erfolg hart arbeiten.

Nach einer sehr gelungenen Saison, gekrönt durch den Cup-Sieg, ist der GAK nun reif für das „königliche Spiel" gegen Real. Ich bin stolz und dankbar, dass ich zum Jubiläum ein wenig mithelfen konnte, dieses Geburtstagsgeschenk zu realisieren. Dieses Spiel ist eine mehr als verdiente Auszeichnung für einen steirischen Fußballklub mit einer traditionsreichen Geschichte.

Ich wünsche dem GAK weiter so viel Teamgeist und fußballerischen Erfolg.

Landesrat Dr. Gerhard Hirschmann

Vorwort

Ein Titel zum Geburtstag

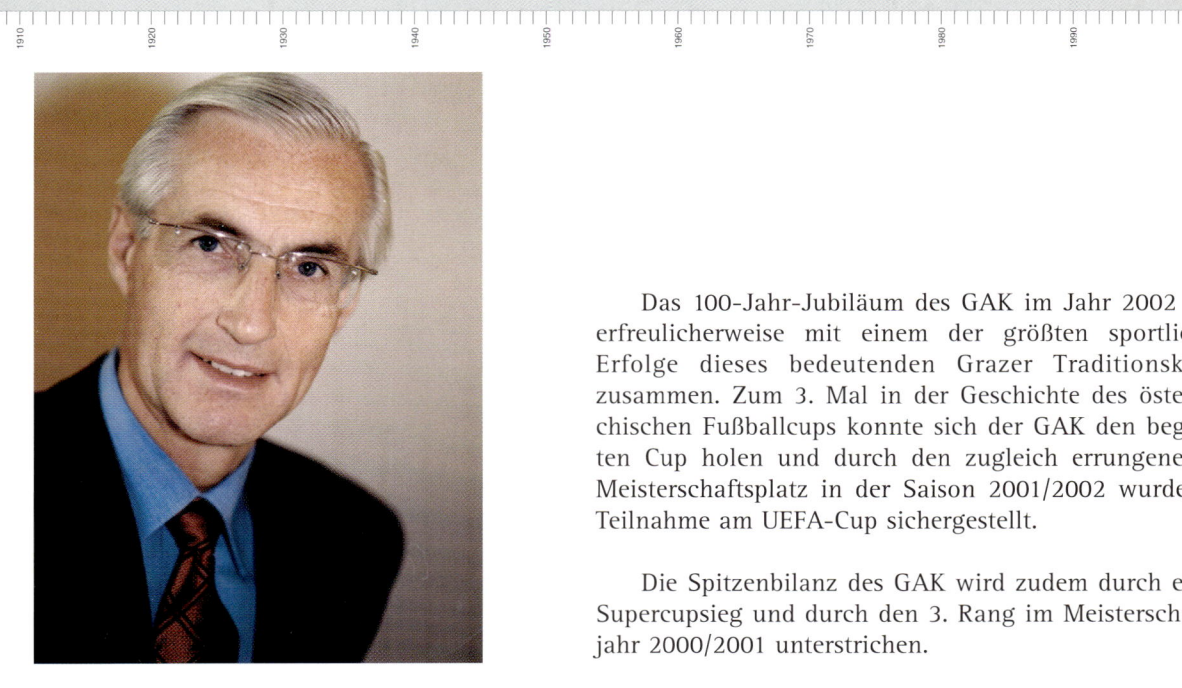

Das 100-Jahr-Jubiläum des GAK im Jahr 2002 fällt erfreulicherweise mit einem der größten sportlichen Erfolge dieses bedeutenden Grazer Traditionsklubs zusammen. Zum 3. Mal in der Geschichte des österreichischen Fußballcups konnte sich der GAK den begehrten Cup holen und durch den zugleich errungenen 3. Meisterschaftsplatz in der Saison 2001/2002 wurde die Teilnahme am UEFA-Cup sichergestellt.

Die Spitzenbilanz des GAK wird zudem durch einen Supercupsieg und durch den 3. Rang im Meisterschaftsjahr 2000/2001 unterstrichen.

Bei aller Bedeutung solcher Erfolge für den österreichischen und steirischen Fußball, liegt eines der Geheimnisse dieser Grazer Mannschaft in der kontinuierlichen Nachwuchsarbeit. Diese Jugendarbeit dient nicht nur den sportlichen Ambitionen der Jugend und der Nachwuchspflege des GAK, sondern ist auch im Hinblick auf die gesellschaftliche Integration junger Menschen eine wichtige Initiative. Die in letzter Zeit ins Leben gerufene GAK-Fußballakademie stellt einen weiteren Schritt zur Professionalität dar. Nunmehr gilt es, dass der GAK sein großes Ziel eines neuen Trainingszentrums im Norden der Stadt realisieren kann. Seitens der Stadt Graz wurden grundsätzliche Hilfestellungen in Aussicht gestellt, da die Stadt den sportlichen, gesellschaftlichen und auch ökonomischen Nutzen, der sich mit den Spitzenleistungen der Grazer Fußballvereine verbindet, wohl zu würdigen weiß.

Im Namen der Stadt Graz gratuliere ich dem Liebherr-GAK zu seinem 100-jährigen Weg durch die Fußballgeschichte; ich gratuliere zu den Erfolgen und zum Vertrauen in die Stärken des GAK, auch in jenen Zeiten, wo es galt, Krisen zu überwinden. Allen in der Vergangenheit und heute Verantwortlichen des GAK – und vor allem auch den vielen ehrenamtlichen Helfern – darf aufrichtig gedankt werden.

Möge der GAK auch in Zukunft durch starke sportliche Leistungen eine führende Rolle im österreichischen Fußball einnehmen! Dies im Sinne der Begeisterung der Jugend, der Anhänger und aller Freunde des Fußballsports.

Mit freundlichen Grüßen
Alfred Stingl
Bürgermeister der Landeshauptstadt Graz

Vorwort

Sympathieträger GAK

Der GAK blickt auf bewegte 100 Jahre zurück. Der Weg führt vom GAK-Platz in der Körösistraße, über das „Ausweichquartier" Kapfenberg, in das von der Stadt Graz mit Geldern von Bund, Land und Stadt gebaute Arnold Schwarzenegger Stadion in Liebenau. Als Sportreferent der Stadt Graz freue ich mich aber ganz besonders, dass zum 100-jährigen Bestehen mit dem Bau des Trainingszentrums in Andritz die Basis für weitere Höhenflüge geschaffen wird.

Viele Höhen, aber auch – nicht immer in der Verantwortung des Vereines gelegene – Tiefen begleiten den Klub durch die Vereinsgeschichte. Mit viel Herz, Hirn und großem finanziellen Geschick ist es der Vereinsführung jedoch immer wieder gelungen, die notwendigen Gelder zu mobilisieren, die erforderlich waren, um den GAK am Leben zu erhalten.

Große Namen der Fußballgeschichte sind mit dem GAK verbunden, um nur zwei aus der Vergangenheit zu nennen: Rudi Hiden, der als Keeper im Wunderteam als Weltstar gelten kann und Gernot Fraydl als oftmaliger Tormann des Nationalteams. Die Gegenwart hat aber bereits mit dem Torschützenkönig der Saison 2001/2002 eine weitere große Persönlichkeit – Ronald Brunmayr.

Die erfreuliche Bilanz der letzten Zeit kann sich sehen lassen: Cupsieg 1981, Cup- und Supercupsieg 2000, und der Cupsieg im heurigen Jahr.

Wie überhaupt der GAK sich unter Präsident Mag. Rudi Roth zu einem Sympathieträger entwickelt hat, der die bekanntermaßen kritische Fangemeinde des GAK wieder ins Stadion zurückgebracht hat. Diese Erfolge bereiten eine wunderbare Basis für die Feierlichkeiten zum heurigen Jubiläum, zu dem ein weiterer „Hundertjähriger" erwartet wird: Der Champions-League-Sieger Real Madrid.

Als Sportreferent der Stadt Graz gratuliere ich allen Funktionären und Aktiven zum 100-jährigen Bestandsjubiläum und wünsche dem GAK noch viel Enthusiasmus, um weitere große sportliche Ziele zu erreichen!

Bürgermeisterstellvertreter
Dr. Peter Weinmeister
Sportreferent der Stadt Graz

Vorwort

Werte Freunde des Grazer Athletik Klubs,

ich darf Euch von ganzem Herzen zum 100-jährigen Vereinsjubiläum gratulieren. Dass Ihr mit dem 3. Cupsieg auch sportlich jede Menge Grund zum Feiern hattet, passt ausgezeichnet in das Bild eines seit Jahrzehnten vorbildlich geführten Klubs. Meine Anerkennung gebührt Euch auch dafür, dass Ihr zum runden Geburtstag keinen geringeren als den regierenden Champions-League-Sieger Real Madrid als Gast gewinnen konntet. Es war Zufall, dass die Pokalübergabe in Graz eine meiner ersten Amtshandlungen als ÖFB-Präsident war. Das Memphis Cup-Finale im Schwarzenegger-Stadion war an Spannung jedenfalls kaum zu überbieten. Noch dazu mit einem Happy-End, wie Ihr Euch das im Jubiläumsjahr nur wünschen konntet. Der Österreichische Fußball-Bund darf sich glücklich schätzen, Klubs wie den GAK zu seinen – auch international anerkannten – Aushängeschildern zählen zu dürfen.

Viel Glück für die nächsten Jahre – nicht nur für die Kampfmannschaft, sondern auch im Nachwuchsbereich – wünscht,

DI Friedrich Stickler
ÖFB-Präsident

Vorwort

„Bravo GAK" ist der Titel des Buches, das Sie gerade in Händen halten. Als Präsident des Steirischen Fußballverbandes, der im vergangenen Jahr sein 90-Jahr-Jubiläum feiern durfte und dessen Gründungsmitglied der GAK ist, darf ich dieses „Bravo GAK" unterstreichen, denn der Liebherr GAK ist nicht nur der älteste noch bestehende Fußballverein in unserem Bundesland, sondern zählt auch zu den unbestritten erfolgreichsten Vereinen der grünen Mark. Seit der offiziellen Gründung am 18. August 1902 hat der Grazer Athletiksportklub den Fußballsport in der Steiermark beliebt, populär und erfolgreich gemacht. An dieser Stelle sei nicht unerwähnt gelassen, dass der GAK und der StFV immer schon eng verbunden waren, so war, und diese Tatsache ist heute wohl kaum noch jemanden bekannt, der erste Präsident des Steirischen Fußballverbandes mit Landrat Hofrat Dr. Krodemansch ein Vertreter des GAK.

Ein Jahrhundert voller Erfolge!

Ein kleiner Auszug aus den Erfolgen des GAK und seiner Spieler in den letzten einhundert Jahren zeigt nicht nur die Entwicklung des Liebherr GAK, sondern spiegelt auch die Entwicklung des Fußballsports in der Steiermark wieder:

- 1913: Gewinn des Grazer Messepokals
- 1922, 1924: steirischer Meister
- 1926 bis 1933: achtmal en suite steirischer Meister
- 1928: mit Rudi Hiden spielt erstmals ein Steirer im ÖFB-Nationalteam (gegen Jugoslawien 3:0)
- 1929, 1932, 1933: österreichischer Amateurmeister
- 1951: Aufstieg in die Staatsliga
- 1952: GAK-Spieler und langjähriger StFV-Verbandskapitän Stefan Kölly spielt als zweiter Steirer nach Rudi Hiden im ÖFB-A-Team (gegen die Schweiz in Genf 1:1)
- 1962, 1968: österreichischer Cupfinalist
- 1975: Meister der Nationalliga
- 1981: als erster steirischer Verein österreichischer Cupsieger, weitere Cup-Titel 2000 und 2002

Aber was den Liebherr GAK auszeichnet, sind nicht nur die Erfolge in der Vergangenheit, sondern auch die Tatsache, dass unter der Führung des äußerst engagierten und erfolgreichen Präsidenten Mag. Rudi Roth vor allem in die Jugendarbeit und in die Förderung der Nachwuchstalente investiert wird. So wurde das unter seinem Vorgänger Peter Svetits initiierte Projekt „Nachwuchs-Trainingszentrum" vorangetrieben, als erster steirischer Verein der Status „Bundesliga-Nachwuchs-Akademie" erreicht und mit der HIB Liebenau eine erfolgreiche Schulkooperation begonnen, die schon ihre ersten Früchte trägt, wie die Einberufungen in die unterschiedlichsten ÖFB- und StFV-Auswahlmannschaften zeigen.

Der Stellenwert, der dem Fußballsport innerhalb der Jugendarbeit zukommt, ist somit kaum hoch genug einzuschätzen. Er trägt sicher erheblich dazu bei, das Ausmaß kostspieliger „Sozialreparaturen" in Grenzen zu halten. Und dabei hat ein Verein, wie der Liebherr GAK seit nunmehr 100 Jahren einen wesentlichen Beitrag geleistet, wofür den verantwortlichen Vereinsfunktionären unser großer Dank für ihren Einsatz und das Bemühen um die fußballbegeisterte Jugend gilt.

Abschließend darf ich dem Liebherr GAK mit seinem Präsidenten Mag. Rudi Roth an der Spitze als erstem hundertjährigen Fußballverein in der Steiermark nochmals herzlich gratulieren, für die geleistete Arbeit zum Wohle des Fußballsports in der Steiermark und in Österreich danken und hoffen, dass die Erfolgsstory „Grazer Athletiksportklub" noch zahlreiche Fortsetzungen finden wird.

DDr. Gerhard Kapl
Präsident des Steirischen Fußballverbandes

Vorwort

Erfolgreiche Fußball-Übertragungen

Es freut mich ungemein, dass ich zum 100-Jahr-Jubiläum auch ein Vorwort für das GAK-Buch schreiben darf.

Der Aufstieg und die Entwicklung des GAK in den letzten Jahren war stetig und wäre nicht die beste Zeit, die der Grazer Stadtrivale Puntigamer Sturm erlebte, genau in diese Ära gefallen, so wäre der Liebherr GAK sicher derzeit die klare Nummer 1. Umso bemerkenswerter waren daher die Leistungen im Schatten der vor allem in der Champions-League sensationellen Sturm-Mannschaft. Und genau zum 100-Jahr-Jubiläum hat man ein spielstarkes Team, das in Österreich keine Konkurrenz zu fürchten hat. Der Pokalsieg gegen Sturm war sicher ein Ausdruck der spielerischen Stärke der von Thijs Libregts ausgezeichnet trainierten Mannschaft.

Wir Steirer können stolz sein auf unsere Bundesliga-Mannschaften, die nicht zu Unrecht die Stadt Graz in den letzten Jahren zur Fußball-Hauptstadt Österreichs gemacht haben.

Ich wünsche dem GAK viel Glück und Erfolg in den kommenden Jahren und dem ORF, daraus resultierend, viele spannende und erfolgreiche Fußball-Übertragungen mit den „Roten Teufeln".

Robert Seeger
Chefkommentator Sport-TV

Energie für die Zukunft

Der GAK und seine Verantwortlichen standen in den letzten 100 Jahren nicht nur einmal unter „Strom". Der Grazer Traditionsklub stand in diesem Jahrhundert zweimal knapp vor dem Ende, hatte aber zum Glück immer wieder genug Energie, um wieder an die Spitze des österreichischen Fußballs zurück zu kommen. Diese Spitzenposition bestätigte der GAK ausgerechnet im großen Jubiläumsjahr mit seiner bislang erfolgreichsten Saison, die mit dem Gewinn des österreichischen Fußballcups gekrönt wurde.

Die Energie Steiermark Holding AG als Sponsor des GAK hofft, dem 100-jährigen Geburtstagskind einige „Energie" für zukünftige Erfolge und die nächsten 100 Jahre geben zu können und wünscht dem Klub alles Gute!

Mag. Werner Heinzl
Vorstand der Energie Steiermark Holding AG

Vorwort

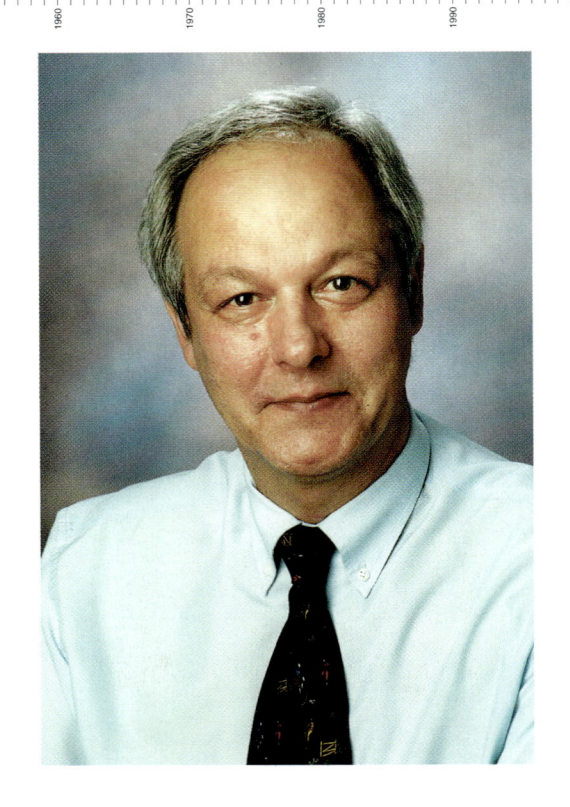

„Unser" Geburtstagskind

LIEBHERR GAK feiert seinen 100. Geburtstag und zählt somit zu den ältesten Vereinen, nicht nur der Steiermark, sondern auch in Österreich. LIEBHERR wünscht dem Geburtstagskind, unserem Partner, alles Gute und weiterhin viel Erfolg und jene wirtschaftliche und sportliche Basis, die für den Spitzensport heute unabdingbar ist. Mit diesem Glückwunsch verbinden wir gleichzeitig auch unseren Dank für eine erfolgreiche und stets harmonische und gute Zusammenarbeit.

Die Präsenz von LIEBHERR in Österreich steht für Qualität für die Märkte der Welt. Ein vielseitiges Programm, in fünf Produktionsstätten hergestellt, sowie der hohe Leistungsstandard unserer Mitarbeiter/innen ermöglichen diese Qualität aus Österreich für alle Welt zu schaffen. Dazu kommen zwei Spitzenhotels sowie Engagement in vielen Bereichen, darunter auch im Sport.

Wir sind sehr stolz auf unsere nunmehr fünfjährige Partnerschaft mit dem GAK, die im August 1997 begann und die klar verdeutlicht, dass zwei starke Partner miteinander bei der Bewältigung sportlicher Ziele im Spitzenfußball absolut erfolgreich sein können, wenn „die Chemie stimmt". Gemeinsam sind wir stark und gemeinsam haben wir stets Lösungen gefunden, die das moderne Management eines Spitzenklubs abverlangt. Hier ergänzen sich zwei Partner, bei denen Teamwork im Vordergrund steht und Leistungsbereitschaft eine Tugend ist.

LIEBHERR GAK ist nicht nur eine Topmannschaft in der höchsten österreichischen Spielklasse, sondern ist auch international seit Jahren höchst aktiv. Das erhöht die Attraktivität und den Bekanntheitsgrad und ist damit von Nutzen für beide Partner.

Nicht vergessen sollten wir anlässlich dieses Geburtstages die Tausenden von Menschen, die den GAK in diesen 100 Jahren begleitet haben. Wir haben unsere Achtung und unseren Respekt dabei auf Spieler, Trainer, Funktionäre, Förderer und Gönner und vor allem Fans zu konzentrieren. Wenn Sie dieses Jubiläumsbuch aufmerksam lesen, so werden Sie feststellen, welch lange Tradition, welch großer Idealismus stets Wegbegleiter in dieser Zeit waren und welchen Stellenwert die Menschen dem GAK immer wieder eingeräumt haben. Das macht uns aber auch stolz und fordert uns auf, ebenfalls Verantwortung zu tragen, wozu sich LIEBHERR mit der Kooperation mit dem GAK bekennt.

LIEBHERR GAK schaut auch in eine positive Zukunft und dies nicht zuletzt deshalb, weil dieser Verein der Jugend dieses Landes modernste und beste Ausbildungsstätten zur Verfügung stellt. Die Errichtung einer Fußballakademie, einer quantitativ und qualitativ hochstehenden Jugendabteilung, entspricht auch unserer Firmenphilosophie, jungen Menschen zur Seite zu stehen und ihnen eine bestmögliche Infrastruktur für eine optimale Entwicklung zu bieten.

In diesem Sinne nochmals alles Gute der großen GAK-Familie, viel Erfolg dem Geburtstagskind, der Mannschaft, den Trainern und Funktionären, in der Umsetzung der Ziele, ad multos annos!

Dir. Karl Weißkopf, LIEBHERR GAK

Vorwort

Immer ein Vergnügen

Was soll man in einem Grußwort schreiben, wenn man in der Obersteiermark aufgewachsen ist und dort für Kapfenberg oder Donawitz die Daumen gedrückt hat und mit dem Studium in Graz zum Anhänger der Schwarzen geworden ist?

Ich hoffe, die GAK-Familie nimmt mir trotzdem das Bekenntnis ab, dass ich oft und gerne zu Spielen der Roten gehe, weil die Mannschaft immer einen guten Fußball gezeigt und vor allem in letzter Zeit tolle und spannende Partien geliefert hat. Auch der Nicht-Fan hatte sein Vergnügen, weil Technik und Tempo über Kampf und Krampf siegten. Nach dem Derby gibt es in der Redaktion immer leidenschaftliche Nachbetrachtungen. Natürlich haben auch in der Kleinen Zeitung beide Stadtrivalen ihre begeisterten Fanclubs.

Vom Geburtsdatum steht uns der GAK näher, weil der Grazer Athletik Klub bereits 1902 gegründet wurde, während die erste Ausgabe der Kleinen Zeitung 1904 erschienen ist. Das etwas jüngere Traditionsblatt freut sich, dass der ehrwürdige Traditionsklub im Jubiläumsjahr das Logo der Kleinen Zeitung auf den Dressen trägt und wünscht den Spielern, Funktionären und Anhängern des GAK für die kommenden 100 Jahre viel Freude und Erfolg.

Erwin Zankel
Chefredakteur und Geschäftsführer
Kleine Zeitung

Rot-Weiß-Roth

Man muss kein glühender GAK-Anhänger sein, um sich darüber zu freuen, dass gleich zwei Grazer Fußballvereine die einstigen Kick-Denkmäler Austria und Rapid (dessen Fan ich „leider" bin und wohl auch bleiben werde) vom Olymp gestürzt haben. Dass mein Enkelsohn Paul bereits mit seiner Geburt zum eingeschriebenen roten Teufel wurde, obwohl er mit seinen Eltern bei Wien lebt und (siehe Foto) samt GAK-Hut im Schwarzenegger-Stadion mit mir Hof hält, beweist zudem, wie stark das 100-jährige Geburtstagskind nicht nur das wirtschaftliche und das sportliche Leben, sondern auch das Familienleben beeinflusst. Von der Tatsache, dass meine Frau mir als roter Teufel die grün-weiße Hölle heiß macht, gar nicht zu reden...

Die Höhen und Tiefen, die der neue Klubpräsident Rudi Roth mit seinem Team meisterte, gipfelten wohl im Cup-Sieg – ausgerechnet gegen den Erzrivalen Sturm. Ein Geburtstagsgeschenk, das sich Trainer und Spieler selbst machten, versüßt mit einem Gastspiel des weißen Balletts namens Real Madrid. Der österreichische Cupsieger gegen den Champions League-Gewinner. Fußballherz, was willst du mehr? Nur ein bisschen mehr noch: den Meister-Teller. Den ersten. Vielleicht im 101ten Jahr des Bestehens?

Egal, wer den Meistertitel 2002/2003 holt – Hauptsache, ein steirischer Verein. Das widerspricht zwar meinem heimlichen grün-weißen Wunsch, ist aber viel, viel wahrscheinlicher. Und wichtiger für den steirischen Sport. Und für die steirischen Medien. Warum also nicht wieder Sturm? Warum also nicht GAK? Wobei letzterer für eine Premiere sorgen würde. Eines steht fest: Wir setzen dem ganzen Fall die „Krone" auf.

Wir von der „Steirerkrone" feiern den 30er – und gratulieren dem GAK zum 100er.

Steht auf für den GAK!!!

Markus Ruthardt, Chefredakteur der „Steirerkrone"

Portrait
Der Präsident

Ein Vorwort in etwas anderer Form: Präsident Rudi Roth ist das Beispiel für ein Leben mit und für den GAK.

Vom Fan zum Präsidenten

Der Präsident Portrait

Rudi Roth fand so wie auch viele andere GAK-Anhänger schon sehr früh zum Klub. Er, der Junge aus Gnas, ging in Wien zur Mittelschule und eines Tages ins Wiener Stadion. Dort spielte die Wiener Austria gegen den GAK und die Athletiker gingen als Sieger vom Feld. Mit dem Schlusspfiff stand für Rudi fest: „Wenn ich für einen Verein halte oder spiele, dann nur für den GAK!"

Beim GAK sollte er schneller landen, als er es zu träumen wagte. Bereits mit 16 Jahren stand er im Tor der Gnaser Kampfmannschaft, die mit dem Meistertitel in der 1. Klasse für ein riesiges Fest in der Gemeinde sorgte. Es kam zum ersten Transfer, Roth wechselte von Gnas nach Frohnleiten, wo ein Großer der GAK-Vergangenheit Trainer war: Alfred Kölly, der in den 50er-Jahren 285 Spiele für den Grazer Athletik Klub absolviert hatte. „Doch ich war nicht nur Tormann, spielte eine Herbstsaison auch Stürmer und erzielte sieben Tore", lächelt Roth. Aber die Stürmerkarriere vermasselte ihm damals seine Hintermannschaft: „Ich musste wieder ins Tor, weil wir hinten zu viele Treffer bekommen haben." Für seine Karriere war diese Entscheidung von großer Bedeutung, denn die Fangkünste von Roth hatten sich längst in der Steiermark herumgesprochen. Vor den Toren von Graz stand der Tormann Rudi Roth noch mehr in der Auslage und wurde 1972 vom GAK verpflichtet. „Trainer war damals Helmut Senekowitsch – er war sicherlich der härteste aller meiner Betreuer, die ich je hatte", erinnert sich Roth an seine ersten Tage beim GAK. Es dauerte nicht lange, bis der studierende Tormann – Roth wurde 1974 Magister der Betriebswirtschaft – seinen ersten Einsatz in der Kampfmannschaft hatte. Insgesamt stand er bei ca. 100 Spielen im Tor des GAK, ehe seine Karriere ausgerechnet in einem Derby abrupt beendet wurde. Am 17. Juni 1977 traf Sturms Gruber nach zwölf Minuten den Kopf von Roth anstelle des Balls...

Dabei waren gerade die Derbies ein Highlight in der Karriere des Rudi Roth: „Ich stand bei sieben Spielen gegen Sturm im GAK-Tor und habe kein einziges verloren!" Aber auch international war Roth für den GAK im Einsatz: In der Saison 1973/74 waren die beiden Spiele gegen Panahaiki Patras im UEFA-Cup der Lohn für Rang drei, dem besten Ergebnis des GAK damals in der höchsten Spielklasse. „Wir haben in Griechenland 1:2 verloren, daheim wollten wir den Rückstand aufholen, gingen aber am Ende wieder als Verlierer (0:1) vom Platz", erinnert sich Roth. Auch den GAK-Torschützen von damals weiß Roth noch heute – es war Walter Koleznik, der in Griechenland zum 1:1 getroffen hat. Das schönste Erlebnis für ihn als GAK-Spieler war aber der sofortige Wiederaufstieg nach dem zweifelhaften Zwangsabstieg aufgrund der Reform 1974 und der Einführung der Zehnerliga. „Der GAK war 23 Jahre lang ununterbrochen in der höchsten österreichischen Spielklasse, musste aber dennoch den Weg nach unten antreten", kann Roth die damalige Regelung noch immer nicht nachvollziehen. „Aber unser Kellerdasein dauerte nur eine Saison, ehe wir den sofortigen Wiederaufstieg geschafft haben. Anschließend haben wir eine ganze Woche lang gefeiert..."

Mit der Beendigung seines Studiums 1974 machte sich Rudi Roth gleich selbständig und gründete seine Firma Heizöle Roth. Dem GAK blieb Roth natürlich auch nach seinem unerwarteten Karriereende erhalten. Bereits 1978 kam Rudi Roth in den GAK-Vorstand und war einer der wichtigsten Sponsoren – vor allem in den schwierigen Saisonen – der letzten Jahrzehnte. Rudi Roth hatte für seinen GAK stets ein offenes Ohr und wurde in der Präsidentenära von Peter Svetits gemeinsam mit Landesrat Günter Dörflinger Vizepräsident des GAK. Am 30. Mai 2001 stellte er sich erneut in einer schwierigen Lage seinem GAK zur Verfügung und wurde von 124 Mitgliedern – so vielen wie nie zuvor bei einer GAK-Generalversammlung – zum neuen Präsidenten gewählt. Gleich bei seinem Amtsantritt stellte er klar, dass für ihn das A vor dem E kommt: „Arbeit vor Erfolg!" Mit dem dritten Cupsieg des GAK am 12. Mai dieses Jahres gegen den Stadtrivalen Sturm konnte Rudi Roth seinen ersten Titel als Präsident des GAK und mit dem 3. Platz den größten sportlichen Erfolg in der 100-jährigen Geschichte feiern. Geht es nach ihm, sollen weitere große Siege folgen.

Rudi Roth ist und war aber nicht nur im Fußball auf der Siegerstraße. Sein Unternehmen ist heute mit 300 Millionen Euro Jahresumsatz die größte private Ölfirma Österreichs und Roth ist seit einigen Jahren auch ungarischer Honorarkonsul. Der Fußball war und ist trotz all dieser Aufgaben aber ein wichtiger Bestandteil im Leben des Rudi Roth. Speziell der GAK, für den er in den letzten 30 Jahren als Spieler, Gönner, Sponsor und Präsident da ist!

Gestern

Gestern

Heribert Kasper und seine Erinnerungen

Gestern

Ein ganz Großer des GAK feiert am 23. Juli 2002 seinen 80. Geburtstag – Ehrenpräsident Heribert Kasper. Seine Karriere beim GAK begann mit elf Jahren als Balljunge und er war in den letzten Jahrzehnten immer für seinen GAK da, dem er bereits seit 50 Jahren die Treue hält.

Heribert Kasper legte für seinen GAK einige Tänzchen auf das Parkett.

Der GAK prägte „Heris" Leben mit

Seinen ersten großen GAK-Auftritt hatte Heribert Kasper 1933 beim Finale der Österreichischen Amateurmeisterschaft zwischen dem GAK und Lustenau 07. Das erste Spiel im Ländle gewann der GAK 3:1, das zweite Match in Graz mit 4:2. „Wir Ballbuben hatten damals trotz der beiden Gegentreffer nicht viel zu tun", erinnert sich der Leibnitzer. Was weiter in diesem Spiel passierte, ist noch heute in den GAK-Annalen nachzulesen: Ein Junge wanderte zum Lustenau-Gehäuse. Der fleißige Bub war elf Jahre alt und hieß Heribert Kaspar. Jener Kasper, der 44 Jahre später zum GAK-Präsidenten bestellt wird!

GAK-Mitglied wurde „Heri" 1952, 1965 kam er in den Vorstand und 1977 wurde er zum Präsidenten gewählt. Sechs Jahre lang stand er an der Spitze des Klubs und wurde später mit dem Ehrenring des GAK für seine Verdienste geehrt. „Diesen Ehrenring haben in der 100jährigen GAK-Geschichte erst zwei Mitglieder erhalten: Hofrat Professor Dr. Konrad Reinthaler, mein absolutes Vorbild als GAK-Funktionär, und ich", ist Kasper stolz. Wenn jemand so wie der „Heri" 45 Jahre lang aktiv bei einem Klub wie dem GAK dabei ist, hat er viele Höhen und Tiefen durchgemacht. „Die härteste Zeit war sicher 1976, als die ATS-Bank-Affäre den GAK an den Rand des finanziellen Ruins gebracht hat. Aber überwogen haben die schönen Erlebnisse – wie das begeisternde Spiel gegen Inter Mailand und natürlich die drei Cupsiege", zieht Kaspar Bilanz.

Der Funktionär Kasper

„Hofrat Reinthaler war ein Mensch, zu dem man nur aufschauen konnte. Er war stets mein Vorbild und hat mich zu einem GAK-Funktionär gemacht", denkt Kasper an längst vergangene Zeiten zurück. In besonderer Erinnerung ist dem Ehrenpräsidenten die Causa Rudi Hiden. Der ehemalige Wunderteamtorhüter, dessen Karriere beim GAK begann und im französischen Nationalteam geendet hatte, war Ende der 60er-Jahre Stammgast beim Training des GAK. Eines Tages sprachen ihn Reinthaler und Kasper an. Hiden war total verarmt und schwer krank. Er bekam keine Pension, da er ja die französische Staatsbürgerschaft angenommen hatte. Ohne auch nur ein Wort zu wechseln, wussten Reinthaler und Kasper, was zu tun ist. Bei der nächsten GAK-Sitzung, die damals jeden Freitag im letzten Raum des Operncafes abgehalten wurde, saß auch – fast wie immer nach seiner Rückkehr aus Wien – Bundeskanzler Gorbach im Lokal. „Der Kanzler wollte immer wissen, ob es einen neuen Witz über ihn gibt. Wusste wer einen, hat Gorbach die ganze Runde eingeladen. Wir hatten mit dem Riegersburger Gastronomen Walter Lassl einen in unserer Runde, dem immer ein Witz über Gorbach eingefallen ist", lacht Kasper noch heute. An diesem Freitag haben Reinthaler und Kasper den Kanzler auf den Fall Rudi Hiden angesprochen – und wurden gleich für den kommenden Montag ins Bundeskanzleramt zitiert. „Nach Graz sind wir mit der Staatsbürgerschaft und Pension für Hiden zurückgekommen", ist Heribert Kasper noch heute stolz.

Reinthaler war nicht nur 1976, als er nach der ATS-Bank-Pleite für den GAK betteln ging und so den Verein gerettet hat, immer für seinen Klub da. Kasper: „Einmal konfrontierte ich ihn mit der Tatsache, dass der GAK am nächsten Tag 68.000 Schilling zu bezahlen hat, die Klubkasse aber einmal mehr leer war. Der Hofrat ging die Herrengasse, wo die Eltern seiner Schüler ihre Geschäfte hat-

> „Der nächste Präsident beim GAK haßt bestimmt Balthasar. Der Melcher war schon und der Kasper is grod."
> *Amanda Klachl (Kleine Zeitung) 1977*

Gestern

Heribert Kasper und seine Erinnerungen

Heribert Kasper begleitete den GAK 1986 auch nach Israel.

Kaspers Vorbild: HR Konrad Reinthaler rettete den GAK.

ten, zweimal auf und ab und wir konnten die 68.000 Schilling bezahlen!"

Der reisende GAK

Der GAK machte in seiner Vereinsgeschichte viele Reisen. Heribert Kasper war oft dabei – vor allem dann, wenn sich kein anderer Begleiter für die Mannschaft fand. So auch bei der Tour nach Malaysien, wo der GAK in den 70er-Jahren am Downhill-Cup teilnahm. „Wir waren einen Monat lang in Asien und es war wohl eines meiner beeindruckendsten Erlebnisse. Jeden Tag musste ich wo sein und den Verein repräsentieren. In der Früh lag stets ein Zettel unter meiner Tür, wann mich das Taxi abholt. Und als wir dann retour in Graz waren, machte Obmann Toni Kürschner ein langes Gesicht und wollte partout nicht glauben, dass ich auch noch Geld zurückbringe", so Kasper.

Geld gibt es heute im Europacup zu verdienen. Das war nicht immer so – und die Reisen zu den Auswärtsspielen waren oft sehr anstrengend. Wie 1982, als der GAK nach Rumänien musste. Kasper: „Zuerst sind wir geflogen, dann mussten wir mit einem alten Bus zu unserem Gegner Corvinul Hunedoara, der sein Stadion inmitten eines Kohlebergwerkes hatte. Die Fahrt ging sprichwörtlich über Stock und Stein und viele Felder. Wir mussten nicht nur einmal anhalten, um eine Schafherde über die Straße zu lassen. Im Europacup hat sich wahnsinnig viel getan!"

Nachtigall und Co.

Lustige Erlebnisse gab es vor allem mit den Spielern. Einen hat Kasper noch in besonders guter Erinnerung: Stefan Hohnjec, den alle nur die Nachtigall nannten. Eines Tages kam er zu mir und sagte: „Brauche ich ein Auto". Nach acht Tagen rief er mich an: „Auto total kaputt, aber ich lebe und bekomme jetzt Geld". Wieso Geld? „Weil Auto ja vollkaskoversichert war". Ein Auto spielte auch beim Wechsel des jetzigen Sturm-Managers Heinz Schilcher vom GAK zu Sturm eine große Rolle. „Bereits zwei Monate vor der Veröffentlichung stand der Transfer fest. Schilcher verlangte vom Sturm-Präsidenten Hans Gert ein 124er Sport Coupé von Fiat. Gert kaufte das Auto von mir und versteckte es unter einem Reifenstapel auf seinem Firmengelände. Schilcher wollte das Auto aber sehen und so befreiten wir den Fiat spätabends von den Reifen und deckten ihn nach der Besichtigung wieder zu – um ja alles geheim zu halten".

Gert war für Kasper einer der besten Präsidenten und einer seiner besten Freunde. „Wie überhaupt der Kontakt mit Sturm besser war. Es hat Wickel gegeben, aber nicht so, dass beflegelt wurde. Aber es gab auch nie einen Kartnig auf der anderen Seite. Ich wünsche ihm aber trotzdem, dass es ihm mit Sturm besser geht als beim Eishockey, wo er nicht gerade erfolgreich war. Für den Fußball!" Apropos Geld. „Früher einmal war der Fußball noch lustiger, es war viel weniger Geld im Spiel. 1980 hatte der GAK ein Budget von rund fünf Millionen Schilling und es war alles geselliger. Nach den Spielen gingen alle gemeinsam essen, heute gehen die Spieler mit ihren Frauen aus", so Kasper. Als lustigstes gesellschaftliches Erlebnis denkt er noch gerne an den GAK-Ball in der Saison '82/83 auf dem Schlossberg zurück: „Harry Gamauf als Nana Mouskouri oder Michi Krenn als Otto – die Fans bogen sich vor Lachen".

Der GAK hat das Leben von Heribert Kasper mitgeprägt. „Mein GAK hat für mich einen riesigen Stellenwert. Und ich wünsche dem GAK auch weiterhin alles, alles Gute. Vor allem allen Menschen, die sich an die Spitze eines Vereines dieser Größenordnung stellen und Verantwortung übernehmen. Denn der Fußball hat sich enorm gewandelt, man muss heute schauen, dass man herumkommt und einen Klub wie einen riesigen Wirtschaftsbetrieb führt. Aber der Rudi Roth schafft das schon. Er war schon ein guter und fleißiger Torwart, jetzt ist er ein Top-Unternehmer und ein Vorzeigepräsident!"

Die ganze GAK-Familie, lieber Heri, wünscht Dir zu Deinem 80. Geburtstag alles Gute und viel Gesundheit. Du bist einer, der nie im Vordergrund stand und steht, aber überall mitangreift, wo auch immer Du helfen konntest und kannst. Danke für alles und ein kräftiges Happy Birthday!

Christian Thomaser

Chronik   Gestern

GAK Chronik 100 Jahre GAK 1902 – 2002

1902

Die Unstimmigkeiten zwischen den aktiven Fußballern des Akademischen Sportvereins und einer Gruppe von Mittelschülern, die dem Verein beitreten wollten, führten zu einem Vergleichsspiel, das die Schüler um Torwart und Gründervater Carl Markel 4:1 gewinnen konnten. Bei der folgenden Siegesfeier wird beschlossen:

Wir gründen einen eigenen Verein!
Am 18. August 1902 ist es dann soweit, im Stieglbräu in der Grazbachgasse findet die konstituierende Generalversammlung statt, der Verein wird gegründet. Als Klubfarben werden rot-weiß beschlossen.
Die Gründungsmitglieder sind in alphabetischer Reihenfolge: Anton Blaschek, Robert Brodner, Rudolf Brodner, Franz Egger, Kornelius Hofer, Fritz Köhler, August Maggi, Albert Maresch, Karl Markel, Raimund Novak, Josef Pfeiffer, Franz Seeger, Fritz Schmiderer, Franz Schreiner, Julius Stanger, Rudolf Stanger, Fritz Starkel.
Erster Gegner für den GAK, der zuerst im Augarten trainiert, war Lokalrivale ASV, der Akademische Sportverein. Das erste Spiel wurde in der Fröhlichgasse gewonnen, das Retourmatch wurde schon auf dem heimischen Platz gespielt und mit 0:5 verloren.
Die Heimstätte wurde nämlich erst kurz zuvor gegründet. Vom älteren Bäcker-Mühlen-Konsortium hatten die jungen Fußballer die Wiese in der Körösistraße 57–59 um einen Pachtzins von 500 Gulden pro Jahr gemietet. Viel Geld für die damalige Zeit. Da trat auch schon die erste „Mäzenin" des GAK auf. Die Mutter von Karl Merkel streckte dem Klub 1000 Gulden vor, damit der mit viel Mühen instand gesetzte Platz nicht gleich wieder aufgegeben werden musste. Als erster Obmann wurde Karl Riehk bestimmt, der Monatsbeitrag für Mitglieder betrug zwei Kronen.
Das erste internationale Spiel findet dann am 9. September statt, der FC Ödenburg wird mit 4:1 besiegt.

1903

Erste Auswärtsreise nach Laibach, wo man 1:4 verliert. Derbyserie gegen die „Akademiker", die mit 0:1, 1:0, 2:2 und 3:1 endet.

Gestern

Chronik

1905

Erstmals ist ein Team aus dem Mutterland des Fußballs zu Gast in Graz. Am 26. April ziehen die London Pilgrims vor 1000 Zuschauern ein „Lehrspiel" auf und siegen gegen den brav kämpfenden GAK 9:2. Der Lohn für dieses Gastspiel: 300 Kronen Reingewinn in der GAK-Kassa.

1913

Der Grazer Messepokal wird erstmals gewonnen. Aus dem ersten Derby gegen den neuen Lokalrivalen Sturm Graz (1909 gegründet) geht kein Sieger hervor, das Spiel endete 0:0.

Die Stützen der „GAK-Urzeit" (1902–1913):
Carl Markel, Franz Egger (der 1. Kapitän), Fritz Schmiderer, Julius und Rudolf Stanger, Heinrich Wirgler und Franz Ircher.

1914

Während einer GAK-Auswärtsreise nach Spalato wird Thronfolger Franz Ferdinand ermordet. In den folgenden Kriegsjahren ist der Fußballplatz beinahe in einen Kartoffelacker verwandelt worden. Der GAK-Funktionär Roman Posch ließ den Platz in einen „Militärübungsplatz" umwandeln, was den Platz über jene Jahre ohne Fußball rettete.

1922

Der Gewinn des ersten steirischen Landesmeistertitels nach einem 2:0-Sieg über Sturm, der „Steirische Fußballverband" wurde 1921 gegründet, ist der Start in ein erfolgreiches Jahrzehnt. Neun weitere Titel (durchgehend von 1924–1932) sollten folgen.

1925

Erste Auslands-Tournee nach Italien (Genua, Bologna, Mailand, Venedig).

1926

Balkanreise mit Spielen in Sofia, Belgrad und Novi Sad.

1929

Erstmals gewinnt der GAK den österreichischen Amateurstaatsmeistertitel durch ein 2:2 und 3:0 gegen Lustenau. Weitere Auslandsreisen führen das Team bis 1933 ins Baltikum, nach Polen, nach Schlesien, nach Deutschland (Duisburg, Köln, Hamm) und ins benachbarte Ungarn.

Chronik   **Gestern**

1930

Nordafrika-Reise mit Spielen gegen Algier (5:0, 5:1), gegen Constantine (5:1) und Oran (2:0).

1932

Österreichischer Amateurstaatsmeistertitel (1:2 und 2:0 gegen LASK).

1933

Österreichischer Amateurstaatsmeistertitel (3:1 und 4:2 gegen Lustenau).

Die bekanntesten GAK-Fußballer der 20er- und 30er-Jahre:
Josef „Pepi" Fiedler, Wolfgang Payer, Otto Gaber, Fritz Sartory, Konrad Reinthaler, Othmar Wicher, Franz Fasching, Josef Ptacek, Franz Nemschak, Josef Stany, Othmar Keckstein und natürlich der unvergessene Goalie Rudi Hiden.

1944

Bis ein Jahr vor Kriegsende wird der Spielbetrieb aufrechterhalten.

1946

Die tatkräftigen Funktionäre Heribert Ircher und Rudolf Födinger schaffen einen Neubeginn, unterstützt von den lokalen Mäzenen Evaristo di Lenardo und Anton Herzl. Das erste Spiel nach dem Krieg geht aber gegen Sturm mit 1:10 verloren.

1951

Der GAK schafft als Zweiter der Staatsliga B den Aufstieg in die Staatsliga A und bleibt die nächsten 23 Jahre fixer Bestandteil der obersten Fußball-Liga Österreichs. Vater des Erfolgs ist Trainer Karl Mütsch, der den Durchmarsch von der Landesliga über die Staatsliga B vorantreibt.

1952

Neujahrsturnier in Algier.
Die erste Saison in der obersten Spielklasse des österreichischen Fußball wird auf dem hervorragenden 6. Rang unter 14 Teams beendet. Unter Anton Pojar ist der GAK hinter Rapid, Austria, Vienna, Wacker, Admira (allesamt aus Wien) gleich bestes Bundesländerteam!

1953

Der GAK ist abermals als Siebenter bestes Bundesligateam. Karl Mütsch gibt im Frühjahr nach dem erfolglosen Leo Smutny sein Comeback auf dem Trainersessel.

1954

Super-Saison für den GAK, hinter der punktegleichen Wacker Wien wird unter Mütsch der 4. Platz erreicht.

Gestern — Chronik

1954 ist auch das Jahr der großen Tourneen. Unter Major Janisch und Karl Mütsch führt die Reise nach England, Schottland und Irland zu Ostern und in den Fernen Osten im Sommer. Die 56-tägige Reise umfasst 21 Spiele in Karachi, Kalkutta, Saigon, Djakarta, Surabaja, Medan, Singapur und Rangoon. Die Bilanz des Mammutprogramms: 12 Siege, 2 Remis, 7 Niederlagen und ein schwer verletzter Stefan Kölly (nach Rudi Hiden der zweite Teamspieler des GAK), der daraufhin seine Karriere beenden muss.

1955

Ein kleiner Rückschritt unter Coach Fredl Pestitschek: es wird „nur" der achte Platz erreicht.

1956

Siebenter Platz. Der Trainer ist abermals Pestitschek.
Im Sommer erfolgt die erfolgreiche Schweden-Tournee mit 10 Spielen und 10 Siegen und einer Tordifferenz von 63:10.

1957

Beste Platzierung unter Pestitschek: 6. Platz.
Polen-Tournee zu Ostern mit Spielen gegen Bielitz (3:1), Gornik Radlin (0:0), Oppeln (3:1) und Krakau (1:2).

1958

Neo-Coach Janos Szep ermöglicht den „Höhenflug" auf den 5. Platz. Herbert Ninaus erzielt 24 Tore und wird Vierter der Torschützenliste. Das Highlight der erfolgreichen Saison ist der 4:1-Sieg (drei Tore von Herbert Ninaus, eines von Willy Sgerm) über Rapid auf der berühmten Pfarrwiese. 
Bulgarien-Tournee zu Ostern und zahlreiche internationale Freundschaftsspiele mit Höhepunkt in München. Am 31. Mai 1958 siegt der GAK gegen Bayern München 4:2. Auch das Retourmatch am 7. Juni 1958 in Kapfenberg kann mit 2:1 gewonnen werden.

1959

Siebenter Platz, aber wieder bestes Bundesländerteam. Verantwortlich dafür ist wieder Janos Szep, der in den Wintermonaten von Stefan Kölly ersetzt wird und zu Ostern das Team wieder übernimmt.
Im Sommer startet das Team eine USA-Reise nach New York mit fünf Spielen. Gegen eine deutsche Auswahl gibt es eine Niederlage (0:1) und einen Sieg (4:2), gegen eine ungarische Auswahl einen 7:1-Kantersieg und ein 2:2-Remis. Unvergesslich ist aber das Spiel gegen das Weltklasse-Team Real Madrid am 15. Juli 1959, das 2:6 endet. Der USA-Trip hat für Willy Huberts ein Nachspiel. Er wird von den „Hungarians" aus New York engagiert und beginnt somit seine lange Auslands-Karriere.
Der Jahreswechsel wird in Malta gefeiert, wo das Team auf einer Tournee in La Valetta fünf Spiele (3 Siege, je ein Remis und eine Niederlage) absolviert.

1960

Mit dem 10. Platz wird die schlechteste Platzierung seit dem Aufstieg erreicht. Erst ein Sieg in der vorletzten Runde über Krems (2:0) verhindert den drohenden Abstieg.

1961

Gleich zu Jahresbeginn gibt es eine Tournee in Israel. Drei Siege und eine Niederlage sind die „Ausbeute".
In der Meisterschaft gibt es unter Ferdinand Fritsch wieder einen Aufschwung, der 5. Platz kann eingefahren werden.

Chronik   **Gestern**

1962

Die Liga wurde mit dem mittelmäßigen 7. Platz abgeschlossen. Der 5:1-Kantersieg gegen die Wiener Austria im Praterstadion (Iberer 2, Sgerm, Jank und Frisch sorgten für die GAK-Tore) wird aber dennoch immer in Erinnerung bleiben.
Erstmals in der Vereinsgeschichte steht der GAK (Trainer Fritsch) im Finale des ÖFB-Cups, unterliegt aber dort dem Meister Austria Wien 1:4. Der GAK debütiert dafür im Herbst unter Juan Schwanner im Europacup der Pokalsieger. Der Premierengegner Odense aus Dänemark erweist sich als eine Nummer zu groß und steigt mit dem Gesamtscore von 6:4 (1:1, 5:3) in die zweite Runde auf.

1963

Der neunte Platz in der Endabrechnung ist äußerst dürftig. Dem erfolglosen Schwanner folgt im Frühjahr Coach Fritz Pimperl, der die Ladehemmung des Teams auch nicht beheben kann. Nur 31 erzielte Tore in 26 Spielen sprechen für sich.

1964

Wintertournee in den Sudan. In Khartum wird Maurada 5:0 besiegt, gegen Marik gibt es ein 2:2-Remis. Der dritte Gegner ist Roter Stern Belgrad, das auch im Sudan gastiert, der Test wird mit 1:5 verloren. Bei der Rückreise wird ein Zwischenstopp in Athen gemacht, ein Test gegen AEK Athen endet dort 0:0. Eine Saison mit viel Auf und Ab wird auf dem noch recht erfolgreichen 6. Platz beendet.

1965

Pimperls Nachfolger Milan Zevkovic kann sich nicht lange in Graz halten. Nach zehn Runden folgte ihm Karl Durspekt, der zwar mit dem 1:0-Sieg über Rapid in der letzten Runde das Abstiegsgespenst verscheucht (Endplatzierung: 10), aber dennoch danach den Hut nehmen muss.

1966

Abermals Platz zehn unter Neo-Coach Karl Kowanz.

1967

Platz neun ist unter Kowanz zwar ein leichter Aufstieg, doch 27 Tore in 26 Spielen sind bis dahin Minusrekord. Kuriosum am Rande: Der junge Erwin Hohenwarter erzielt mit 14 Toren mehr als die Hälfte aller GAK-Treffer.

1968

Unter Fritz Kominek erfolgt wieder einmal ein Aufschwung, Platz sechs ist eine tolle Endplatzierung. Viel wichtiger ist aber das Erreichen des österreichischen Cupfinales, Rapid Wien siegt aber dort mit 2:0. Da die Wiener aber das Double schaffen, ist der GAK abermals als Cupfinalist für den Europacup der Pokalsieger qualifiziert. Diesmal ist ADO Den Haag die übermächtige Hürde in der ersten Runde, die Niederländer steigen insgesamt mit 6:1 (4:1, 2:0) auf.

1969

Der magere 10. Platz kostet Kominek den Trainer-Job.

Gestern

Chronik

Unvergessene GAK-Spieler aus den Fünfzigern und Sechzigern:
Harry Ginhart, Stefan Kölly (I), Alfred Kölly (II), Kurt Eigenstiller, Minnie Engel, Erich Frisch, Erich Sajko, Willy Huberts, Herbert Ninaus, Willi Sgerm, Gernot Fraydl, Hermann Stessl, Hannes Jank, Gerry Erkinger, Walter Koleznik, Hans Klug, Erwin Ninaus, Heinz Schilcher.

1970

Platz 13, der schlechteste Platz seit dem Aufstieg. Glücklicherweise gibt es 16 Vereine in der Staatsliga A. Was dem Team den Abstieg, dem Trainer aber nicht den Rausschmiss erspart.

1971

Platz elf ist für Simunic-Nachfolger Durspekt auch nicht gerade berühmt.

1972

Nachfolger Helmut Senekowitsch kann das Team mit dem achten Platz etwas steigern.

Anlässlich der 70-Jahr-Feier ist Bayern München beim GAK zu Gast. Die Star-Truppe um Sepp Maier, Franz Beckenbauer und Gert Müller gewinnt knapp 4:3. (Tore: Müller 2, Roth, Hoffmann; Repitsch, Kovac, Koleznik).

1973

Mit Rang drei wird die bis dahin beste Platzierung im österreichischen Oberhaus unter Senekowitsch-Nachfolger Alfred Günthner erreicht. Der Linzer kommt vier Runden vor Schluss und heimst die Lorbeeren ein. Als „Vater" des Erfolges kann man aber ruhig Senekowitsch bezeichnen. Der Lohn für diese Platzierung bedeutet jedenfalls die Qualifikation für den UEFA-Cup.
Doch neuerlich folgt bereits in der ersten Runde der rasche Abschied von der europäischen Fußballbühne. Panahaiki Patras aus Griechenland siegt zweimal (2:1, 1:0) und steigt mit 3:1 auf.

1974

Aufgrund der Reform im österreichischen Fußball muss der GAK (mit Platz zwölf nicht in der Abstiegszone) unter Günthner in die zweite Liga absteigen.

1975

Postwendend erfolgt aber der souveräne Wiederaufstieg als Meister der 2. Division. Zwei Trainer zeigen sich für diesen Erfolg verantwortlich: Hans Hipp und Hermann Stessl.

1976

Der Klassenerhalt kann mit Platz neun in der „Zehnerliga" unter Stessl gesichert werden.

1977

Platz acht bedeutet eine weitere Steigerung für Neo-Coach Hermann Repitsch.

Chronik   *Gestern*

1978

Platz sechs unter Gerd Springer und der vierte Platz in der Torschützenliste von Mario Zuenelli (14 Tore) stehen zu Buche.

1979

Der GAK wird unter Wenzel Halama nur Neunter.

Die bekanntesten GAK-Kicker aus den Siebzigern:
Karl Philipp, Sepp Stering, Erwin Hohenwarter, Werner Maier, Harald Rebernig, Gottfried Lamprecht, Hermann Repitsch, Hans Steigenberger, Rudi Roth, Helmut Kirisits, Mario Zuenelli, Erich Schneider, Werner Losch.

1980

Erst eine 3:4-Niederlage bei der Vienna in der letzten Runde vermasselt Halama die UEFA-Cup-Qualifikation. Statt mit Rang zwei heißt es am Ende mit dem vierten Platz vorlieb nehmen.

1981

Der GAK mischt in der Meisterschaft lange vorne mit, schlussendlich reicht es in der Liga nur zum 5. Platz. Aber im Cupbewerb kommt es zu einem Erfolgslauf, der 3. Juni 1981 wird für den GAK unter Trainer Wenzel Halama ein historisches Datum.
Beim dritten Pokalendspiel seiner Geschichte bleibt der GAK erstmals siegreich: Das 0:1 auswärts gegen Austria Salzburg wird beim Rückspiel in Graz durch Sepp Stering egalisiert. Alfred Riedl macht in der Verlängerung mit dem 2:0 den größten Erfolg in der Vereinsgeschichte perfekt, der GAK wird österreichischer Cupsieger 1981.
Im Herbst ist aber wieder in der ersten Runde des Cups der Pokalsieger Endstation, der Gegner Dynamo Tiflis aus der damaligen Sowjetunion siegt mit 4:2 (2:0, 2:2).

1982

Halama-Nachfolger Gustl Starek führt den GAK zum zweiten Mal nach 1973 auf Rang drei der Meisterschaft. Wieder ist die Qualifikation für den Europacup geschafft und wieder folgt das Aus in der ersten Runde: Diesmal bleibt der Gegner Corvinul Huneora aus Rumänien mit 4:1 (1:1, 3:0) im UEFA-Cup siegreich.

1983

Nach den erfolgreichen Saisonen ist Platz sieben eine magere Ausbeute.

1984

Platz acht in der Sechzehner-Liga bedeuten weder „Fisch noch Fleisch" und Starek muss Abschied nehmen.

1985

Auch das Comeback von Helmut Senekowitsch kann Platz 10 nicht verhindern.

1986

Platz sechs punktegleich hinter Sturm bedeutete einen leichten Formanstieg unter Gernot Fraydl.
Im Sommer erfolgt die Rückkehr in die Körösistrasse: Am 12. August 1986 wird das „Casino-Stadion" mit dem Freundschaftsspiel gegen Udine (4:2) eröffnet.

1987

Der GAK muss erstmals in das Aufstiegs Play-off, nachdem sich Dolfi Blutsch mit dem GAK nicht für das Meister Play-off qualifizieren kann. Nachfolger Adi Pinter schafft mit Platz drei im Aufstiegs Play-off noch den Erhalt der 1. Liga.

Gestern *Chronik*

1988

Dem Höhenflug im Herbst – der GAK spielt zeitweise an der Spitze mit – folgt der Absturz im Frühjahr. Trotzdem kann der 7. Platz unter dem Pinter-Erben Savo Ekmecic erreicht werden.

1989

Der siebente Platz nach Halama-Comeback täuscht. Die Tordifferenz (Minus 27!) erklärt eher die wahre Schwäche des damaligen Teams.

Spieler der achtziger Jahre, die jedem GAK-Fan geläufig sind:
Savo Ekmecic, Erich Marko, Ernst Gössl, Werner Gregoritsch, Harald Gamauf, Hans Pigel, Günther Koschak, Klaus Spirk, Rudi Steinbauer, Manfred Trost, Angelo Devescovi, Zelimir Vidovic, Ralph Hasenhüttl, Kurt Nessl, Helmut Sauseng, Dieter Schatzschneider.

1990

Der steirische Weg wird eingeschlagen. Und führt mit dem neuen Trainer Karl Philipp in das Aufstiegs Play-off, aus dem es trotz Ex-Nationalstürmer Walter Schachner kein Entrinnen gibt. Der 7. Platz im Play-off (Platz vier hätte schon gereicht) bedeutet den zweiten Abstieg nach 1974 aus der 1. Division. Doch diesmal sollte der GAK fünf Jahre in der zweithöchsten Spielklasse bleiben...

1991

Heinz Binder schafft mit seiner neuformierten Truppe nicht einmal die Qualifikation für das Aufstiegs Play-off. Nachfolger Savo Ekmecic kann wenigstens durch den Sieg im Abstiegs Play-off einen weiteren Absturz vermeiden.

1992

Das Aufstiegs Play-off wird zwar erreicht, doch dort kommen Ekmecic und Nachfolger Milan Miklavic über den letzten Platz nicht hinaus.

1993

Traurige Erinnerungen an das Frühjahr: zwar kann der GAK durch die erneute Qualifikation für das Aufstiegs Play-off in diesem voll durchstarten. Ein 4:0-Derbysieg in der „Liga der letzten Hoffnung" über Sturm scheint alles klar zu machen, ehe eine unerklärliche Formkrise den sicher scheinenden Wiederaufstieg vermasselt. Sturm wird Zweiter und steigt gerade noch in die neue Zehnerliga auf, als Vierter musste der GAK weiter in der 2. Division darben.

1994

Was Miklavic nicht schaffte, soll der Deutsche Hans-Ulrich Thomale bewerkstelligen. In seinem ersten Trainerjahr langt es aber nur zu Platz drei in der 2. Division.

1995

Endlich! Als souveräner Meister der 2. Division gelingt unter Thomale der Wiederaufstieg in die 1. Division.

1996

Gleich in der ersten Saison nach dem Aufstieg wird mit dem vierten Platz die Qualifikation für den UEFA-Cup geschafft. Der Wermutstropfen: Erfolgstrainer Thomale zieht es zurück nach Deutschland.
Endlich kommt der GAK im Europacup weiter: Unter Ljubo Petrovic muss zuerst Vojvodina Novi Sad (Jugoslawien) in der Qualifikationsrunde mit 1:7 (der GAK überraschte mit einem 5:1 auswärts und siegte auch 2:0 zu Hause) die Überlegenheit der Grazer anerkennen. Dann ist auch für das belgische Team Germinal Ekeren in der ersten Hauptrunde des UEFA-Cups beim GAK Endstation. Ekeren siegt zwar in Belgien 3:1 (was Petrovic nach einer „Watschen-Affäre" den Job kostet), doch Herfried Sabitzer macht beim Rückspiel in Kapfenberg mit dem 2:0 den Aufstieg perfekt. Neo-Trainer ist Gustl Starek, dem gleich ein „Glückslos" winkt.
In der zweiten Hauptrunde wartet nämlich mit Inter Mailand ein Starensemble europäischer Spitzenklasse. Nach

Chronik   Gestern

einer grandiosen Abwehrschlacht (0:1) im verregneten Mailand, wo Alexander Mannigers Stern durch Glanzparaden des jungen Torhüters aufgeht, pilgern zigtausend Grazer am 29. Oktober 1996 zum Rückspiel ins Kapfenberger Alpenstadion. Herfried Sabitzer gleicht das 0:1 schon in der ersten Hälfte aus, doch mehr ist leider nicht drinnen. Die abgebrühteren Italiener retten sich ins Elfmeterschießen, wo sie dann mit dem 5:3 alle Grazer Träume einer Sensation zerstören.

1997

Nach einem 5. Platz unter Starek gelingt auf dem Trainersektor der Überraschungscoup. Der deutsche Weltmeister von 1990, Klaus Augenthaler, schwingt ab dem Sommer das Trainingszepter beim GAK.
Sein erstes Match ist zugleich auch die Eröffnung der neuen Heimstätte des GAK, des Arnold Schwarzenegger Stadions. Das Debüt ist aber zum Vergessen, der GAK muss eine 0:4-Derby-Niederlage hinnehmen.

1998

Der GAK erreicht zum dritten Mal nach 1972 und 1982 den 3. Rang in der Meisterschaft und schafft abermals die Qualifikation für den Europacup.
Wieder werden zwei Hürden geschafft: Der VPS Vaasa aus Finnland wird mit dem Gesamtscore von 3:0 (0:0, 3:0) in der Qualifikationsrunde geschlagen.
In der ersten Hauptrunde des UEFA-Cups hat der FC Lovech aus Bulgarien mit 1:3 (1:1, 0:2) das Nachsehen. Abermals wartet nun ein europäisches Spitzenteam auf den GAK, der AS Monaco aus Frankreich. Die Grazer schaffen zwar in einem Klassespiel im ausverkauften Arnold Schwarzenegger Stadion ein sensationelles 3:3, doch auswärts ist mit schnellen Toren der Franzosen die 0:4-Niederlage bald perfekt.

1999

Die Parallele zum Jahr davor: Wieder wird unter Augenthaler in der Meisterschaft der dritte Rang geschafft, ein weiteres Mal gelingt damit die Qualifikation für den Europacup.
Die Auslosung beschert den Grazern in der Qualifikation ein Glückslos, der KI Klaksvik von den Färöer-Inseln ist bestenfalls ein Sparringpartner, mit 9:0 (5:0, 4:0) sind die Spieler aus dem Hohen Norden noch gut bedient. In der Hauptrunde eins macht der GAK schon daheim alles klar. Spartak Trnava kann das 0:3 von Graz mit dem 2:1-Sieg in der Slowakei nicht mehr egalisieren.
Wie 1996 gegen Inter, ist wieder in der zweiten Hauptrunde des UEFA-Cups das Glück den Grazern nicht hold. Der GAK gewinnt zwar gegen die Millionentruppe Panathinaikos Athen in Graz 2:1, muss aber in Griechenland in der Nachspielzeit durch einen Elfmeter das 0:1 hinnehmen und auf Grund der Auswärtstorregel aus dem Europacup aussteigen.

2000

Zum zweiten Mal gelingt ein Highlight in der Vereinsgeschichte.
Nach dem überraschenden Abgang von Augenthaler im Winter und der darauffolgenden kurzen Ära von Rainer Hörgl gelingt unter Neo-Coach Werner Gregoritsch der große Coup:

Der GAK wird Cupsieger 2000. Wie 1981 ist wieder Austria Salzburg der Finalgegner, diesmal im Wiener Ernst-Happel-Stadion. Das Spiel ist nichts für schwache Nerven, der GAK führt schnell 2:0 und es scheint alles klar, doch Salzburg kann in der Nachspielzeit auf 2:2 ausgleichen und rettet sich ins Elfmeterschießen, das der GAK schlussendlich mit 4:3 für sich entscheiden kann.
Der Cupsieg (in der Meisterschaft langt es nur für den 7. Platz) bedeutet natürlich wieder ein Antreten im Europacup, bei dem diesmal aber keine Qualifikationsrunde zu bestreiten ist.
In der ersten Runde des UEFA-Cups ist schon nach dem 3:2-Auswärtssieg beim slowakischen Team Kosice alles klar, in Graz genügt ein mageres 0:0 zum Aufstieg.
Und wieder ist die zweite Runde der Stolperstein für die Grazer. Das spanische Team Espanyol Barcelona ist klar besser: nach dem 4:0-Heimsieg gelingt dem GAK aber zu Hause mit einem 1:0 wenigstens ein Achtungserfolg.

2001

Wieder wird die beste Platzierung der GAK-Vereinsgeschichte mit Rang drei in der Meisterschaft egalisiert (fünfmal Rang drei). Was aber besonders freut, ist der Umstand, dass Lokalrivale Sturm in der letzten Runde überholt wird, was die erneute Qualifikation für den Europacup bedeutet.
Diesmal dauert das Abenteuer „UEFA-Cup" aber nicht sehr lange. Nach einem schmachvollen 2:2 auswärts gegen Torshavn (Färöer Inseln) kann zwar mit einem 4:0-Heimsieg der Aufstieg geschafft werden. In der ersten Hauptrunde ist aber nach einem 0:3 in Utrecht, das den Abschied von Gregoritsch bedeutet, und einem 3:3 in Graz unter Interimscoach Christian Keglevits der Europacup-Abschied perfekt. Kurz danach wird mit Thijs Libregts ein neuer Trainer präsentiert.

Gestern

Chronik

2002

Das Jubiläumsjahr wird würdig begonnen. Zum dritten Mal nach 1981 und 2000 heißt der österreichische Cupsieger GAK. Der 3:2-Finalsieg über den Lokalrivalen Sturm im ausverkauften Arnold Schwarzenegger Stadion bedeutet auch den Abschluss einer starken Saison, in der in der Meisterschaft abermals der dritte Platz eingefahren und zum sechsten Mal in den letzten sieben Jahren die Qualifikation für den Europacup erreicht wurde.

Die Stützen der letzten zehn Jahre im GAK-Dress:

Edi Glieder, Roland Goriupp, Stojadin Rajkovic, Ales Ceh, Franz Almer, Martin Amerhauser, Dieter Ramusch, Herfried Sabitzer, Zeljko Vukovic, Boban Dmitrovic, Enrico Kulovits, Alexander Manninger, Toni Ehmann, Andi Lipa, Eric Akoto, Bennedict Akwuegbu, Igor Pamic, Ronald Brunmayr, Mario Tokic, Mario Bazina.

Michael Pucher

Eine Sportstätte mit Geschichte   **Gestern**

Eine Sportstätte mit Geschichte

> Viele GAK-Anhänger denken noch gerne an die Zeit zurück, als die Athletiker noch im Casino Stadion in der heimatlichen Körösistraße gespielt haben.

Die Grazer Athletik-Sportklub-Fußballer hatten von Anbeginn jene Heimstätte, die auch heute noch bei allen Fußballfans als der GAK-Platz und später das Casinostadion bekannt waren. Die Anlage in der Körösistraße, nahe an der Mur gelegen, war stets Mittelpunkt der Rotjacken und sah Generationen und Tausende von Fußballern und Fans im Laufe der Geschichte. Knapp nach der Jahrhundertwende wurde das Grundstück des „Älteren Bäcker und Mühlenkonsortiums" dem Grazer Athletik Sportklub zur Verfügung gestellt.

Die Männer der ersten Stunde hatten bei einem Spaziergang der Mur entlang die Wiese als geeignetes Areal auserkoren. Schon damals lobte man die Wasserdurchlässigkeit des Platzes und die Rasenqualität. Man begnügte sich mit einem Sportplatz, wie er zur damaligen Zeit üblich war. Zuschauerbänke zur Westseite hin (Murseite) waren eine erste Baumaßnahme, weiters Umkleidekabinen, die dann nach dem Krieg wesentlich professioneller in einen Stadionbau überging. Der Sportplatz wurde liebevoll als Hauptmühlwiese bezeichnet und es gab viele Bemühungen, diese Sportstätte in gutem Zustand zu halten. Wie wir von einem Zeitzeugen und Gewährsmann aus den eigenen Reihen von LIEBHERR GAK, dem heutigen Kassier-Stellvertreter Walter Strohmayer, wissen, war dieses Bemühen zwar gegeben, aber die Wiese war mehr oder weniger gewichen und man spielte auf einem Lehmboden. Und Strohmayer muss es wissen, denn er spielte als 10jähriger in der Jugend 1941 auf diesem Platz, ehe dann in den 50er-Jahren seine Karriere in der Kampfmannschaft begann.

1947 wurde ein Pachtvertrag zwischen dem „Älteren Bäcker und Mühlenkonsortium" und dem Grazer Athletik Sportklub abgeschlossen, dessen Inhalt heute noch zum Schmunzeln anregt. Da der Schilling zu diesem Zeitpunkt

Gestern

Eine Sportstätte mit Geschichte

HR Anton Kürschner initiierte die Rückkehr auf den GAK-Platz, der heute als Trainingsstätte für die Kampfmannschaft dient.

Die ganze GAK-Mannschaft griff zu und half, unter der Regie des damaligen Trainers Gernot Fraydl die Rasenziegel zu verlegen.

sehr instabil war, vereinbarte man eine Valorisierung bzw. einen Neuvertrag, wenn der Schilling eine solche Veränderung erfährt, dass den öffentlichen Angestellten eine Gehaltserhöhung von mehr als 20% zugestanden wird. Dieser Pachtvertrag wurde vom 01.01.1947 bis 31.12.1956 abgeschlossen. Es dauerte nicht lange und man musste tatsächlich Neuverhandlungen ansetzen. Die Männer dieser Ära, die sich besonders um den GAK bemühten, waren Sektionsleiter Födinger, Trainer Mütsch und Fiedler, dessen Sohn später beim GAK spielen sollte und dann auch als Trainer und erster BNZ-Funktionär in die Fußstapfen seines Vaters trat.

Längst schon hatte man Tribünen errichtet und eine sportliche Aufwärtsentwicklung erfahren, als der Österreichische Fußballverband am 04.06.1951 den GAK aufforderte, das Stadion in einen A-Liga-würdigen Zustand zu bringen, nachdem der GAK in die oberste Liga aufgestiegen war, in der er über 20 Jahre ununterbrochen verweilte und erst durch einen Zwangsabstieg aus Reformgründen diese Liga verlassen musste. Die Verpächter wollten diesem Bauvorhaben lediglich bei einer neuerlichen Erhöhung des Pachtschillings zustimmen und letztendlich sah sich der GAK außer Stande, den Betrag von ATS 8.100,- pro Jahr für diese Pacht aufzutreiben. Er wandte sich an den Allgemeinen Sportverband Österreichs, dessen Mitglied der GAK war, um Hilfe.

Nach längeren Verhandlungen war es dann soweit, dass der Allgemeine Sportverband Österreichs die Sportstätte erwarb und sie seinerseits an den GAK verpachtete. Das ist bis heute so geregelt und es versteht sich von selbst, dass die Konditionen für den GAK als Pächter überaus günstig waren. War doch ein gewisser Dr. Arbeiter, der den Pachtvertrag aushandelte, gleichzeitig GAK und ASVÖ Präsident.

Mit dem sportlichen Höhenflug wurde auch das Stadion immer wieder umgebaut, es entstanden neben der Westtribüne eine Südtribüne als Sitz- und Stehtribüne. Weiters wurde das Umkleidegebäude ausgebaut bzw. ein Haus errichtet (1986). Auch auf der Ostseite wurde eine überdachte Sitztribüne geschaffen, die auch die Möglichkeit von Parkplätzen auf dem vorhandenen Restgrundstück berücksichtigte.

Dieses Stadion erlebte Höhepunkte wie Tiefgänge, Aufstiege und Abstiege und wir werden vielleicht Zeit-

Sepp Sterings große Karriere begann in der Körösistraße.

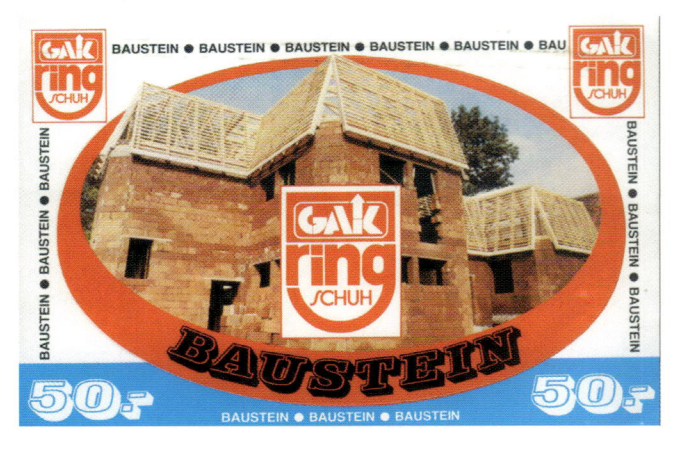

zeugen des kompletten Aus dieser Anlage werden, wenn LIEBHERR GAK mit der Errichtung des Trainingszentrums in Graz-Andritz die Geschichte dieser Sportstätte, die dann ebenfalls 100 Jahre Heimstätte war, beendet. Noch ist es nicht soweit. Derzeit dient die Anlage als Trainingszentrum für die Kampfmannschaft und die Kleinsten – die Kindergartenspieler und die U8.

Sponsoring — Gestern

Vom Mäzenatentum zum Sponsoring
Ohne Geld geht nichts

Schon 1902 war für die Gründer des GAK bei der Pacht des Areals in der Körösistraße die erste große Hürde zu nehmen. Es fehlte nämlich am nötigen Kleingeld. Hätte nicht die Mutter des Gründers Carl Markel dem GAK die Pacht vorgestreckt, dann wäre der Verein auch nicht sehr alt geworden.

In den ersten Jahren und Jahrzehnten finanzierte sich der GAK aus Mitgliedsbeiträgen, Spenden und Zuschauereinnahmen. Später ermöglichten Gönner wie Evaristo di Lenardo und Anton Herzl das Überleben des Vereins in der Nachkriegszeit.

Ende der sechziger Jahre setzte sich eine neue Form der Finanzierung durch: das Sportsponsoring. Diese Möglichkeit neuer Einnahmen steckte logistisch noch in den Kinderschuhen, die Sponsoren wurden damals noch „Patronanzfirmen" genannt, die sich auf den Dressen der Teams präsentierten.

1969 gelang es auch dem GAK, die erste „Patronanzfirma" an Land zu ziehen. Der weltbekannte Schweizer Uhrenhersteller Marvin schmückte mit seinem Schriftzug die Dressen der Kampfmannschaft. Die Leistungen für den GAK sind im Vergleich zu den heutigen Sponsorverträgen interessant:

Marvin zahlte pro Saison ATS 500.000,- an die Fußballsektion, finanzierte die Sportausrüstung für die Kampfmannschaft, vergütete zwei Trainingslager pro Jahr und leistete Sonderprämien bei besonderen Anlässen. Der Vertrag war für drei Jahre anberaumt.

Zum Einstand stellte Marvin eine Sonderprämie in Form eines Gutscheins in der Höhe von ATS 2.000,- in Aussicht, wenn das Team das Derby gegen Sturm gewinnen sollte.

Einer der vielen Sponsoren in der 100-jährigen GAK-Geschichte war die Firma Trummer, die den GAK Anfang der 90er-Jahre unterstützte.

Peter Guggi

Gestern
Sponsoring

Marvin war einer der ersten Sponsoren des GAK, der eine große Werbefläche auf den Dressen der Kampfmannschaft hatte.

Das Spiel, das zwei Tage nach dem beschriebenen Sponsorvertrag absolviert wurde, endete allerdings 1:1.

Nach Ablauf des Vertrags (1972) engagierte sich Teppichland als neuer Sponsor des GAK.

Der Nachfolger des Einrichters war dann die ATS-Bank ab 1975, die zudem auch die Sektionen Basketball, Eishockey und Wasserspringen unterstützte.

Besser: unterstützen sollte. Nachdem die Bank in finanzielle Schwierigkeiten schlitterte und die versprochenen Sponsorgelder infolgedessen nicht geflossen sind, geriet der GAK gehörig in finanzielle Engpässe. Der unermüdlichen Suche nach Geldgebern des umtriebigen Klubobmanns Dr. Konrad Reinthaler war es im Frühjahr 1976 zu verdanken, dass der Verein heuer seinen 100. Geburtstag feiern kann.

Nach existenzbedrohenden Monaten konnte im Herbst 1976 erneut ein Sponsor für die Fußballsektion gefunden werden. Körting/TV Austria unterschrieb einen Einjahresvertrag als Sponsor für die Sektionen Fußball, Basketball, Eishockey und Wasserspringen, der dann um ein Jahr verlängert wurde.

Ab dem Herbst 1978 trat dann Gaulhofer/Fenster als Hauptsponsor auf.

Mit dem Eintritt von Ringschuh im Sommer 1980 wurde eine neue Ära eingeläutet. Der Schuhfabrikant hielt bis dato dem GAK am längsten die Treue, ganze zehn Jahre war der Name GAK untrennbar mit dem Unternehmen Ringschuh in den Gedächtnissen aller Fans verankert.

Mit dem Abstieg 1990 verließ auch Ringschuh das (vermeintlich) sinkende Schiff. Wechselnde finanzielle Zuwendungen von Dahms Elektronik, Trummer Montagen und vor allem Tank Roth hielten den GAK in den frühen neunziger Jahren über Wasser. Erst nach dem stärkeren Engagement von Casino Austria, die der Heimstätte, dem Casino-Stadion, schon zuvor seinen Namen gab, waren wieder verstärkte Transfertätigkeiten möglich.

LIEBHERR macht es seit nunmehr 1998 möglich, permanent und konsequent an der Spitze der österreichischen Liga mitzuspielen.

Michael Pucher

Ringschuh-Direktor Ollinger förderte den GAK.

Herfried Sabitzer kam unter Hauptsponsor Casino zum GAK.

RINGSCHUH

Unter Ringschuh wurde der GAK 1981 erstmals Cupsieger.

Tiefschläge   Gestern

Im Laufe eines hundertjährigen Bestehens durchlebt jeder Verein Höhen und Tiefen. Von den Höhepunkten (Cupsiegen, Europacupteilnahmen etc.) ist schon ausführlichst berichtet worden, die Tiefschläge sollen aber auch nicht in Vergessenheit geraten.

Mit dem Meistertitel 1975 und dem Wiederaufstieg war das erste GAK-Tief überwunden.

Tiefschläge

Zwei Ereignisse haben den GAK gehörig ins Wanken gebracht. Es waren dies die zwei Abstiegsjahre, 1974 und 1990, als der GAK einmal für eine kurze Zeit, das zweite Mal gleich für fünf Jahre, in der zweiten Liga sein Dasein fristete.

1974

Im Jahr zuvor, 1973, wurde unter Senekowitsch noch der größte Triumph der Vereinsgeschichte bejubelt, die Rotjacken hatten erstmals den dritten Rang in der Nationalliga erreicht. In der Saison 1973/74 sollte also nichts schief gehen: 17 Vereine waren in der Nationalliga angetreten, die letzten beiden sollten absteigen. Der GAK war also nicht unbedingt ein Abstiegskandidat. Doch während der Saison wurde es immer enger, der GAK startete schlecht, war im unteren Mittelfeld der Tabelle zu finden. Dieser Umstand beunruhigte weniger als die bereits seit Monaten geplante Reform des österreichischen Fußballs. Die Granden des ÖFB wollten den Sport föderalisieren, es sollte von jedem Bundesland (außer Wien natürlich) nur mehr ein Verein in der obersten Liga mitspielen. Die Teams sollten in einer neugeschaffenen Zehnerliga für ein höheres Niveau des gesamten österreichischen Fußballs, insbesondere des damals maroden Nationalteams, sorgen. Nach fünf Sechstel der Saison wurde der Plan durchgesetzt, der GAK und andere Leidensgenossen vor vollendete Tatsachen gestellt. Der GAK musste als Zwölfter unter 17 Vereinen erstmals absteigen und verabschiedete sich nach 23-jähriger ununterbrochener Zugehörigkeit in der obersten Fußballklasse von dieser erstmals, um ein Jahr später als überlegener Meister der 2. Division wieder aufzusteigen.

1990

Die Vorzeichen waren diesmal andere als 16 Jahre zuvor. Die besten Jahre des GAK waren damals längst vergessen, die Europacup-Auftritte und der Cupsieg längst Geschichte. Der GAK tümpelte damals mehr schlecht als recht in den unteren Regionen der Zwölferliga herum.

Im Sommer 1989 entschloss sich die Vereinsführung den „steirischen Weg" einzuschlagen, heimische Talente sollten gemeinsam mit dem Trainergespann Philipp und Koleznik für einen längerfristigen Aufschwung sorgen. Der Plan endete mit einem kurzfristigen Desaster, das längerfristige Folgen haben sollte. Der GAK erreichte nur elf Punkte in 22 Runden, wobei lediglich vier Siege auf der Habenseite standen. Die Tordifferenz von 16:48 sagte alles über die Verfassung des Teams aus. Klar auch, dass dem Duo Philipp/Koleznik und dem reaktivierten „Messias" Adi Pinter keine Wunderdinge mehr zuzuschreiben waren.

Im darauffolgenden Frühjahr sollte im Aufstiegs-Play-off der Erhalt in der obersten Spielklasse gesichert werden, dafür wurde sogar der Italien-Heimkehrer Walter Schachner geholt. Neo-Coach Walter Binder war es aber nicht mehr möglich, die Talfahrt zu stoppen. Der GAK lag am Boden, Platz sieben im Play-off bedeuteten den Abstieg. Von diesem Schock konnte sich der GAK nicht so schnell erholen, erst unter dem Führungsduo Fischl/Svetits und Trainer Thomale folgte ein mühsamer Weg zurück in die 1. Division und an die Spitze des österreichischen Fußballs.

Michael Pucher

1995 durften die GAK-Spieler und Präsident Fischl jubeln – nach einigen Jahren in der 2. Division wurde unter Trainer Hans-Ulrich Thomale der Wiederaufstieg geschafft.

Gestern
Gastkommentar

Warum lebt der GAK eigentlich noch immer?

Die Menschen werden immer älter. Und gesünder. Ein Faktum, das man von Fußballvereinen generell nicht behaupten kann. Da gibt es schon zahlreiche prominente Klubs, ursprünglich zur Gründergeneration des Spieles mit dem runden Leder zählend, die inzwischen entweder in die Mottenkiste der sportlichen Bedeutungslosigkeit versunken sind, oder der schönen Fußballwelt überhaupt „Auf Nimmerwiedersehen" gesagt haben. Womit wir beim Hauptthema angelangt wären.

Ohne das Land Steiermark und Sportlandesrat Gerhard Hirschmann (links) wären die Erfolge der beiden Grazer Fußballklubs nicht möglich gewesen.

Der Frage: „Wieso lebt der GAK nach einhundert Jahren eigentlich noch immer und ist trotz seines stattlichen Alters und entgegen dem internationalen Trend auch noch pumperlgesund?" Das Motto „Ohne Geld ka Musi!" hat in den letzten Jahrzehnten unter den prominenten Fußballklubs der ganzen Welt zu einem Ausleseprozess geführt, den zahlreiche Traditionsvereine nicht überstanden haben. Der Fußball, ursprünglich ein lokales, unschuldiges Freizeitvergnügen für Aktive und Fans, ist zu einem internationalen, monströsen Industrieunternehmen mutiert, in dem mit Millionen und Milliarden spekuliert und jongliert wird. Das war aber nur der erste Schritt zur modernen Fußball-Industrie. Es kommt noch viel dicker. Fußball, noch in den letzten Jahren des vergangenen Jahrhunderts ein „Groscherlgeschäft", wird in den nächsten Jahrzehnten wie Versicherungen, Autokonzerne oder Elektronikgiganten die Gewinne und Verluste der internationalen Aktienmärkte mitbestimmen.

Die „New Fußball-Economy" ist ein heikles Geschäft

Doch ganz soweit sind wir noch nicht, wenn auch schon mehrere europäische Spitzenklubs den Gang an die Börse riskiert haben. Aus gegebenem Anlass ist eher ein Schritt in die Vergangenheit angebracht. Der gegebene Anlass sind die einhundert Jahre, in denen der GAK auf der Welt ist und erstaunlicherweise zu jenen Klubs zählt, die die kometenhafte wirtschaftliche Entwicklung des Fußballs bei bester Gesundheit überstanden haben. Dass das alles andere als selbstverständlich ist, beweist schon ein schneller Seitenblick auf die lokale Konkurrenz. Von den sechs steirischen Klubs (GAK, Sturm, Grazer Sportclub, Austria Graz, Kapfenberg und Donawitz/Leoben), die in unserem Bundesland dabei waren, als der Fußball in seine kommerzielle Phase eintrat, haben nur zwei, die Athletiker und Sturm, der Entwicklung der heiklen fußballerischen „New Economy" getrotzt und ihren Stammplatz in der höchsten Spielklasse behauptet. Wie heikel und gnadenlos sich das „Spiel mit dem Fußballspiel" entwickelt hat, beweist ein Blick auf das große Geld, um das sich der große Fußball nun dreht: Das Budget des GAK, der traditionell (fast) immer zu jenen Klubs zählte, in dem

Gastkommentar   Gestern

"Woher nehmen wir diesmal Geld?" scheinen sich HR Konrad Reinthaler (Mitte) und die Vorstandsmitglieder einmal mehr zu fragen.

Marvin war der erste Hauptsponsor des GAK, die ATS-Bank mit ihrem Leiter Horst Melcher hätte den Verein 1976 beinahe ruiniert.

die realistischen Möglichkeiten die Höhe der Ausgaben bestimmten, betrug in den Siebzigerjahren zwischen zehn und zwölf Millionen Schilling. Dreißig Jahre später, als Peter Svetits den GAK als Präsident führte, hatte sich das GAK-Budget verzehnfacht! Aus dem ursprünglichen „Groscherl-Geschäft" war mit der Kommerzialisierung des Fußballs ein Millionen-Ding geworden. Während rund ein Dutzend GAK-Präsidenten in dem fast ersten Jahrhundert des Klubs die Geschicke des Vereines mit Idealismus und ihrem Herzblut bestimmten, steht nun, im zweiten GAK-Jahrhundert, der Svetits-Nachfolger Rudi Roth als GAK-Präsident an der Spitze eines Wirtschaftsunternehmens, in dem die bare Münze wesentlich entscheidender für die Zukunft des Klubs ist, als jegliche sentimentale rot-weiße Ideale.

Der Tag, an dem der GAK wackelte

1902 gilt als das offizielle Gründungsdatum des GAK. Mehr als sieben Jahrzehnte verlief das Leben der Athletiker mehr oder weniger bewegt. Wie es halt im Sport so ist. Einmal oben, einmal unten. Aber im Prinzip ohne existenzbedrohende Probleme. Das Geld war meistens knapp, doch mit viel Idealismus, Energie, einer Handvoll großzügiger Geschäftsleute und viel gutem Zureden gelang es der jeweiligen Vereinsführung den zuerst halbprofessionellen, dann professionellen Klubbetrieb zu sichern, obwohl die Athletiker niemals das Glück hatten, den Mann oder die Firma mit der wirklich ganz dicken Brieftasche zu treffen. Das funktionierte mehr als sieben Jahrzehnte, bis 1976. Da traf den Klub, sozusagen aus heiterem Himmel, voll der Hammer. Ein ehrgeiziger GAK-Präsident, ein Fußball-Quereinsteiger namens Horst Melcher, der zu einer Banklizenz gekommen war, hatte den GAK als Sprungbrett für seine persönliche Karriere gewählt. Und mit seinen Geldgeschäften einen Bauchfleck gelandet. Zu den Hauptopfern zählte, neben den Bankkunden, auch der GAK. Damit stand erstmals die Zukunft der Athletiker auf dem Spiel. Der traditionsreiche, seriöse GAK stand vor dem Konkurs und damit vor dem Ende seiner Existenz!

Ein Hofrat ging für den GAK betteln

Der Mann, der die Rot-Weißen damals vor ihrem Ende bewahrte, hieß Konrad Reinthaler. Er war nicht nur als Aktiver und Funktionär ein GAK-Urgestein, sondern auch der Direktor der Grazer Handelsakademie. Der Hofrat, der niemals in seinem Leben irgendwen um einen persönlichen Gefallen gebeten hatte, ging für den GAK buchstäblich betteln. Bei den Melcher-Gläubigern, bei den GAK-Fans, bei den Politikern von Stadt und Land. Reinthaler schaffte, womit niemand mehr gerechnet hatte: Das GAK-Wunder! Die Athletiker überstanden ihre einzige echte Existenzkrise und waren nun bereit, einhundert Jahre alt zu werden. Reinthaler war, obwohl er den GAK in höchster Not vor seinem Aus bewahrte, in der Reihe der GAK-Präsidenten kein „Ausreißer". Auch ihm ging es um die Sache, um den Klub und seine Anhänger, nicht um einen persönlichen „Heiligenschein" oder mediale Präsenz. Diese Charakterisierung trifft auch auf die Mehrheit jener Männer zu, die in den letzten hundert Jahren das Schicksal der Athletiker bestimmten. Wenn der eine oder andere unter ihnen auch sein „Bildl" in der Zeitung durchaus schätzte, den gesellschaftlichen Status, der stets mit dem Amt des GAK-Präsidenten verbunden war, genoss, und die eine oder andere persönliche Profilierungsneurose nicht ausblieb, eines muss man fairerweise allen bisherigen GAK-Präsidenten unisono bescheinigen: Der Klub ist dabei (fast) immer auf seine Rechnung gekommen und hat davon profitiert. Wie immer die Herren auch geheißen haben mögen. Inzwischen hat sich das Anforderungsprofil des GAK-Präsidenten grundsätzlich geändert. Idealismus und ein großes GAK-Herz sind zwar mehr denn je gefragt, doch beides ist nur die bescheidene Voraussetzung für einen ehrenamtlichen Job, in dem sich der Fußball nur noch dreht, wenn auch die Kasse stimmt. Ich meine daher, wenn sich ein prominenter GAK- und Geschäftsmann wie Rudi Roth sich dieses recht undankbar gewordene „Geschäft" antut, dann ist das ein wunderschönes Geschenk für den Klub zum 100. Geburtstag. Und eine seriöse Basis für die nächsten einhundert GAK-Jahre.

Harald Schaupp

Gestern

Legionäre beim GAK

Söldner aus 29 Ländern aller Kontinente

Fußball spielen um des Spieles wegen war zu Beginn dieser Sportart oberstes Motiv und höchstes Ziel. Als die Spieler noch aus den Schulen, Universitäten und allen Gesellschaftsschichten rekrutiert wurden, dachte noch niemand daran, dass mit dem Ballsport Geld zu verdienen ist. Erst als in den zwanziger Jahren im Wiener Raum das Profitum im Fußball um sich griff, zog es die talentiertesten Grazer Spieler in die Bundeshauptstadt, um dort ein paar Schillinge zu verdienen. Spieler wie Rudi Hiden oder Otto Gaber folgten als erste nicht nur dem Ruf des Geldes, sie wollten auch ins Team. Zu dieser Zeit war es unvorstellbar, dass es auch beim GAK einmal Spieler geben könnte, die in Graz ihren Lebensunterhalt mit der Kickerei verdienen.

Der erste in den Annalen des GAK, den man als „Legionär" bezeichnen kann, war ein Bulgare namens Dimitrow Zwetkow, der 1926 für den GAK spielte. Warum er nach Graz zog, ist heute leider nicht mehr bekannt. Bekannt ist aber leider die Tatsache, dass Zwetkow nur ein Jahr später bei einem Unfall ums Leben kam.

Erst nach dem Krieg, nach dem Aufstieg des GAK in die Staatsliga, begann sich das Legionärs-Karussell langsam, aber doch zu drehen. Anfangs waren es eher Zufälle, die dem GAK die ersten Legionäre beschert: Der Deutsche Erich Sajko war aus beruflichen Gründen nach Graz gezogen und zählte von 1954-1962 zu den Stützen der Mannschaft. Der Ungar Bela Subosits (1958/59) war aus politischen Gründen an der Mur gelandet. Von der Vereinsführung wurden „echte" Legionäre erst ab 1963 verpflichtet. Diese kamen zum Teil sogar aus Ländern, die damals als „Fußballexoten" galten. Wer kann sich heute noch an den Luxemburger Jean Hardt erinnern? Einen bleibenden Eindruck hinterließ da schon der Ägypter Selim Saleh, der mit seinem Kurzgastspiel (sechs Einsätze, drei Tore) für so großes Aufsehen sorgte, dass sogar die ägyptische Militärnationalmannschaft auf ihn aufmerksam wurde – und ihn wieder heim holte. Zwei Jahre nach Saleh „verirrte" sich 1965 sogar ein Brasilianer nach Graz. Antonio Paulinhos Ballkunst konnte aber leider nie mit jener seiner berühmten Landsmänner mithalten, sodass das GAK-Gastspiel des Südamerikaners nur von kurzer Dauer war.

In jener Zeit begann die lange Tradition der jugoslawischen Torhüter beim GAK. Eugen Ravnic und Juric waren die ersten „Künstler" aus dem Süden im GAK-Tor, ehe Zoran Misic (1970-1972) folgte. Der Hit unter den Goalies war aber sicherlich Savo Ekmecic, der zwischen 1978 und 1985 die Ersatztorhüter wissen ließ, warum sie Nummer zwei genannt wurden. Ekmecic, ob seiner exotischen Goalie-Shorts bei den GAK-Fans geliebt und wegen seiner provokanten Aussagen über den Lokalrivalen bei den Sturm-Anhängern gehasst, ist Rekord-Legionär (269 Erstligaspiele) und hält heute noch

Josip Turcik, einer der vielen GAK-Spieler aus dem ehemaligen Jugoslawien.

Skelley Adu Tutu ist einer der großen Stürmerhoffnungen.

Erinnern Sie sich noch an einen gewissen Chidi Aluka?

Legionäre beim GAK — Gestern

Savo Ekmecic kam 1978 zum GAK und kreierte eine neue Tormannmode, die auch den Gegner zum Lachen brachte.

den Rekord der meisten Bundesligaeinsätze ohne Unterbrechung. Der letzte Tormann beim GAK, der aus dem ehemaligen Jugoslawien kam, war Goran Zivanovic Ende der 80er-Jahre .

Aus Jugoslawien kamen in den letzten 30 Jahren nicht nur erstklassige Torleute, sondern auch Feldspieler: Rado Slovic und Stefan Adzic spielten zum Beispiel Ende der Sechziger gemeinsam im GAK-Dress. Zeljko Kovac war 1973 ein gefürchteter Goalgetter, Slobodan Goracinov oder Zelimir Vidovic in den Achtzigern und Boban Dmitrovic oder Ales Ceh sowie Igor Pamic in den Neunzigern setzten die Tradition guter Fußballer aus dem Süden beim GAK fort.

1979 kamen die GAK-Anhänger auch in den Genuss der dänischen Fußballschule: Niels Sörensen sorgte in dieser Saison für Szenenapplaus.

Bobby Goracinov war einer der großen jugoslawischen Ballkünstler im Dress des GAK.

Gestern

Legionäre beim GAK

Die Legionäre hatten auch wesentlichen Anteil am Cupsieg 2002.

Ein „Exote" mit Torjägerqualitäten kam ein Jahr danach zum Klub: Gordon Igesund aus Südafrika, den der ehemalige GAK-Spieler Charly Scharmann an die Mur gelotst hatte. Der weißblonde Stürmer gab aber nur ein Kurzgastspiel im GAK-Dress (fünf Spiele), wechselte zur Admira und wurde dort zum großen Torjäger.

In der Cupsieger-Saison 1980/81 engagierte der GAK mit Joschi Moder einen absoluten Publikumsliebling. Der Tschechoslowake zog im GAK-Mittelfeld die Fäden und begeisterte die Fans mit seinem knallharten Schuss und seiner tollen Übersicht.

Mitte der Achtziger heuerte dann der Kroate Zelimir Vidovic beim GAK an, sein überlegtes Spiel (150 Erstligaeinsätze von 1983–1990) bleibt den Fans ebenso in Erinnerung wie sein tragischer Tod im jugoslawischen Bürgerkrieg. Seine legitimen Nachfolger aus Kroatien waren und sind Edel-Libero Zeljko Vukovic (138 Spiele), Sturmtank Igor Pamic (24 Tore) und das Mario-Duo Tokic und Bazina, die in der Saison 2001/2002 für Furore sorgten.

1984 kreuzte auch der erste namhafte Slowene beim GAK auf: Angelo Devescovi war daraufhin bis 1988 der Chef in der Abwehr. Sein Nachfolger war Matjaz Kek, dessen Freistöße 1988–1994 immer wieder für Angstschweiß bei den gegnerischen Torhütern sorgte. Kek war es auch, der Verteidiger Stojadin Rajkovic zum GAK brachte und den GAK-Verantwortlichen 1992 Ales Ceh vermittelte. Ales Ceh ist nunmehr seit zehn Jahren einer der Hauptverantwortlichen für den Aufstieg und Höhenflug des GAK. Der Mittelfeldspieler, der mit seinem Einsatz und seiner Kampfkraft besticht, hat mit seinen bis

Publikumsliebling Zelimir Vidovic starb im jugoslawischen Bürgerkrieg.

Legionäre beim GAK   Gestern

Mario Bazina kam 2001 zum GAK und avancierte aufgrund seiner glänzenden Technik schnell zum Publikumsliebling bei den Roten Teufeln.

Das Begräbnis von Dimitrov Zwetkow – der Bulgare war 1926 der erste Legionär, der für den GAK spielte.

dato 199 Erstligaeinsätzen nur mehr Savo Ekmecic als längstdienenden Legionär vor sich.

Ende der Achtziger war aber auch die Zeit von vielen anderen Legionären, an die man sich heute noch sehr gut oder gar nicht erinnern kann. Der polnische Goalgetter Jaroslaw Jedynak – mit 19 Toren noch heute drittbester Legionär – war einer der stärksten. Doch wer kann sich noch an einen gewissen Kim Lim erinnern? Der Südkoreaner spielte sich 1990 nicht unbedingt in die Herzen der Fans. Mit viel Trara wurde zwei Jahre später Carlos Borja von Harald Fischl aus El Salvador geholt. Nach einem Einsatz im ÖFB-Cup war das Gastspiel des fröstelnden Mittelamerikaners aber auch schon wieder vorbei.

In den letzten Jahren verlängerten Roger Nilsen (Norwegen), Patrick Isabella (Schweiz), Daniel Kimoni (Belgien) oder Stefan Gislason (Island) die Liste der Legionäre beim GAK. Und natürlich der Australier Ross Aloisi, durch dessen Engagement Spieler von allen fünf Kontinenten den GAK-Dress getragen haben.

Viel größeren Eindruck hinterließen da eher die Ballkünstler aus Schwarzafrika. Der erste, den es nach Graz verschlagen hatte, war 1997 Chidi Aluka aus Kamerun. Er war leider auch der einzige, der sich nie durchsetzen konnte. 1998 folgten Eric Akoto aus Togo, der zu einem absoluten Publikumsliebling wurde, und Benny Akwuegbu aus Nigeria. Der Stürmer, sensibel wie trickreich, war vor seinem Wechsel nach China immerhin mit zehn Toren im Europacup und 31 Meisterschaftstoren der erfolgreichste Legionär beim GAK.

Der dritte im Bunde der erfolgreichen Schwarzafrikaner ist Skelley Adu Tutu aus Ghana. Der junge Stürmer mimt seit 1999 den dribbelnden Edeljoker auf der GAK-Ersatzbank. Ebenfalls aus Schwarzafrika stammt die große Stürmerhoffnung Jones Kusi-Asare, allerdings spielt „Dr. Jones" mit schwedischem Pass. Mit drei Cup- und fünf Meisterschaftstoren trat der 21-jährige bereits in die Fußstapfen seines Vorgängers Akwuegbu.

Der GAK beschäftigte natürlich auch Legionäre aus anderen Ländern. Wie Schatzschneider, Hödl, Künast, Lutz, Radlspeck, Grimm und Golombek aus Deutschland, die sich bis auf wenige Ausnahmen aber kaum durchsetzen konnten. Ebenso wie die vielgepriesenen Spieler Hülshoff, Lanckohr und Schuitemann aus den Niederlanden, wobei Barry Hülshoff allerdings schon eher als „Fußballrentner" zum GAK gekommen war.

Nicht vergessen darf man bei diesem Thema aber auch auf jene GAK-Spieler, die Legionäre im umgekehrten Sinn waren. Wie einst ein Sepp Stering, Willy Huberts oder viele andere, die im Ausland für Furore sorgten. Oder Gerhard Steinkogler, der in den 80er-Jahren bei seinem Wechsel zu Werder Bremen der teuerste GAK-Transfer in der Vereinsgeschichte war. „Copa" wurde dieser Rang erst viel später abgelaufen, als der GAK 1997 ein junges Bürschchen namens Alex Manninger an Arsenal London verkauft hat. *Michael Pucher*

Gestern
Die anderen Sektionen

Die anderen Sektionen des GAK

Basketball
Die Sektion wurde 1950 ins Leben gerufen. Die ehemaligen Handballer des GAK machten diese neue Sportart nach dem Krieg salonfähig. In den ersten zehn Jahren des Bestehens wurde jedes Jahr der steirische Meistertitel eingefahren. Die Damenmannschaft wurde 1953 gegründet und war nach 1971, als sich das Herrenteam aus beruflichen Gründen freiwillig aus der Bundesliga zurückzog, das erfolgreichere Team. In den achtziger Jahren waren die Damen rund um Obmann Dr. Wiener-Pucher fixer Bestandteil der österreichischen Bundesliga, der dritte Platz 1989 der größte Erfolg.

Eishockey
Die schnellste Mannschaftssportart der Welt wurde ab 1926 beim GAK gespielt. Das erste Team ist aus der Leichtathletiksektion hervorgegangen, gespielt wurde auf dem Teichhof in St. Peter. Die Eishockeysektion war bis Mitte der siebziger Jahre mehr oder weniger erfolgreich, ehe sie aus finanziellen Gründen aufgelassen wurde.

Eislaufsport
Nach erfolglosen Versuchen in der Vorkriegszeit und der endgültigen Einstellung des Betriebs 1920 wurde 1932 die Sektion Eislaufsport gegründet. In den Kriegsjahren konnten Stärck und Gareis im Einzel, Wambera/Hüttner, Stärck/Gareis im Paarlauf sowie Schaffus/Plankl im Eistanz steirische Meistertitel erringen. Die Sektion wurde nach Kriegsende aufgelöst.

Feldhandball
1926 vom ehemaligen Wasserspringer Alfred Traninger gegründet, erzielte diese Sektion sehr bald große Erfolge. Das Team um Walter Hütter, Karl Pock, Franz Brunner, Gustl Stopper, Brüder Klaus, Walter Karel,

Jochen Pildner-Steinburg, jetziger Präsident der Graz99ers, war Kapitän der GAK-Eishockeymannschaft, die einst große Erfolge feierte.

N. Hochwald, Vickerl Brauneis, Walter Reisp, H. Schaden, B. Steiner, Franz Rauscher, Wenzel Fiala, Erwin Ferner, W. Herunter, die Brüder Grengg und Erwin Wendl wurde in den 30er Jahren mehrmaliger Meister- und Vizemeister. Herausragend waren Franz Brunner und Walter Reisp, die 1936 mit dem österreichischen Olympiateam in Berlin die Silbermedaille erringen konnten. Das war der größte internationale Erfolg von GAK-Athleten überhaupt. Nach dem Krieg konnte 1948 der einzige GAK-Staatsmeistertitel errungen werden. Der Kader damals: Dr. R. Jagl, Kurt Stuckard, Dr. E. Vogler, Walter Laßl, Prof. Alfred und stud. phil. Walter Grengg, Erwin Wendl, Dr. Nickl, Ernst Stoißer, Franz Rauscher, Carlo Gruber, Erich Cresnoverh, cand. med. Helmut Sommeregger und Spielertrainer S. Dietner. Vogler, Wendl und Stoißer waren auch Mitglieder des Nationalteams.

Die anderen Sektionen # Gestern

Leichtathletik

Im Frühjahr 1903 wurde diese Sektion gegründet. Die Athleten der ersten Stunde waren Douglas Wallnöfer, Gino Akurti, Rudi Lenz, Schwab und Steinbeck. Sie bauten schon im ersten Jahr auf dem Platz in der Körösistrasse eine Laufbahn. Unter dem Obmann Dr. Armin Arbeiter gelang ab 1910 der Aufschwung, 1913 wurde der erste österreichische Titel nach Graz geholt – Ferdinand Friebe wurde Sieger über 1500 Meter. Der Höhepunkt der Sektion war Ende der zwanziger Jahre erreicht, als der Sektion 300 Männer und 95 Frauen angehörten.

Die GAK-Leichtathleten als österreichische Meister: Karl Glaser 100 m (1929, 1930), Vogler 100 m (1941), Mlaker 400 m (1946), Ferdinand Friebe 800 m (1919-1923), 1500 m (1913, 1919-1924, 1926-1929), H. Pugl 800 m (1930), 1500 m (1930), DI Held Stabhochsprung (1925, 1927), Harry Fritz Stabhochsprung (1926), Fritz Schöber Stabhochsprung (1941, 1942), Hans Volkmar Kugel einarmig (1922), Zehnkampf (1922, 1923), DI Kamputsch Kugel einarmig (1937), Kugel beidarmig (1937), Fritz Tunner Kugel einarmig (1941), Diskus (1940-1942), Weitsprung (1941), Zehnkampf (1937), DI Kastner Speer (1923), Fritz Umfahrer Speer (1924, 1925, 1927-1929), Hochsprung (1924, 1927-1929, 1931), Dr. Ernst Zahlbruckner Speer (1937, 1939), DI Paul Zahlbruckner Hochsprung (1930), Erwin Reisinger Hammer (1946, 1947), Ing. Hans Friebe 1500 m (1935), Staffel 3 x 1000 m (1922, Schreiber, Willi Friebe, Ferdinand Friebe), Staffel 4 x 1500 m (Volker Spanuth, Ferdinand Friebe, Karl Margreitner, H. Pugl).

In den Nachkriegsjahren wurde die Sektion nach und nach durch widrige Umstände – die Laufbahn war schwer beschädigt, Geräte waren kaum vorhanden, statt der Laufbahn wurde eine Radrennbahn installiert – aufgelöst. Die Athleten schlossen sich anderen Vereinen an.

Radsport

1903 von Franz Seeger (mit dem ORF-Journalisten Robert Seeger verwandt) gegründet. Mangels einer Rennbahn wurde der Sport auf dem Grazer Trabrennplatz ausgeübt. Die Gebrüder Schmitz, Richard Baumgartner, Smolnik, Roman Posch und Seeger konnten bis 1907 sechs Landesmeisterschaften gewinnen, ehe sich die Sektion auflöste.

Schlittensport

Der Schlittensport beim GAK fiel in zwei Zeitperioden. Die erste umfasst die Zeit von 1907 bis 1914, die zweite die Jahre 1922 bis 1935. Als Sportgeräte dienten die Ein- und Zweisitzerrodeln, der Zwei- und Viermannbob. Gefahren wurde auf den Natur- und Kunstbahnen von Murau, Präbichl, Anninger, Pinenkogel und Reichenberg. GAK-Gründer Karl Markel war vierfacher österreichischer Meister im Vierer- bzw. Fünferbob. Der aus der Leichtathletik-Sektion stammende Hans Volkmar erreichte bei der Weltmeisterschaft 1931 im Zweierbob sogar die Bronzemedaille und wurde insgesamt dreimal österreichischer Meister.

Schwimmen

1908 wurde diese Sektion von Dr. Armin Arbeiter, Karl Markel und Fritz Schmiderer gegründet. Fredi Rödinger konnte über 400 m Freistil in den 20er Jahren fünf österreichische Titel gewinnen. Die damalige Bedeutung der Schwimmsektion verdeutlicht Weltklasse-Krauler und Tarzan-Darsteller Jonny Weißmüller, der an einer sportlichen Großveranstaltung des GAK teilnahm. 1929 konnte die 4 x 200 m Kraulstaffel (Alfred Rainer, Hans Seitz, Max Tandl, Fredi Rödinger) den österreichischen Titel erschwimmen. Nach dem Krieg dauerte es bis 1952, ehe die Sektion wieder ihren Betrieb aufnahm.

Im Basketball ist der GAK mit seiner Damenmannschaft in der höchsten österreichischen Spielklasse vertreten.

Gestern

Die anderen Sektionen

Gert Kölli und Uschi Seitz erzielten dann in den sechziger Jahren große Erfolge. Beide konnten zig österreichische Meistertitel und Rekorde erreichen und waren sogar als GAK-Athleten bei Olympia (Tokio 1964) dabei.

Tennis

Diese Sektion wurde 1903 gegründet, 1906 stand erstmals ein Platz zur Verfügung. 1914 gab es bereits neun Plätze und 68 Mitglieder. Ab 1924 stellten sich beachtliche Erfolge ein. Die herausragendsten Spieler in der Vorkriegszeit waren Hermann v. Artens als Daviscup-Mitglied und Dr. Hans Payer, der zwölf steirische Titel im Einzel gewann und zweimal österreichischer akademischer Meister wurde. Mit dem Team des GAK konnte er 1938 und 1939 den Meistertitel gewinnen. 1940 wurde das Team dann sogar deutscher akademischer Meister. Nach dem 2. Weltkrieg waren Dr. Böck und Dr. Herbert Holzer im Daviscup erfolgreich. Auch bei den Damen konnten viele Titel errungen werden, die erfolgreichsten Spielerinnen waren Irene Deanino und Edith von Heffels.

In den siebziger Jahren konnte durch die Errichtung von Traglufthallen auch im Winter gespielt werden, 1981 wurde das Klubhaus erweitert. Die Höhepunkte der jüngeren Geschichte waren die österreichischen Mannschaftstitel 1989 und 1991 unter anderem mit dem späteren Daviscupspieler Gilbert Schaller.

Tischtennis

wurde von Dr. Fritz Sartory 1927 gegründet. Gespielt wurde im ehemaligen Singvereinssaal in der Burggasse 4. 1946 und 1947 wurde der steirische Mannschaftstitel gewonnen. Die Teammitglieder: Wretschitsch, Walter, Dr. Steinburg, Bernath. Wretschitsch wurde auch Meister im Herreneinzel. 1948 wurde die Sektion wegen finanzieller Schwierigkeiten aufgelöst.

Wasserspringen

Die Geburtsstunde dieser Sektion ist im Jahre 1911 zu finden, als von Robert Köllner die Schwimm- und Wasserspringsektion gegründet wurde. Die Heimstätte war die Militärschwimmschule am Schwimmschulkai. Köllner wurde 1916 und 1923 österreichischer Meister im Kunst-

Die Tennissektion des GAK feiert heuer mit der Austragung der Staatsliga ihren 100. Geburtstag.

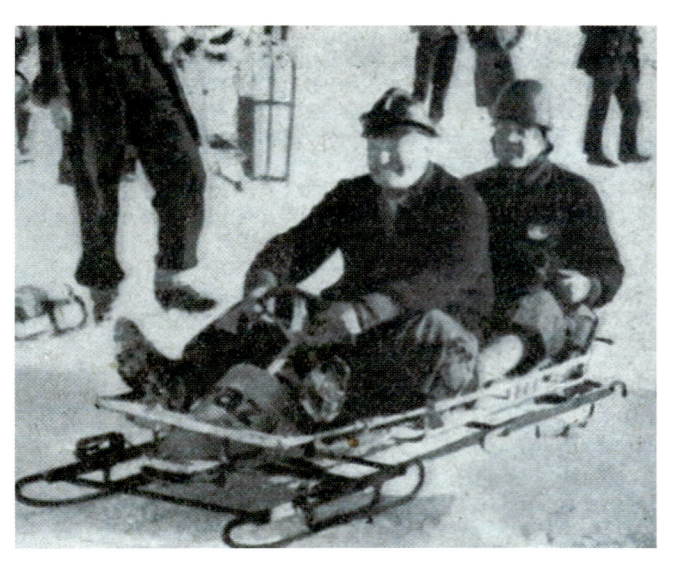

springen, seine Schüler Viki Sölkner war 1923 und 1926 österreichische Meisterin und nahm 1924 an den Olympischen Spielen teil.

Nach 1945 gelangen unter Dr. Karl Helfrich beachtliche Erfolge. Inge Pristollitsch errang in den 50er Jahren sechs österreichische Titel. Ab 1964 begann die große Zeit von Dr. Armin Lind, der 24 österreichische Titel gewinnen konnte. Sein weibliches Pendant war Sylvia Titze mit zehn Meisterschaftserfolgen. *Michael Pucher*

Hans Volckmar wurde 1931 in Oberhof Dritter bei der Zweier-Bob-WM.

Die ehemaligen GAK-Mitglieder Staerck-Gareis beim Training in London.

Gastkommentar — **Gestern**

Der GAK und seine Trainer

Der GAK ist Hundert – ohne Buckel, ohne Bart, nicht ein bisschen müde. Und entschieden rüstiger, als sich das die schwarze Konkurrenz an der Mur oft wünschen möchte. Doch vermutlich ist's gerade diese Rivalität, die alle jung erhält – Graz ohne Derby, das wäre wie die Stadt ohne Uhrturm, „ein Loch in der Natur", wie's blumig, im Herbst '77, Gerdi Springer von seinem Trainer-Thron in der Körösistraße rief.

Damals hatte der Kärntner Peitschenknaller grad Hermann Repitsch als „Übungsleiter" beerbt – nach Mini-Amtszeit, weil sich am 25.4.1977 in der GAK-Kasernierung beim Messner in Gleisdorf noch Hermann Stessl ins Trainerbett gelegt hatte. Bis ihn eben die damals regierenden GAK-Bosse kurz nach Mitternacht wachrüttelten: „Sie können weiterschlafen, vorausgesetzt, dass Sie das Hotelbett bezahlen – denn ab jetzt ist Hermann Repitsch unser Trainer!"

Harte Bräuche waren das damals. Und lausige Zeiten dazu, weil hüben und drüben (und damit meinen wir auch den stolzen Nachbarn Sturm) fast immer „Bares" für den Spielbetrieb abging. Das Sturm-Denkmal Mandi Steiner jobbte zusätzlich als Versicherungsvertreter. Und nervte Sturm-Boss Gady mit dem Satz: „Verletzt bin ich, Geld brauch' ich – könnt' ma da nicht eine Aussteuer-Versicherung für ihre beiden Töchter abschließen?" Und oben in der Körösistraße bellte eben Heri Kaspar auf

Savo Ekmecic, Tormann und Trainer beim GAK.

Wenzel Halama, der erste Cupsiegertrainer des GAK.

Helmut Senekowitsch wurde 1978 zum WM-Helden.

Fotos: GAK-Archiv

Mario Zuenellis fragendes „Und was ist mit Zucker?" resch zurück: „Halt die Pappen vor der Presse, sonst gibt's 5.000 S Geldstrafe!"

Damals rollte der GAK noch mit einem klapprigen Bus zu Auswärtsspielen. Für die Heimfahrt gab es „Jausensackl" – und GAK-Boss Rudi Roth müsste sich daran erinnern können. Denn der war damals (wie heute) schlank und rank und Nummer 1 im GAK-Tor. Bis ihn eben im Derby Sturms Gruber ins Krankenhaus trat. Der „rote Rudi" hat dem GAK dann prompt gefehlt – denn schon im nächsten Match, mit Herbert Brod im Tor, setzte es bei Rapid eine 1:11-Klatsche. Der arme Brod hat viele Tage schlecht geträumt. Von einem gewissen Hans Krankl...

Mit Gerdi Springer und dem neuen Klubobmann Toni Kürschner wurden dann die Sitten „verfeinert". Das erste, was der Springer tat, als er in der Körösistraße seinen Trainer-Koffer abstellte, ist noch verbrieft. Der Satz: „Wisst's Kinder, i bin euer neuer Freund. Und hab' mir gedacht: ihr leidet unter Schlaflosigkeit bei Nacht, da muss ich euch doch helfen.

Gestern   *Gastkommentar*

Und so geh ma jetzt immer früh ins Bett und stehen sehr früh auf. Dann hörts das Vogelzwitschern, und das tut den strapazierten Nerven gut!" Es war keine leere Phrase, wie Hohenwarter, Marko, Maier, Hohnjec, Mertel, Weiß gleich merken sollten. Kontrolle, Zapfenstreich um zehn, wo der Springer, unten vor dem Haus, schon prüfend seine Handflächen auf den Motorhauben der Autos hatte: „Is kolt, is guat! Is warm, dann waren die Kerle wieder aus!" Am meisten am „Kicker" hatte er damals seinen Slowenen-Legionär Stefan Hohnjec. Der nicht von ungefähr den Künstlernamen „die Rote Nachtigall" trug... Unmenschlich war der „Kärntner Herrara" aber nie: Als er im November '77 von Sturms Anreise-Malheur zum Rapidspiel (Tempo 100, Reifenplatzer auf der Autobahn, zum Glück nichts passiert) vernahm, wurde er kalkweiß: „Um Gottes Willen, ich brauch die Schwarzen nämlich noch fürs Derby!" Und das hat er dann auch prompt gewonnen. Vorm Match ließ er die GAK-Truppe in Liebenau eine Ehrenrunde laufen, nachher auch. Doch die hatten die hastig davonstolpernden Sturm-Tiger nicht mehr abgewartet.

Aber alles nützt sich einmal ab. Am 16. November 1978 führte Klubchef Toni Kürschner folgendes Telefonat: „Frau Halama, wie werde ich morgen Ihren Mann in Schwechat erkennen?" Die Antwort war: „Brauner Anzug, Krawatte, brauner Wildledermantel!" Doch tags darauf kamen gleich drei in Wildledermänteln über die Gangway aus Köln: Einer mit Backenbart, einer zog den Fuß nach, der dritte gab sich zu erkennen: „Vaclav Halama, und Sie sind wohl Herr Kürschner?" Da kam dem Toni ein „Gott sei Dank" über die Lippen, und dann schüttelte er halt dem Mann die Hand, der GAK 1981 zum ersten österreichischen Cupsieg führen sollte.

Nach dem Wenzel kam der „Tschik". Zlatko „Tschik" Cajkovski, Weltfußballer, Trainerlegende, die mit Beckenbauer, Müller, Maier Bayern München zum deutschen Meister machte. In Graz war er dann weniger erfolgreich. Und als er nach knapp vier Monaten wieder ging, hat

Der Weltmeister: Klaus Augenthaler brachte Sponsor Liebherr mit.

eigentlich nur die Luise vom Posthorn (dem damaligen roten Stammquartier) geseufzt. Weil der „Tschik" eben ein braver Esser war. Und mit dem Attribut ausgestattet, sich das Grammelschmalz selbst aus dem Kühlschrank holen zu dürfen.

Nach Cajkovski dann Starek. Der war jung und tatendurstig – und in den zwei Jahren beim Klub nicht grade eine Unperson. Geldnot plagte latent, und wenn das Jammern der Kicker allzu sehr zunahm, brauste halt der „schwarze Gustl", der in der Keplerstraße auch einen

46

Gastkommentar

Gestern

Spielautomaten-Salon betrieb, im Mercedes mit dem Wechselgeld retour zum Training. Und zahlte die Kicker eben mit silbernen Zehnschilling-Münzen aus – „ich werd's vom Klub schon wieder kriegen." Was beim Toni Kürschner auch immer der Fall war.

Im März '82 hatte auch Sturms tönendes Megafon Otto Baric einiges auszuhalten. Da kursierte in Graz der Witz vom Mann, der seinen Vierbeiner überschwenglich lobt: „Der beste Hund von allen. Wenn Sturm verliert, winselt er oft stundenlang!" Worauf der Gesprächspartner eben wissen wollte, wie sich der Hund nach Sturmsiegen verhält. Anwort: „Weiß ich noch nicht, ich hab' ihn ja erst ein halbes Jahr..." Da ging's im Norden von Graz schon fröhlicher zu: GAK war schwer in Mode, schlug nicht nur Rapid, spielte im Europacup – und so schrieb ein gewisser Adi Pinter weiter vergeblich Bewerbungsschreiben an den GAK: Pinter? Früher einmal „rechter Spitz" im GAK-Jugenddress, Absolvent der Sporthochschule Köln – und da auch Studienkollege von Wenzel Halama. Aber als Prophet war der spätere „Rote Messias" damals doch noch eine Niete. Weil von ihm halt kam: „So leid's mir für Halama tut, aber mit ihm steigt GAK ab!" War nicht so, GAK '81 Cupsieger, doch Adi Pinters Tage beim GAK sollten noch anbrechen. Vorher allerdings drückten noch Helmut Senekowitsch, Gernot Fraydl und Dolfi Blutsch die Trainerbank in der Körösistraße. Am 13. April 1987 war's aber soweit – da war er da, der selbsternannte „Rote Messias" mit seinen kessen Sprüchen auf den Lippen. Zuvor hatte er den 17-köpfigen GAK-Vorstand mit einem 30minütigen Referat an die Wand geredet. Den nachhaltigsten Eindruck hinterließ sein Schlusssatz: „Und Geld will ich auch nur, wenn ich den GAK in die oberste Spielklasse zurückgeführt habe!" Da waren die übrigen Trainerkandidaten Koleznik, Peintinger, Philipp, Pflug, Repitsch, Ekmecic, Mikuscha, Schlechta im Blutsch-Nachfolgespiel auch ganz schnell aus dem Rennen. Und dann begann er halt seinen Job – logierte fein im Himmelbett im Alba Wiesler, quasselte was das Zeug hielt, beschwor, begeisterte, lief nach Siegen 400 Meter-Ehrenrunden, stülpte einem Siegschützen eine Pelzhaube über den Kopf. Und verteilte knallrote Krawatten an die Looser – am 22.07.'87 selbst eine an Tirol-Trainer Ernst Happel. Denn da war GAK schon wieder erstklassig... Nach dem 3:0-GAK-Derbysieg, dem ersten wieder nach vier Jahren, war Adi Pinter nicht zu reiten. Bald war er Tabellenzweiter, 16 Runden ohne Niederlage! Und alle klatschten „dem Kleinen mit der großen Lippe" Beifall, die Schiris ausgenommen, die der GAK-Coach reihenweise nervte. Einmal am Feld, um Torschützen Ralph Hasenhüttl seine rote Krawatte umzubinden. Dann wieder ließ er sich von der Linzer Gugl liegend abtransportieren – nach Disput mit einem Ordner. Und am 17. Oktober verspürte er am Wiener Sportklubplatz (trotz schützender Plexiglaswand) eine geheimnisvolle Faust im Rücken. Als ihn später auch noch ein kleines Steinchen streifte, stürzte er zu Schiri Bogendorfer: „Schützen sie mich!" Tags drauf erklärte er auch warum: „Ich hab' eben gedacht, nach dem kleinen Steinchen kommt das große – da bin ich lieber weggerannt!" Und nach einem 1:1 gegen Rapid stieg er sogar aufs Rad – und pedalte zur Wallfahrt bis Mariazell. Ein medienwirksamer Ritt durch Regen und Schnee sollte das werden.

Doch irgendwann war eben auch das Pinter-Glück verbraucht. Am 16. Mai '88 hatte einer mit schwarzen Filzstift auf Packpapier gemalt: „Schlachtenbummlerfahrt gegen Wiener Sportklub abgesagt – mangelndes Interesse!" Und nach dem 2:8 in Hernals saß Pinter auch nicht mehr im GAK-Bus. Interims-Coach Savo Ekmecic für Stunden – denn Wenzel Halama hat seinen zweiten GAK-Kontrakt in Locarno bereits unterschrieben. Ein Jahr drauf nahm aber der Wenzel („Mit Gulasch bin ich gekommen, mit Gulasch will ich wieder gehen") schon wieder Abschied: die Wiener Austria hatte ihn mit Geld erschlagen...

Gernot Fraydl kehrte als Trainer zum GAK zurück.

Thijs Libregts führte den GAK 2002 zum Cupsieg.

Gestern
Gastkommentar

Adi Pinter, der selbsternannte rote Messias, hatte seine eigenen Methoden.

Heri Kasper und sein Lieblingstrainer Gerdi Springer.

Gustl Starek besiegte 1996 mit dem GAK Inter Mailand mit 1:0.

Werner Gregoritsch, Klaus Augenthaler und Rainer Hörgl lösten sich ab.

Dann kamen der Reihe nach Heinz Binder, Savo Ekmecic, Milan Miklavic, Hans Ulrich Thomale. Für den im Sommer '96 Ende war. Es war der Auftakt zu turbulenten GAK-Trainerwochen. Erst Ljubo Petrovic im Amt – bis dem nach 1:3 im UEFA-Cup in Ekeren an seinem Landsmann Bobby Dmitrovic die Hand ausrutschte. Logische Konsequenz (nachts noch um vier) die Entlassung. Früh um acht, bei einer improvisierten Pressekonferenz am Flughafen Thalerhof, wurde Hans-Peter Schaller zum neuen Trainer ausgerufen. Debüt am 14.9. in Ried (1:2) und gleichzeitig auch Abschiedsgame. Denn am 20.9. stand schon Gustl Starek (12 Jahre nach dem ersten GAK-Gastspiel) im Blitzlichtgewitter der Fotografen: Der vierte GAK-Trainer binnen vier Monaten... Dem lag am 30.10.'96 Harry Fischl im Kapfenberger Alpenstadion mit dem Satz in den Armen: „Es ist der schönste Tag in meinem Leben!" Vorher hatte ihm der schwarze Gustl mit GAK in einer unvergesslichen Fußballnacht die Millionentruppe Inter ins Nachspiel und zum Elfmeterschießen getrieben! Das ging dann zwar 3:5 verloren, aber das Trostpflaster fürs Ausscheiden im UEFA-Cup war dick: 13 Millionen-S-Zahltag für den GAK. Plus Platz 5 in der Meisterschafts-Endabrechnung.

Im Juli 1997 waren die GAK-Trainerkarten trotzdem wieder neu gemischt – Klaus Augenthaler mit Rainer Hörgl an der Mur! Im neuen Schwarzenegger-Rund dazu, mit Teufelstreff und Teufels-Look. Und damit sollten wahrlich höllische Zeiten anbrechen. Auch für den neuen Coach: Im Eröffnungsderby bekam er zwar von Osim noch ein 0:4 aufs Auge gedrückt. Auch gegen Dragovoljac (1:3) gab's noch Probleme, aber mit einem 3:1 über Lustenau, 4:0 über Admira, 3:0 gegen Tirol, 3:0 gegen Ried war „Auge" sehr bald alle Schmerzen los. Runde um Runde ritterte er mit Osim um die Tabellenführung. Nur nach den Derbies schmeckte ihm sein Weißbier nie – und so blieb unterm Strich eben doch nur Rang drei. Ein Spitzenplatz, den Auge im Jahr drauf wiederholte.

Der Rest ist neu – und allen noch in bester Erinnerung. Nach Augenthaler kam Hörgl, den Werner Gregoritsch im April 2000 ablöste. Damit trat ein GAK-Urgestein auf den Plan, das sein größtes Match zu dem Zeitpunkt schon im Rückspiegel hatte: „Gregerl" hatte den Krebs besiegt. Mit dem „Herz eines Löwen" zündete er neue Begeisterung im Schwarzenegger-Rund, die Roten Teufel tanzten im Stakkato: GAK im UEFA-Cup, GAK österreichischer Cupsieger – und auch der Supercup wanderte in den Trophäenschrank der Roten Teufel.

Wilfried Silli

Die Trainer ab 1948 Gestern

Die Trainer ab 1948

39 Trainer seit dem 2. Weltkrieg in den letzten 52 Jahren. Die Zahl der Coaches, die zweimal beim GAK gewesen sind, ist auch nicht klein. Mit Karl Mütsch, Janos Szep, Karl Durspekt, Helmut Senekowitsch, Wenzel Halama, Gustl Starek und Adi Pinter schafften gleich sieben Trainer ein Comeback beim GAK. Bemerkenswert ist weiters, dass es immerhin mit Pestitschek, Kölly I, Stessl, Repitsch, Koleznik, Fraydl, Philipp, Binder, Ekmecic und Gregoritsch gleich zehn ehemalige GAK-Kicker bis auf die Kommando-Brücke ihres Ex-Vereins gebracht haben.

Die meisten Spiele als Trainer des GAK schaffte Wenzel Halama mit insgesamt 130 Matches. Er brauchte dafür ebenso zwei Amtsperioden wie Gustl Starek (130). Die drittmeisten Spiele auf der Trainerbank des GAK erreichte Klaus Augenthaler mit 94 Partien, diese dafür in einem Stück.

Der statistisch erfolgreichste Trainer (mindestens zehn Spiele in der höchsten Spielklasse) ist Thjis Libregts. Der Niederländer konnte mit dem GAK 1,35 Punkte (Berechnung auf Basis der Zwei-Punkte-Regel) erreichen und ließ damit Hans-Ulrich Thomale (1,19) und Klaus Augentaler (1,17) hinter sich. Karl Philipp hat in der Abstiegs-Saison 1989/1990 im Schnitt am wenigsten Punkte (0,56) erreichen können. Ähnlich erfolglos waren Karl Kowanz (0,63) und Juan Schwanner (0,69).

Klaus Augenthaler, der bisher prominenteste Trainer des GAK.

Gestern
Die Trainer ab 1948

Karl Mütsch
**(1948 bis Sommer 1951,
Frühjahr 1953 bis Sommer 1954)**
Bilanz in der Staatsliga A:
(39 Spiele, 18 Siege, 6 Remis, 15 Niederlagen)
Punkteschnitt (Anzahl der Spiele durch
erreichte Punkte, Basis Zwei-Punkte-Regel): 1,08

Der gebürtige Wiener führte den GAK vom 10. Platz in der Landesliga 1948 bis in die Staatsliga A. Nach dem Aufstieg zog es ihn ins belgische Gent, ehe er nach eineinhalbjähriger Pause nochmals für 18 Monate den GAK trainierte und mit dem 4. Platz 1954 die beste Platzierung bis 1973 erreichte. Mütsch, einst Fußballer bei der Admira und beim WAC, war auch jahrelang Trainer in Jugoslawien (1935–1948).

Anton Pojar
(Saison 1951/1952)
Bilanz (26/13/3/10)
Punkteschnitt: 1,12

Nach dem Wechsel von Mütsch nach Gent war Pojar Trainer in der GAK-Debütsaison in der Staatsliga A. Er führte das Team rund um die Kölly-Brüder als beste Bundesländermannschaft auch gleich auf den sechsten Platz der 14er-Liga.

Leo Smutny
(Herbst 1952)
Bilanz (13/5/4/4)
Punkteschnitt: 1,08

Smutny musste nach einem schwierigen Herbst 1952 den Hut nehmen, um Platz für das Mütsch-Comeback zu machen.

Alfred Pestitschek
(Sommer 1954 bis Sommer 1957)
Bilanz (78/31/16/31)
Punkteschnitt: 1,00

Sofort nach seinem Karriereende als Spieler – er war von 1948-54 mitverantwortlich für den Höhenflug des GAK – setzte sich Pestitschek gleich auf die Trainerbank seiner ehemaligen Kameraden. Keiner kannte natürlich die Stärken und Schwächen seiner Schützlinge besser als er. Drei Saisonen lang schwang er das Trainer-Zepter, er platzierte das Team stets im Mittelfeld (1955 8., 1956 7., 1957 6.), ehe seine Zeit dann aber doch ablief. Er war noch bis 1960 als Funktionär im Verein tätig.

Janos Szep trainierte den GAK zweimal und galt als großer Förderer von Gernot Fraydl.

Janos Szep
**(Sommer 1957 bis 15. November 1958,
13. April 1959 bis Sommer 1960)**
Bilanz (70/25/14/31)
Punkteschnitt: 0,91

Der Ungar führte den GAK 1958 auf den fünften Platz, ehe er im Herbst darauf nach internen Streitigkeiten über den Winter abtrat, um zu Ostern 1959 sein Comeback zu geben. Seine zweite Amtsperiode wurde aber nach dem enttäuschenden zehnten Platz 1960 rasch wieder beendet.

Stefan Kölly I
(16. November 1958 bis 12. April 1959)
Bilanz (8/3/1/4)
Interimstrainer im Winter 1959/60 mit wechselndem Erfolg.

Ferdinand Fritsch
(Sommer 1960 bis Sommer 1962)
Bilanz (52/21/15/16)
Punkteschnitt: 1,10

Nach einer starken ersten Saison (Platz fünf) hat er im zweiten Jahr die Erwartungen mit Platz sieben nicht erfüllt. Obwohl der GAK das Cupfinale und somit erstmals die Teilnahme am Europacup erreichte, wurde Fritsch im Sommer 1962 abgelöst.

Juan Schwanner
(Herbst 1962)
Bilanz (13/3/3/8)
Punkteschnitt: 0,69

Der Ungar mit chilenischem Pass war in Brasilien und Chile als Nachwuchstrainer tätig, ehe er nach Europa zurückkehrte. Beim GAK konnte er aber keine Bäume ausreißen, nach acht Niederlagen in 13 Spielen in der Herbstsaison und dem Ausscheiden im Europacup war die Zeit für Schwanner abgelaufen.

Fritz Pimperl
(Frühjahr 1963 bis Sommer 1964)
Bilanz (39/17/8/14)
Punkteschnitt: 1,08

Der ehemalige Spieler von Rapid Wien war als Trainer in Italien, Frankreich und Ägypten tätig, ehe er beim GAK anheuerte. Platz sechs 1964 unter seiner Regie konnte sich sehen lassen.

Milan Zevkovic (bis 9. Runde der Saison 1964/1965)
Bilanz (9/1/2/6)

Der jugoslawische Ex-Internationale verbuchte einen katastrophalen Start als GAK-Trainer. Erst ein Sieg in der dritten Runde nach zwei Niederlagen und einem Torverhältnis von 0:9 rettete ihn. Als nach neun Runden kein weiterer Erfolg eingefahren werden konnte, trennte man sich sehr schnell von Zevkovic.

Die Trainer ab 1948 # Gestern

Karl Durspekt
(10. Runde bis Saisonende 1964/1965, 4. Runde bis Saisonende 1970/1971)
Bilanz (43/16/9/18)
Punkteschnitt: 0,95

Der Wiener und ehemalige österreichische Nationalspieler mit langjähriger Auslandserfahrung zog den GAK im Herbst aus der Krise. Er schaffte noch den Klassenerhalt (Platz zehn). Im Herbst 1970 spielte er abermals „Feuerwehr", als er sich als Simunic-Nachfolger nach einer 1:4-Niederlage in Bregenz zum zweiten Mal auf die GAK-Betreuerbank setzte. Nach Platz elf war 1971 aber endgültig Schluss.

Karl Kowanz
(Sommer 1965 bis 23. Runde Saison 1966/1967)
Bilanz (49/13/15/21)
Punkteschnitt: 0,63

Nachdem Durspekt 1965 freiwillig den Hut genommen hatte, folgten in der Ära des ehemaligen Nationalverteidigers zwei mäßige Saisonen (1966 Platz zehn, 1967 Platz neun) mit nur 13 Siegen in 49 Spielen.

Fritz Kominek
(24. Runde Saison 1966/1967 bis Sommer 1969)
Bilanz (57/23/12/22)
Punkteschnitt: 1,02

Nach der Kowanz-Ablöse und dessen Kompetenz-Streitigkeiten um die Aufstellung kam die erfolgreichere Zeit unter Trainer Fritz Kominek, der den GAK 1968 ins Cupfinale und den Europacup führte.

Vlado Simunic
(Sommer 1969 bis 4. Runde Saison 1970/1971)
Bilanz (34/9/12/13)
Punkteschnitt: 0,88

Der Jugoslawe Simunic sollte frischen Wind ins Team bringen. Nach langjähriger Tätigkeit in Marburg war der GAK erste Trainerstation im Ausland. Simunic konnte aber die Erwartungen nicht erfüllen und wurde nach Platz 13 und einem schlechten Saisonstart 1970 von Durspekt abgelöst.

Helmut Senekowitsch
(Sommer 1971 bis 26. Runde Saison 1972/1973, Saison 1984/1985)
Bilanz (84/28/30/26)
Punkteschnitt: 1,02

Lange vor seinen Erfolgen mit dem österreichischen Nationalteam verdiente Senekowitsch in der Nationalliga seine ersten Meriten. Im Sommer 1971 vom Meister Innsbruck geholt, steigerte er den GAK vom elften (1971 unter Vorgänger Durspekt) über den achten (1971) bis zum dritten Rang 1973. Diese beste Platzierung des GAK bis dahin konnte Senekowitsch allerdings nicht mehr feiern, er wurde kurz vor Saisonschluss von Günthner abgelöst, da er bereits bei VOEST Linz für die kommenden zwei Jahre unterschrieben hatte. Elf Jahre nach seinem Abschied folgte die zweite Amtsperiode, in der „Seki" weniger Erfolg verbuchte. Ein magerer 10. Platz in der 16er-Liga stand zu Buche.

Unter Helmut Senekowitsch wurde der GAK 1973 erstmals Dritter.

Alfred Günthner
(26. Runde 1972/1973 bis Sommer 1974)
Bilanz (36/11/12/13)
Punkteschnitt: 0,94

Der Senekowitsch-Nachfolger war Trainer in einer Saison, in der der Streit um die Liga-Reform die Schlagzeilen dominierte. Der GAK spielte zudem auf dem Feld schlecht und stieg unter Günthner als 12. der Nationalliga und als Reformopfer erstmals ab.

Hans Hipp
(1. Juli bis 8. Dezember 1974)

Der Deutsche sollte den GAK wieder in die 1. Division führen, konnte sich aber im Herbst 1974 nicht durchsetzen. Als der Wiederaufstieg gefährdet war, musste er den Platz für Stessl räumen.

Hermann Stessl
(22. Februar 1975 bis 23. März 1977)
Bilanz in der 1. Division (59/14/18/27)
Punkteschnitt: 0,78

Stessl, ein „Rot-weißer" von Jugend an, startete bei seinem Stammklub, für den er in den Jahren 1957-1968 204 Meisterschaftsspiele bestritten hatte, seine erfolgreiche Trainerkarriere. Nach einem starken Frühjahr 1975 schaffte er mit dem GAK den sofortigen Wiederaufstieg, um in der 1. Division 1975/76 souverän den Klassenerhalt zu schaffen. In der darauffolgenden Meisterschaft musste Hermann Stessl abdanken, als die Klassenzugehörigkeit gefährdet schien.

Gestern
Die Trainer ab 1948

Hermann Repitsch
(24. März 1977 bis 15. Oktober 1977)
Bilanz (23/4/11/8)
Punkteschnitt: 0,83

Als Retter wurde Ex-Spieler Hermann Repitsch – von 1970–1975 Spieler im GAK-Mittelfeld – engagiert. Er schaffte 1977 prompt den Klassenerhalt, musste eine Saison später aber aber nach einem Katastrophenstart seinen Trainersessel räumen.

Gerd Springer
(16. Oktober 1977 bis 5. November 1978)
Bilanz (38/12/10/16)
Punkteschnitt: 0,89

Der Kärntner „Peitschenknaller" Gerd Springer sollte dann den GAK in ungeahnte Höhen der 1. Division bringen. Was dem Ex-Sturm-Coach aber nur bedingt gelang, dem sechsten Platz 1978 folgte im Herbst eine Niederlagenserie, die in einem 1:5 bei Wacker Innsbruck gipfelte und seine GAK-Karriere beendete.

Walter Koleznik
(6. November 1978 bis 20. November 1978)
Bilanz (2/1/0/1)

Der GAK-Rekordspieler hielt kurz nach seinem Karriereende in zwei Spielen als Interimstrainer den Sessel für Wenzel Halama warm. Elf Jahre später, 1989, sollte er mit Karl Philipp den „steirischen Weg" einschlagen, der bekanntlich mit dem Abstieg endete...

Wenzel Halama
(21. November 1978 bis 20. Juni 1981,
1. Juli 1988 bis 9. Juni 1989)
Bilanz (130/43/45/42)
Punkteschnitt: 1,01

Unter dem Tschechen Vaclav Halama erfolgte endlich der lang ersehnte Höhenflug. In seiner ersten Saison reichte es zwar nur für den neunten Platz, doch dann begann die kontinuierliche Arbeit Früchte zu tragen. Rang vier 1980 war nur der Anfang, 1981 folgte unter Halama mit dem Cupsieg der erste nationale Titel des GAK. Den Tschechen zog es aber dann zum Leidwesen der GAK-Funktionäre in die deutsche Bundesliga zu 1860 München. Sieben Jahre später folgte Halama aber wieder dem Ruf des GAK. Das Team hatte aber nicht mehr die Spieler wie Hohenwarter, Ekmecic, Stering und Cie., Halama schaffte 1989 aber immerhin Platz sieben.

Zlatko Cajkovski
(1. Juli 1981 bis 19. November 1981)
Bilanz (14/4/3/7)
Punkteschnitt: 0,79

Der alternde Star-Trainer „Tschick" Cajkovski, mit etlichen Jahren Erfahrung in der deutschen Bundesliga, nahm sein Engagement in Graz zu locker. Nach dem Ausscheiden im Europacup und sieben Niederlagen in der Liga wurde er abgelöst.

Gustl Starek
(20. November 1981 bis 1. Juni 1984,
20. September 1996 bis 3. Juni 1997)
Bilanz (109/46/27/36)
Punkteschnitt: 1,09

Vier Monate vor seinem Dienstantritt war Starek noch „Buhmann" bei den GAK-Fans – er wurde als Salzburg-Coach im Cupfinale ausgeschlossen. Seine ersten Erfolge mit den Salzburgern hinterließen bei den GAK-Verantwortlichen aber einen bleibenden Eindruck, sie machten den Wiener im November 1981 zum Trainer. Starek brachte den GAK mit Rang drei in den Europacup. Nach dem Ausscheiden ging es aber bergab und 1984 war die Ära Starek I vorbei. Zwölf Jahre später gab „Gustl" aber sein unerwartetes Comeback. Nach der Watschenaffäre rund um Ljubo Petrovic heimste Starek 1996 im Europacup gegen Ekeren und Inter die Lorbeeren ein. In der Meisterschaft 1996/97 lief es weniger gut, nach dem fünften Platz folgte ihm Klaus Augenthaler.

Gernot Fraydl
(1. Juli 1985 bis 24. August 1986))
Bilanz (43/15/9/19)
Punkteschnitt: 0,91

Der GAK-Torhüter und Nationalspieler aus Deutschlandsberg machte seine ersten Trainererfahrungen beim Lokalrivalen Sturm. Er wurde mit dem GAK Sechster und wurde in der darauf folgenden Saison abgelöst.

Die Trainer ab 1948

Gestern

Dolfi Blutsch
(25. August 1986 bis 11. April 1987)
Bilanz in der 1. Division (13/4/4/7)
Punkteschnitt: 0,80

Der Linzer war nach fünf Niederlagen in sieben Spielen unter Fraydl in der Saison 1986/87 geholt worden. Der Erfolg blieb aber im neuen Casino-Stadion unter Blutsch aus, nach dem Nichterreichen des Meister Play-off und einem schlechten Start im Mittleren Play-off war die Uhr des Trainers bald abgelaufen.

Adi Pinter
(12. April 1987 bis 14. Mai 1988, 16. Oktober 1989 bis 2. Dezember 1989)
Bilanz in der 1. Division (38/12/11/15)
Punkteschnitt: 0,92

Der selbsternannte „Messias" rettete den GAK 1987 vor dem Abstieg, führte die Rotjacken in der nächsten Saison sogar an die Tabellenspitze

Karl Philipp
(1. Juli 1989 bis 15. Oktober 1989)
Bilanz (16/3/3/10)
Punkteschnitt: 0,56

Mit Walter Koleznik und dem „steirischen Weg" folgenschwer gescheitert.

Heinz Binder
(1. Jänner 1990 bis 15. September 1990)
Der Ex-GAK-Verteidiger konnte den Abstieg auch nicht mehr verhindern.

Savo Ekmecic
(16. September 1990 bis April 1992)
Nach etlichen Jahren als Nachwuchstrainer war die GAK-Goalie-Legende diesmal hauptverantwortlich, einen Aufschwung konnte auch er nicht erwirken.

Milan Miklavic
(April 1992 bis 19. September 1993)
Der Slowene wurde als Mann für die Zukunft geholt, die Zukunft in der 1. Division fand aber auch ohne ihn statt.

Hans-Ulrich Thomale
(20. September 1993 bis Juni 1996)
Bilanz in der 1. Division (36/14/15/7)
Punkteschnitt: 1,19

Der Ost-Deutsche war der „Goldgriff" von Präsident Fischl. Seine Visitenkarte konnte sich sehen lassen: Der Sachse arbeitete etliche Jahre als Trainer in der DDR und stand mit Leipzig in den 80er-Jahren sogar im Europacup-Finale. Beim GAK startete er eine kontinuierliche Aufbauarbeit, die 1995 im Wiederaufstieg gipfelte. In der 1. Liga durfte er dann auch noch eine Saison ran und wurde auf Anhieb Vierter. Nach internen Querelen kehrte Thomale wieder nach Deutschland zurück.

Ljubo Petrovic
(1. Juli 1996 bis 10. September 1996)
Bilanz (8/2/4/2)

Als Osim-Pendant geholt, blieb der Jugoslawe doch vieles schuldig. Zwar gelang unter ihm der erste Europacup-Sieg, doch nach einer Watschenaffäre mit seinem „Liebkind" Dmitrovic wurde er noch am Grazer Flughafen nach dem Ekeren-Auswärtsspiel entlassen.

Hans Peter Schaller
(11. September 1996 bis 19. September 1996)
Bilanz (1/0/0/1)

Zuerst Fix-, dann nur Interimstrainer für eine Woche nach dem plötzlichen Abschied von Petrovic.

Gestern

Die Trainer ab 1948

Klaus Augenthaler
(1. Juli 1997 bis 28. Februar 2000)
Bilanz (94/47/16/31)
Punkteschnitt: 1,17

Der Libero aus dem deutschen Weltmeisterteam 1990 startete beim GAK seine Trainerkarriere. Mit dem Bayern ging es beim GAK steil bergauf, zweimal wurde der dritte Rang und damit die Europacup-Qualifikation geschafft. Augenthalers Erfolge blieben aber nicht unbeobachtet. Wenn in Deutschland ein Trainerjob frei wurde, war er des Öfteren als Nachfolger im Gespräch. Im Februar 2000 war es dann soweit, der Ruf aus Nürnberg fand bei Augenthaler Gehör und er verließ kurz vor Saisonstart die Kommandobrücke, um seinem Co-Trainer Rainer Hörgl den Trainersessel zu überlassen.

Rainer Hörgl
(1. März 2000 bis 7. April 2000)
Bilanz (6/2/0/4)

Der Deutsche konnte sich nicht lange beim GAK halten – nach einer 0:4-Heimniederlage gegen Rapid wurde er noch in der Kabine entlassen.

Werner Gregoritsch
(8. April 2000 bis 20. September 2001)
Bilanz (55/21/14/20)
Punkteschnitt: 1,02

Das GAK-Urgestein kletterte die Karriereleiter beim GAK hoch – vom ESK/GAK-Trainer im Herbst 1999 bis zum Cheftrainer im März 2000 und zum Cupsieg im Mai 2000. Mit viel Engagement und dem nötigen Quentchen Glück gelang in seiner ersten vollen Saison als Cheftrainer in der letzten Runde das scheinbar Unmögliche: Lokalrivale Sturm wurde noch überholt und der dritte Rang 2001 erzielt. Im folgenden Herbst ging es für Gregoritsch weiter auf der Trainer-Hochschaubahn, nach einem tollen Start folgte aber der Absturz. Nach dem 0:7 in Tirol und einem 0:3 in Utrecht war auch seine Trainer-Uhr beim GAK abgelaufen.

Werner Gregoritsch machte den GAK 2001 zur steirischen Nummer eins.

Christian Keglevits
(21. September 2001 bis 30. September 2001)
Bilanz (2/2/0/0)

Der Wiener Keglevits stand plötzlich im Rampenlicht. Als Interimstrainer blieb er in zwei Meisterschaftsspielen ohne Punkteverlust. Im Europacup schaffte er gegen Utrecht ein 3:3-Remis.

Thjis Libregts
(ab 1. Oktober 2001)
Bilanz (23/11/9/3)
Punkteschnitt: 1,35

Der Niederländer ließ sich von Beginn an nicht von seinem erfolgreichen Weg abbringen. Hartes Training gepaart mit strengem Autoritätsdenken zeichnet den Fußballexperten aus. Wenn seine Erfolgsbilanz anhält (in 23 Spielen setzte es nur drei Niederlagen), können sich die GAK-Fans noch auf einige schöne Siege einstellen...

Die Teamspieler des GAK   Gestern

Rudi Hidens Karriere begann beim GAK und fand im Wunderteam ihren Höhepunkt.

Rene Aufhauser schaffte 2002 den Sprung ins Team.

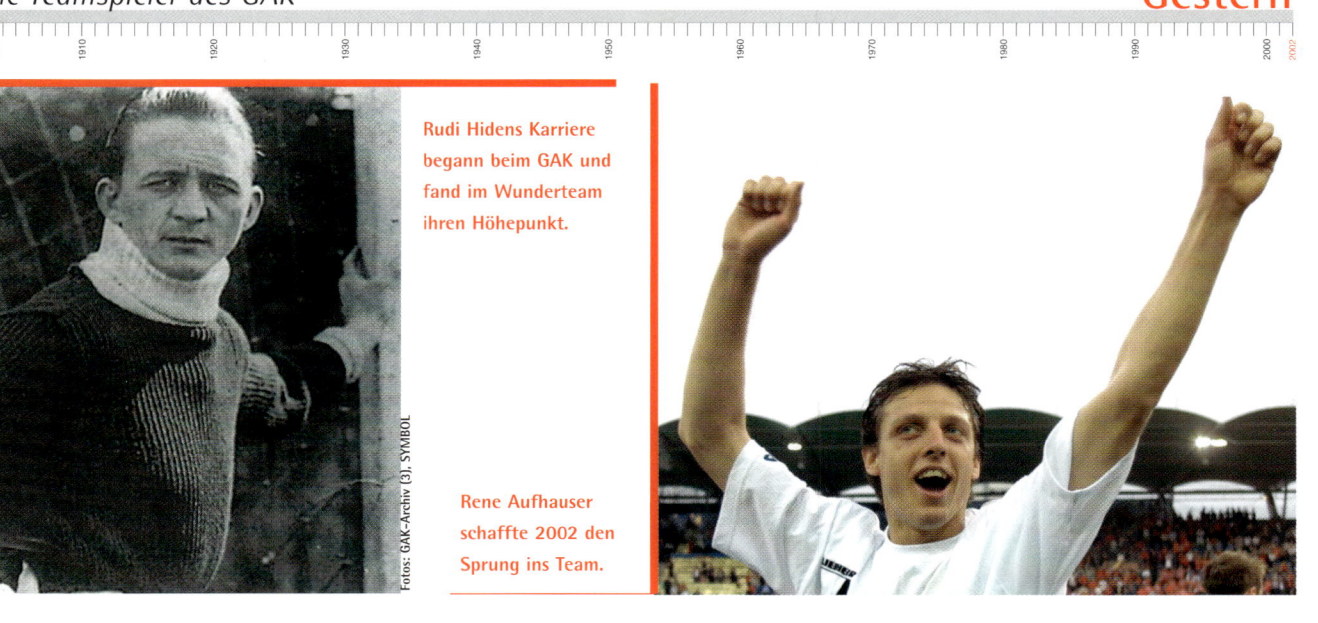

Von Hiden bis Aufhauser

Der GAK stellte mit Rudi Hiden den ersten steirischen Teamspieler, der zugleich zum Wunderteamkeeper avancierte. Hiden hatte prominente Nachfolger – vor allem bei den Tormännern.

Rudi Hiden war einer der weltbesten Torhüter seiner Zeit. Geboren am 9. März 1909, spielte der Bäckerlehrling Rudi Hiden bereits mit 16 Jahren in der GAK-Kampfmannschaft. Nachdem er vom damaligen Jugendbetreuer Major Oppitz vom Mittelstürmer zum Tormann umfunktioniert wurde. Beim GAK blieb Hiden nicht lange: bereits mit 18 wechselte er für 500 Schilling zum WAC nach Wien. Dort sorgte er für die Entstehung eines Fußballbegriffs, der noch heute hochmodern ist: das Steirertor. Karl Sesta, auch der „Blade" im Wunderteam genannt, meinte nach einem Gegentor: „So ein Tor kann nur ein Steirer bekommen!" Trotz „Steirertor" debütierte Hiden mit 19 im ÖFB-Team. 1930 hatte der großartige Tormann einen Vertrag von Arsenal in der Hand, doch die englische Regierung erteilte Hiden keine Arbeitserlaubnis. Und der WAC fiel um die für damalige Zeiten unvorstellbare Summe von 240.000 Schilling für einen Fußballer um. Hiden wartete in Calais drei Wochen lang auf ein Einreisevisum, ehe er enttäuscht nach Wien zurückkehrte. Am 16. Mai 1931 schlug Österreich auf der Hohen Warte Schottland 5:0. Mit Hiden – und es war zugleich die Geburtsstunde des rot-weiß-roten Wunderteams. 1933 wechselte Hiden zu Racing Paris und wurde zum Liebling der französischen Fans – vor allem der Frauen. Er kauft sich eine Bar, in der nur die Prominenz verkehrt und wird französischer Staatsbürger. Mit 37 Jahren steht Hiden sogar im Tor des Trikolore-Teams.

Nach seiner aktiven Karriere versucht sich Hiden mit mangelndem Erfolg als Trainer. In Sizilien soll er bei einem Erdbeben sein ganzes Geld verloren haben, im Zirkus stellt er sich für Elfmeter ins Tor. 1967 kehrt er fast verarmt nach Österreich und pachtet in der Nähe von Klagenfurt ein Gasthaus. Doch Rudi Hiden hat das Glück verlassen. Wegen einer Knochenmarkserweichung muss ihm ein Bein amputiert werden, Hiden ist völlig mittellos. Der GAK-Obmann Hofrat Dr. Konrad Reinthaler organisiert in Graz eine Spendenaktion, die über 100.000 Schilling bringt. Als Rudi Hiden im September 1973 stirbt, entscheidet der Bundeskanzler, dass seine Witwe eine Ehrenpension der Republik Österreich erhält – und der Wunderteamkeeper ein Ehrengrab.

Stefan Kölly und Gernot Fraydl

Der erste steirische Teamspieler, der vom GAK direkt ins Nationalteam berufen

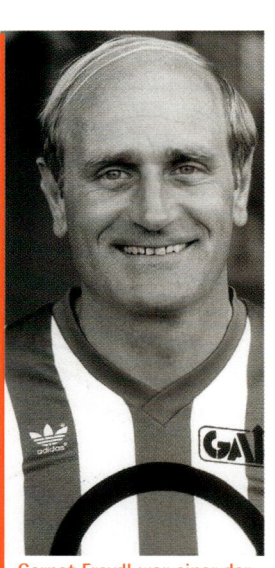

Gernot Fraydl war einer der weltbesten Torhüter.

Stefan Kölly kam direkt vom GAK ins Nationalteam.

55

Gestern

Die Teamspieler des GAK

„Turbo-Rudi" Steinbauer stürmte für den GAK und das Nationalteam auf der rechten Seite.

Gerhard Steinkogler war zu seiner Zeit der teuerste Transfer in der GAK-Geschichte.

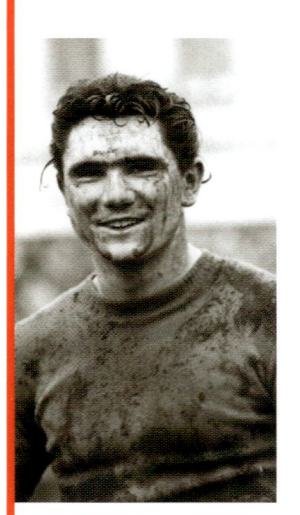

Erich Frisch kam auf einen Teameinsatz im ÖFB-Team.

Alex Manninger, die aktuelle Nummer eins im Team.

wurde, ist Stefan Kölly. Kölly debütierte 1952 gegen die Schweiz in Genf und war im Team in prominenter Gesellschaft: Die Hauptdarsteller von damals waren Merkel, Hanappi und Decker – Spieler, die man auf der ganzen Welt kannte. Nur vier Jahre später musste Kölly seine Karriere allerdings beenden. Während einer 56-tägigen Ostasientournee verletzte sich der Stürmer in einem Match gegen eine französische Militärmannschaft bei einem Zusammenprall mit dem gegnerischen Tormann schwer – alle Bänder im linken Knie waren gerissen.

Weitere GAK-Spieler, die während ihrer Zeit bei den Athletikern im ÖFB-Team spielten, waren Kurt Eigenstiller, Erich Frisch, Paul Halla, der mit 34 Einsätzen unser Rekordspieler ist, Gerfried Hodschar, Herbert Ninaus und Hannes Jank. Und natürlich der zweite große GAK-Tormann vergangener Tage, Gernot Fraydl. „Ich habe dem GAK sehr viel zu verdanken", erinnert sich Gernot Fraydl, einer der ganz großen Torhüter unseres Klubs, an seine rote Vergangenheit. Mit 17 kam er 1957 von Deutschlandsberg in die Körösistraße, nur drei Meisterschaftsspiele später stand er erstmals im Tor der Kampfmannschaft. „Trainer Janos Szep schenkte mir damals das Vertrauen", so Fraydl heute. Fraydl gab seinen Platz im Gehäuse nicht mehr her. Ganz im Gegenteil, er hatte wesentlichen Anteil an den tollen Leistungen der Athletiker. Ganz besonders hat er ein Derby aus dem Jahr 1958 in Erinnerung: „Wir schlugen Sturm auf dem eigenen Platz 6:1 und besiegelten den Abstieg des Lokalrivalen!" Fraydl war auch 1959 bei der USA-Tournee des GAK dabei, wo es zufällig zu einem Match gegen Real Madrid kam. „Real war in Südamerika unterwegs und auf dem Weg nach Hause, als sich die beiden Klubs in New York trafen. Plötzlich war ein Freundschaftsmatch ausgemacht und wir spielten vor 35.000 Zuschauern in einem Baseballstadion. Der Strafraum war nur Sand, das tat der Spiellaune von Puskas und Di Stefano aber keinen Abbruch. Die Spanier siegten 6:3 und aufgrund des großen Erfolges spielten wir drei Tage später nochmals gegeneinander. Diesmal fertigte uns Real 7:2 ab", erzählt Fraydl die Story, als wäre sie erst gestern gewesen. Große Augen bekamen die GAK-Spieler in New York aber auch bei einem gemeinsamen Bankett mit den Madrilenen. Fraydl: „Di Stefano rauchte eine nach der anderen und mit ihrem Präsidenten Bernabeu machten die Stars ihre Scherze." Und der GAK verlor in den USA nicht nur zweimal gegen Real, sondern auch Willi Huberts. Die

Die Teamspieler des GAK Gestern

Sepp Stering war ein fixer Bestandteil der österreichischen Nationalmannschaft.

Mario Zuenelli kam zweimal zu Teamehren.

Mario Zuenelli, Rudi Steinbauer und Sepp Stering

Amerikaner waren von seinen Ballkünsten so begeistert, dass sie ihm gleich einen Vertrag angeboten haben.

Fraydl kehrte mit dem GAK in die Heimat zurück und schaffte 1961 den Sprung ins Nationalteam. Gleich beim Debüt gegen England siegte Fraydl mit Österreichs Auswahl in Wien 3:1, wenig später in Ungarn. „Dieser 2:1-Erfolg in Budapest war der erste Sieg eines ÖFB-Teams in der ungarischen Hauptstadt nach fast 30-jähriger Pause", lacht Fraydl. Nach diesen zwei Länderspielen wechselte er 1961 zur Wiener Austria, 1965 weiter nach Innsbruck. Nach einem weiteren Jahr in Bregenz folgte er im Mai 1967 dem Ruf seines ersten GAK-Trainers Janos Szep nach Philadelphia. Über St. Louis kam der Torhüter wieder nach Europa zurück, wo er für Hertha BSC Berlin und als Radenkovic-Nachfolger bei 1860 München spielte. 1972 beendete Fraydl bei der Vienna seine Karriere und wurde Trainer, in der Saison 1986/87 auch beim GAK.

Der schöne Willy

Mit vier Teameinsätzen ist Willy Huberts zwar nicht unbedingt ein Rekordnationalspieler, aber immer eine Story wert. Der „schöne Willy" aus Voitsberg war neben Gernot Fraydl, Herbert und Erwin Ninaus einer jener Fußball-Weltenbummler des GAK, die für Aufsehen sorgten. Willy war ein Zauberer mit dem Ball und spielte zwischen 1960 und 1971, ehe er zum GAK zurückkehrte, bei Hungaria New York, Eintracht Frankfurt und der Wiener Austria. Stichwort Wien: Dort wurde der GAK zum damaligen Zeitpunkt aufgrund seines starken technischen Fußballs als die „Austria aus der Provinz" bezeichnet. Die nächsten GAK-Spieler, die in die Nationalmannschaft berufen wurden, waren Walter Koleznik (6) und Sepp Stering, der 26-mal den Teamdress trug. Nach Mario Zuenelli, der zweimal für Österreich spielte, gab es eine längere GAK-lose Zeit im ÖFB-Team. Erst Rudi Steinbauer und Ralph Hasenhütl beendeten diese Durststrecke, ehe es wieder lange Zeit ruhig wurde. Die letzten Akteure, die die einzelnen Teamchefs in der Nationalmannschaft zum Einsatz brachten, sind noch alle aktiv: Didi Ramusch, Herfried Sabitzer, Martin Amerhauser, Andi Lipa, Rene Aufhauser und Ronnie Brunmayr. Natürlich auch Alexander Manninger, die aktuelle Nummer eins im Tor des Nationalteams: Alex schließt den Kreis zu Rudi Hiden. Manninger, der sich bei den UEFA-Cup-Spielen gegen Inter Mailand in den internationalen Blickpunkt spielte, war 1997 der erste Österreicher, der auf die Insel wechselte. 47 Jahre nach Rudi Hiden, der 1930 vergeblich auf die Einreise wartete, flog Manninger nach London und spielte für Arsenal, ehe er 2001 zu Fiorentina verliehen wurde. *Christian Thomaser, Harald Schaupp*

Gestern
Die Jahrhundertelf

Das GAK-Jahr

Über 50.000 Fans und Fußballfreunde wählten das GAK-Jahrhundertteam, den Spieler und Trainer des Jahrhunderts. Die großen Sieger sind Savo Ekmecic und ein völlig überraschter Hans-Ulrich Thomale.

„Die Beteiligung an der Jahrhundertwahl übertraf all unsere Erwartungen", war Helmut Roth angesichts von über 50.000 abgegebenen Stimmen stolz. Im Internet und mit Zeitungscoupons konnten sich die GAK-Fans an dieser Wahl beteiligen, gewählt werden konnten alle Spieler und Trainer, die je beim Klub gespielt haben bzw. tätig waren.

Eine klare Angelegenheit war die Wahl zum Spieler des Jahrhunderts: Savo Ekmecic, der Rekordtorhüter des GAK mit der kürzesten langen Hose, machte souverän das Rennen. Ekmecic stand zwischen 1978 und 1985 bei allen Meisterschaftsspielen (mit Ausnahme von 61 Minuten) und 50 Cupspielen im GAK-Tor. Über die Rolle des Tormannes sagte der Jahrhundertspieler einmal: „Einen wirklich großen Torwart erkennt man an seiner Mentalität. Er ist immer auf sich allein gestellt und braucht auf alle Fälle mehr Hirn als die anderen – denn er steht im Tor und muss für zehn andere mitdenken. Als Tormann musst du die Abwehr 90 Minuten dirigieren. Wenn etwas daneben geht, bist du selber schuld. Daher musst du immer vorausdenken. Du musst den Ball in jedem Moment sehen. Den Ball fängt man mit den Augen und nicht mit der Hand. Wenn ein Torwart 100 Hände hätte und kein gutes Auge, dann würde ihm das auch nichts nützen." Seine Vordermänner hat er selbst deswegen immer lautstark dirigiert. Nicht alle haben das zu schätzen gewusst. Doch Savo wusste sich zu helfen: „Einmal habe ich mit der Verteidigung ein ganzes Spiel lang nicht geredet, sozusagen Dienst nach Vorschrift gemacht. Danach war wieder alles in Ordnung!"

Dienst nach Vorschrift verlangte auch Hans-Ulrich Thomale, der Trainer des Jahrhunderts. Er kam am 20. September 1993 zum GAK und führte die Athletiker 1994/95 wieder ins Oberhaus. In der höchsten Spielklasse schaffte er auf Anhieb Platz vier und somit die Qualifikation für den UEFA-Cup. Thomales Engagement beim GAK endete nach internen Differenzen mit Ende der Saison 1995/96, der Erfolgstrainer verließ Österreich wieder in Richtung deutsche Heimat.

Einige Überraschungen gab es bei der Wahl der Jahrhundertmannschaft. Mit drei Ausnahmen wurden Spieler

Harry Gamauf ließ Mädchenherzen höher schlagen.

Die Jahrhundertelf — **Gestern**

hundertteam

Aus der Cupsiegermannschaft 1981 schafften vier Spieler den Sprung in die Jahrhundertmannschaft des GAK.

Wenzel Halama scheiterte im „Jahrhunderttrainer-Dreikampf" Thomale-Halama-Gregoritsch ganz knapp.

Drei ganz Große des GAK: Gernot Fraydl, Präsident Rudi Roth und Walter Koleznik.

Willi Sgerm, der erfolgreichste Torschütze des GAK.

gewählt, die auch jüngeren GAK-Anhängern noch in bester Erinnerung sind.

Die Abwehr:
- Gerry Erkinger spielte zwischen 1962 und 1970 164-mal für den GAK und erzielte dabei als Verteidiger zwei Tore.
- Zeljko Vukovic war bis 1999 der Ruhepol in der GAK-Abwehr und feierte als fast 40-jähriger 2001 sein Teamdebüt.
- Harry Gamauf spielte zwischen 1980 und 1990 beim GAK fast alle Positionen durch und war der erklärte Liebling der weiblichen GAK-Fans.
- Mario Zuenelli, zweifacher Teamspieler, wurde nicht nur wegen des 100. Derbytores bekannt. Sein linker „Hammer" war von allen Gegnern gefürchtet.

Das Mittelfeld:
- Sepp Stering wurde beim GAK groß, spielte zwischen 1972 und 1981 26 Mal im Nationalteam und kehrte 1980 zum GAK zurück, mit dem er 1981 den ÖFB-Cup gewinnen konnte.
- Harald Rebernig war in den 70er-Jahren einer der großen und torgefährlichen Mittelfeldspieler des GAK – 30 Tore in 148 Spielen sprechen eine deutliche Sprache.
- Ales Ceh ist der längstdienende Legionär beim GAK, dem er bereits seit zehn Jahren die Treue hält. Ceh ist bei der Fußball-WM 2002 Kapitän der slowenischen Nationalmannschaft.
- Walter Koleznik ist ein GAK-Denkmal und mit 401 Einsätzen in der höchsten Spielklasse der Rekordspieler des GAK. Er liegt in der ewigen GAK-Schützenliste mit 80 Treffern hinter Willi Sgerm an zweiter Stelle.

Angriff:
- Willi Sgerm ist der GAK-Bomber des Jahrhunderts – er schoss in 255 Spielen zwischen 1956 und 1967 sagenhafte 120 Tore. Ein Rekord für die Ewigkeit?
- Ronald Brunmayr wurde 2001/2002 als erster GAK-Spieler österreichischer Torschützenkönig und zugleich Spieler des Jahres. *Christian Thomaser*

Die GAK-Mannschaft de

Gerry Erkinger

Geboren am: 11.02.1941
Beim GAK von 1962 – 1970
Spiele für den GAK: 164
Tore für den GAK: 2

Zeljko Vukovic

Geboren am: 09.02.1962
Beim GAK von 1995 – 1999
Spiele für den GAK: 138
Tore für den GAK: 10

Abwehr

Sepp Stering

Geboren am: 06.03.1949
Beim GAK von 1969 – 1972
und 1980 - 1986
Spiele für den GAK: 296
Tore für den GAK: 48

Harald Reberni

Geboren am: 06.10.1943
Beim GAK von 1970 - 1976
Spiele für den GAK: 1
Tore für den GAK:

Willi Sgerm

Geboren am: 23.03.1937
Beim GAK von 1956 - 1967
Spiele für den GAK: 255
Tore für den GAK: 120

Sturm

Jahrhunderts

...avo Ekmecic

Tor

...boren am: 09.05.1948
...m GAK von 1978 – 1985
...iele für den GAK: 269
...e für den GAK: –

Harald Gamauf

Geboren am: 03.05.1957
Beim GAK von 1980 – 1990
Spiele für den GAK: 263
Tore für den GAK: 11

Mario Zuenelli

Geboren am: 04.09.1954
Beim GAK von 1974 – 1987
Spiele für den GAK: 343
Tore für den GAK: 72

Walter Koleznik

Geboren am: 17.10.1942
Beim GAK von 1962 – 1978
Spiele für den GAK: 401
Tore für den GAK: 84

Mittelfeld

Ales Ceh

Geboren am: 07.04.1968
Beim GAK seit 1992
Spiele für den GAK: 212
Tore für den GAK: 5

Ronnie Brunmayr

Geboren am: 17.02.1975
Beim GAK seit 2000
Spiele für den GAK: 65
Tore für den GAK: 42

Hans-Ulrich Thomale

Geboren am: 06.12.1944
Beim GAK von: 1993 – 1996
Erfolge: Aufstieg 1994/1995, 4.
Platz in der 1. Division 1995/96

Trainer

Gestern

Spieler und Trainer des Jahrhunderts

Der Spieler des Jahrhunderts

Der GAK hatte schon immer sehr gute Torhüter – der absolute Rekordhalter im Gehäuse der Athletiker machte das Rennen: Savo Ekmecic! Der Mann mit dem eigenen Schneider stand zwischen 1978 und 1985 269-mal im GAK-Tor.

Wenn man über Savo Ekmecic spricht, denkt man automatisch an die „kürzeste, lange Hose, die je ein Tormann trug". Er hatte einen eigenen Schneider, der ihm diese Seidendinger mit den beiden „S" fertigte. Erstmals trug er sie bei einem Heimspiel gegen Rapid. „Es hatte den ganzen Tag geregnet. Als ich die blütenweiße Tormannhose auspackte, fragte mich Kapitän Erwin Hohenwarter, ob ich völlig den Verstand verloren hätte. Ich habe damals meine Karriere riskiert. Ich habe gewusst: Wenn wir verlieren, ist es mit der Hose vorbei und dem Savo auch. Wir haben das Spiel 2:0 gewonnen".

Savo war der Liebling der Fans, vor allem aber ein sehr guter und konstanter Torhüter. Davon konnten seine Ersatzkeeper ein Lied singen. Erst im 187. Spiel verließ er erstmals das Tor, um beim 1:7 beim Wiener Sportklub Michi Krenn die letzten 16 Minuten spielen zu lassen. In seiner letzten Saison 1984/85 wurde Savo ein zweites Mal ausgetauscht, Trost spielte die zweiten 45 Minuten beim 0:3 bei der Wiener Austria. Die Gesamtbilanz von Ekmecic: Von 24.210 Meisterschaftsminuten fehlte er ganze 61, dazu kommen rund 50 Spiele im Cup. Zahlen, die beweisen, dass der GAK-treue Savo Ekmecic der würdige Spieler des Jahrhunderts ist!

Der Trainer des Jahrhunderts

Es gab einige „heiße" Kandidaten für diesen Titel, dementsprechend knapp fiel auch das Ergebnis aus: Schließlich gewann mit Hans-Ulrich Thomale jener Trainer, der den GAK 1975 wieder zurück in Österreichs höchste Spielklasse führte.

Verzweifelt versuchte der GAK Anfang der 90er-Jahre, wieder erstklassig zu werden. Bergauf ging es erst wieder, als der damalige Präsident Harald Fischl plötzlich Hans-Ulrich Thomale aus dem Hut zauberte. Höhepunkt in der Trainerkarriere des ehemaligen Ostdeutschen war bis dahin das Erreichen des Europacup-Finales mit dem 1. FC Lok Leipzig, den er von 1985 bis 1990 betreut hatte. Thomale trat sein Traineramt beim GAK am 20. September 1993 als 49-jähriger an und wurde in seiner ersten Saison in der 2. Division hinter dem LASK und dem FC Linz Dritter. In der Saison 1994/95 war es dann endlich soweit: der GAK sicherte sich vor dem SV Ried den Meistertitel und war wieder „oben"! Thomale schaffte in seiner ersten Saison eine weitere Überraschung und qualifizierte sich mit dem GAK als Vierter der Meisterschaft auf Anhieb für den UEFA-Cup. Doch nach dieser erfolgreichen Saison gab es plötzlich Unstimmigkeiten zwischen Trainer und Klub und Thomale verließ Österreich wieder in Richtung Deutschland, wo er den KFC Uerdingen übernahm.

Christian Thomaser

Nachwuchs   Gestern

Direktor Kleißner war einer der erfolgreichsten GAK-Nachwuchstrainer.

GAK Nachwuchs

In den frühen Jahren des GAK war eine kontinuierliche Jugendarbeit selbstverständlich. Der Nachwuchs sorgte immer wieder für Zuwachs in der Kampfmannschaft. Die Zeiten, in denen Legionäre aus aller Herren Länder den hoffnungsvollen Nachwuchskickern den Platz im Team verstellten, waren lange noch nicht angebrochen.

Die Begeisterung der Buben, das ungezwungene Spiel in den Hinterhöfen und in den Parks, förderte immer wieder große Talente an den Tag bzw. in die erste Mannschaft des GAK. Erst nach dem Krieg wurde es mehr und mehr üblich, die besten Spieler aus der näheren Umgebung, aus der Steiermark, dem südlichen Burgenland und vor allem auch aus Kärnten zum GAK zu holen. Die Nachwuchsarbeit war aber nun doppelt wichtig, junge Talente hatten es schwerer nach oben zu kommen.

Die erfolgreichsten Spieler, die nahezu alle Nachwuchsteams des GAK durchlaufen waren und in der „Ersten" Karriere machten sind: Mario Zuenelli (343 Spiele), Erich Marko (278), Klaus Spirk (231), Hermann Stessl (204), Ernst Gössl (170), Günther Koschak (168), Harry Ginhart (152), Michael Zisser (127), Jürgen Hartmann (98) und Gernot Sick (72).

Das beste Nachwuchsteam, das der GAK je hervorbracht hatte, war schon Mitte der siebziger Jahre Vorbote des Cupsiegs 1981. Die U 20 wurde nämlich 1976 als einziges Nachwuchsteam des GAK Österreichischer Juniorenmeister.

Die bekanntesten Spieler unter dem hervorragenden Jugendleiter Direktor Kleißner waren Werner Gregoritsch, Klaus Spirk, Mario Mohapp und Gerhard Steinkogler.

Von der GAK-Jugend ins Team: Roland Goriupp

Gerhard „Copa" Steinkogler, Marke GAK-Eigenbau

Gestern
Gastkommentar

Universalgeschichte des Bösen

Soviel weiß auch ich als Ungrazer, dass der GAK seine Mannschaft *Rote Teufel* nennt, vermutlich, um ihr selbst ein wenig Mut zu machen und die Gegner einzuschüchtern und abzuschrecken, und manchmal funktioniert die Teufelsbeschwörung, manchmal nicht.

Konsequenterweise jedenfalls müsste der Vorstand als Vereinshymne den Evergreen der EAV mit dem Refrain *Das Böse ist immer und überall*, Dante als Vereinschronisten nehmen und die GAK-Fans, also die sogenannten Satanisten, sollten im Devils-Fanshop nicht bloß Trikots und Wimpel, sondern regelrechte Perchtenkostüme mit Ruten, Ketten, Hörnern, langen Zungen, vielleicht auch ein paar Dosen Schwefel oder Salpetersäure und allem Drum und Dran zum Kauf feilgeboten werden, um richtige schwarze Messen in der Miethölle des Schwarzeneggerstadions feiern zu können. Dem allem entsprechend ist der GAK sicher immer gerade am 5. Dezember in Topform und am Zenit seines Leistungsvermögens. Nur ist da blöderweise jedes Jahr schon Winterpause.

In diesem Licht werden freilich etliche hermetisch anmutende Sprichwörter und Redensarten plötzlich völlig verständlich, als da wären: *In des GAK´s Küche kommen...; In der Not frisst der GAK Fliegen...; Den GAK mit den Amateuren austreiben..., den GAK an die Wand malen...; es müsste schon mit dem GAK zugehen...; der GAK steckt im Detail...; er ist ein GAK in Menschengestalt oder scher dich zum GAK!*

Dass dieser diabolische GAK in den letzten Jahren seiner hundertjährigen Vereinsgeschichte zweifelsohne eine kontinuierliche Leistungssteigerung zu verzeichnen hatte, regelmäßig im oberen Tabellendrittel zu finden ist und vor manch guter Mannschaft und Religionsgemeinschaft rangiert, ist sicher darauf zurückzuführen, dass die Geister, die stets verneinen und alles, was wir Sünde, Zerstörung, kurz das Böse nennen, als ihr eigentliches Element empfinden, nach und nach an gesellschaftlichem Einfluß gewinnen. Zum Endsieg, zum ultimativen historischen Triumph des Bösen hat es bislang aber doch noch nicht gereicht: Kein Luzifer hat jemals den Meisterteller der Bundesliga in die Höhe stemmen dürfen. Ein Teufel, auf dem ausgerechnet LIEBHERR steht, ist aber auch wirklich ein armer Teufel, bitte sehr! Da war Gaulhofer noch passender, weil man immerhin einen Pferdefuß assoziieren konnte. Und Ringschuh hätte man vielleicht als Hufeisen interpretieren können. Aber so? Außerdem ist Teufeln bekanntlich relativ leicht beizukommen: Ein Kruzifix genügt, ein Zopf Knoblauch, ein Bündel Zwiebel, ein Weihwasserbottich, eine Bibel, ein Neukirchner, schon sind die Ungetüme in der Defensive und stehend k. o. Um nun einen seriösen und essentiell einigermaßen wertvollen Beitrag für diese Festschrift zum 100. Geburtstag des

Egyd Gstättner als Goalie

Gastkommentar **Gestern**

Seit 1997 ist der GAK „teuflisch" und gewann für diese Linie einen Marketingpreis.

Egyd Gstättner

GAK abliefern zu können, habe ich mich zunächst einmal ein wenig in Gerald Messadié's opus magnum Universalgeschichte des Bösen eingelesen und dabei etliches Wissenswerte über Teufel, Satan & Luzifer erfahren, über die vieldeutigen Dämonen von Ozeanien. Das Rätsel um Quetzalcoatl, die gefiederte Schlange und den Gott-der-weint, über das arabische Wort sheitan, den Gegenspieler Gottes und Gefallene Engel, über Martin Luther, der Beelzebub ein Tintenfaß an den Kopf geworfen haben soll, über die Teufel von Loudun von Aldous Huxley und Des Teufels Wörterbuch von Ambrose Bierce, über das System des Teufels als Stifter eines logischen Deliriums und die heilige Inquisition, über die Existenz des Teufels als politische Angelegenheit, die Denaturierung des moralischen und philosophischen Denkens und die Banalisierung des Bösen – aber auf über 400 Seiten nicht ein Wort über den GAK. Nicht ein Sterbenswörtchen über die alten Teufel Mario Zuenelli und Klaus Spirk (sogenannte Jungseniorenteufel oder Exteufel – allerdings weder bekehrt, noch missioniert)! Nicht eines über Savo Ekmecic, den Teufel mit der längsten kurzen oder kürzesten langen Hose in der ganzen Unterwelt. Nichts über den urigen Teufel Stering, nichts über den tollpatschigen Teufel Hasenhüttl (einer der ganz wenigen Teufel mit zwei Pferdefüßen), nichts über Sabitzer, das Teufelchen (ein besonders schönes Exemplar aus der mythenumwobenen Spezies der sogenannten Kopfballungeheuer), nicht einmal etwas über den bläulichen Teufel Fischl.

Bei der Lektüre der Universalgeschichte des Bösen kann man leicht den Eindruck bekommen, dass der GAK überhaupt nicht existiert oder jedenfalls längst nicht so böse und infernalisch ist, wie er tut. Umgekehrt ist in diesem Buch auch von Jesuitenpatres zu lesen, die lehrten, des Teufels größte List bestünde gerade darin, uns glauben zu machen, dass es ihn gar nicht gäbe. So hinterfotzig agiert Sturm Graz zum Beispiel nicht. Die Rede ist aber auch von der Säkularisierung, Verpolitisierung, Personalisierung, Menschwerdung des Teufels: Hitler hat Stalin, Stalin Hitler, Reagan den Ajatollah Chomeini, Bush I. Saddam Hussein, Osama Bin Laden Bush II. so genannt. Jeder ist des anderen Teufel. Neu und gewissermaßen richtungsweisend am GAK ist also bloß, dass er sich selber schlecht macht. GAK (nom.) GAK (dat.) lupus. Was sich Almer, Ehmann, Kulovits von dieser ethisch motivierten Variante des Zweckpessimismus konkret versprechen, ist mir ehrlich gestanden schleierhaft.

Immer wenn mir nichts einfällt, wie ich einen Text beenden könnte, ziehe ich mein Etymologisches Lexikon zu Rate, mein Handbuch für sinnlose Weisheiten, und auch diesmal hat sich gerade hier der Teufelskreis geschlossen: Denn der zum Widersacher Gottes gewordene Engel, mhd. Tiuvel, tievel, ahd. Tiufal, wurde im Zuge der arianischen Mission aus got. Diabaúlus, diabulus aufgenommen, das seinerseits auf gr. Diá-bolos zurückgeht. Das gr. Wort ist eine Bildung zu gr. dia-bállein „durcheinanderwerfen, entzweien, verfeinden, schmähen, verleumden", einem Kompositium von gr. bállein, werfen, treffen" (vgl. ballistisch). TREFFEN! Das heißt, es kann eigentlich nur Brunmayr gemeint sein – der Torschützenkönig als Torschützenteufel! – auch wenn er gar nicht so ausschaut. Aber zweifelsohne wirbelt er Abwehrreihen durcheinander, entzweit Viererketten, schmäht Torhüter. Und wenn das Teufelchen so weitermacht, dann wird es vielleicht bald in anderen, größeren Höllen kicken und fr. diable, it. diavolo oder span. diablo gerufen werden und die armen Teufel auf den Stehplätzen dazu anstiften, „Oh Augenblick, verweile doch, doch bist du schön", zu grölen. (Dann mag der Schlusspfiff schallen, dann ist die Spielzeit für uns vorbei.)

Egyd Gstättner

65

Gestern

Die Derbies

It's Der

Platzierungen in der Liga, wenn es nicht um Meistertitel oder UEFA-Cup-Platz geht, sind nur Schall und Rauch für den Grazer Fußballfan. Wichtig war und ist nur Folgendes: Hat unser Team das letzte Derby gewonnen?

Nichts teilt den Grazer-, vielmehr den Steirer-Fußball stärker in zwei Lager, als die Fan-Zugehörigkeit zu einem der zwei Stadtrivalen. Ist man ein „Roter", so freut man sich als GAK-Anhänger diebisch über einen Sieg gegen die „Schwarzen" (Sturm Graz). Geht aber der GAK als Verlierer vom Platz, so ist man als GAKler in den nächsten Wochen gezwungen, dem Sturmfan tunlichst aus dem Weg zu gehen – wie umgekehrt auch.

„Rot" gegen „Schwarz", das ist der wahre Fußball in Graz. Seit die beiden Stadtrivalen in der höchsten österreichischen Liga vertreten sind, haben sie sich bislang 110-mal duelliert. 36-mal siegte der GAK, 37-mal Sturm, 37-mal trennten sich beide Klubs „brüderlich" remis. Diese Bilanz zeigt, wie umstritten die Vormachtstellung in Graz ist. Das war aber nicht immer so, denn ab dem Aufstieg des GAK in die Staatsliga 1951 hatte Sturm nicht viel zu lachen.

Sturm war der erste Ausrichter eines Derbys im Oberhaus und die Blackies gewannen dieses durch Tore von Stumpf und Dureck bzw. Landauf auch mit 2:1 – allerdings ohne zu ahnen, dass dieser Sieg der letzte gegen den GAK bis 1964 bleiben sollte. Denn ab dem Rückspiel und dem eindrucksvollen 4:1-Sieg der „Reds" ging es für die Kicker von der Körösistraße steil bergauf. Die nächsten elf Spiele gegen Sturm wurden nicht verloren, der GAK gewann gleich neun dieser Derbys und musste nur zweimal eine Punkteteilung hinnehmen. Aus jener Zeit, den „Goldenen Fünfzigern", stammen auch die höchsten Siege des GAK über seinen „Lieblingsgegner": zweimal hieß es 6:1! Einer dieser Kantersiege datiert aus dem Jahr 1956 in der „Gruabn", die zweite 1:6-Schlappe 1958 in der Körösistrasse hatte für Sturm böse Folgen – die Fans der Schwarzen trugen Trauer, ihr Klub musste sich aus der Staatsliga verabschieden. Legendär und älteren Fußballfans in bester Erinnerung ist auch der 6. September

Derbywetten waren schon immer eine lustige Angelegenheit.

1953, an dem der GAK zu Hause gegen Sturm mit 4:3 gewann. Die Spieler unter Trainer Karl Mütsch bäumten sich nach einem 1:3-Rückstand auf und gewannen noch 4:3. Mühlbauer (2) und Baier sorgten, nach zwischenzeitlichem Ausgleich von Sajko, bis zur 53. Minute für die komfortable Sturm-Führung, ehe Sajko (63.), Eigenstiller (67.) und Fritzl Denk (75.) noch den GAK-Sieg herausschossen.

Das damalige Team stellvertretend für diese erfolgreiche Zeit: Amreich; Frisch, Kandler, Kölly A.; Sigmund, Pestitschek; Aigner, Eigenstiller, Sajko, Denk, Kölly St.

1964 – im Jahr des Wiederaufstiegs des SK Sturm – gab es dann erstmals nach elf Jahren wieder eine GAK-Niederlage. Sturm gewann auf eigenem Platz durch Tore von Murlasits und Tesurinho mit 2:0. Nur zwei Jahre später fiel auch der nächste GAK-Rekord: Die Athletiker verloren erstmals zu Hause (0:2), Murlasits und Reisinger scorten für Sturm. Der GAK revanchierte sich postwendend mit zwei Auswärtssiegen (1:0, 3:1), wobei der letz-

Die Derbies # Gestern

bytime

Im November 1956 gewann der GAK auf dem Sturm-Platz 6:1.

Karl Philipp schießt 1972 ein Tor beim 4:0 gegen Sturm.

tere durch drei Tore von Walter Koleznik besonders süß schmeckte. Dieser Hattrick blieb übrigens bis dato der einzige eines GAK-Spielers gegen Sturm...

1969 wurde wieder ein Rekord gefeiert: gleich 20.000 Fußballfans drängten sich ins alte Liebenau-Oval um GAK gegen Sturm zu sehen. Der einzige Sieger nach einem ereignisarmen 1:1 war der Kassier des Ausrichters GAK, denn diese Zuschauerzahl wurde nie mehr auch nur annähernd erreicht.

Im Juni 1973 errechneten nach einem weiteren 1:1 die Statistiker der Lokalpresse, dass insgesamt 99 Tore zwischen den beiden Kontrahenten gefallen waren. Ganz Fußball-Graz wartete in den nächsten Spielen auf das historische 100. Derbytor. Doch es kam ganz anders, der Trubel um diesen Meilenstein in der Derbygeschichte bescherte den Stürmern beider Teams zittrige Beine: Dreimal in Serie lautete das Ergebnis 0:0. Beim vierten Versuch auf den 100. Derbytreffer dopte die Kleine Zeitung die Stürmerreihen und setzte für den Jubiläumsschützen einen Neuwagen als Torprämie aus. Die Angreifer ließen sich an diesem 5. September 1975 nicht lumpen, speziell Mario Zuenelli war scharf auf´s Auto. Bereits nach fünf Minuten knallte er einen Freistoß in die Maschen. Aber Sturm schlug zurück, ging 3:1 und 4:2 in Führung. Doch Muftic im Sturm-Tor hatte nicht seinen besten Tag und Leo Weiß und Zuenelli retteten noch einen Punkt. Das Auto wurde damals übrigens verkauft und der Erlös auf die ganze Mannschaft aufgeteilt. Die Aufstellungen damals: GAK: Roth; Lamprecht, Maier, Kirisits H., Zuenelli (Meister); Rebernig, Koleznik, Philipp; Neusiedler, Weiß L., Vidalli (Leitner). Sturm: Muftic; Ruth, Russ (Wirth), Weber H., Huberts H.; Pichler, Thaler, Kulmer; Gruber (Ringert), Stendal, Zamut.

1986 wurde ein kleines Jubiläum gefeiert, zum 70. Mal kreuzten die Lokalrivalen die Klingen. Zu feiern hatte nach dem Spiel aber nur Sturm etwas. Die „Schwarzweißen" siegten nach 2:0-Führung des GAK (Tore: Koschak, Welzl) durch Tore von Jurtin, Goldbrich und Rupert Marko noch mit 3:2.

Der erste GAK-Torschütze damals, Günther Koschak,

Gestern

Die Derbies

bescherte den Fans dann ein Jahr später auch ein Novum. Der GAK-Stürmer (5 Derbytore) war inzwischen zu Sturm gewechselt und sorgte mit seinem Treffer zum 1:1 gegen den GAK dafür, dass er der bislang einzige Spieler ist, der für beide Grazer Teams im Derby traf...

Günther Koschak war nur einer von wenigen GAK-Spielern, die zum Lokalrivalen gegangen sind. Der bekannteste Fall ist sicherlich jener des jetzigen Sturm-Managers Heinz Schilcher. Schilcher startete seine Karriere 1966 beim GAK, ehe er nach vier erfolgreichen Saisonen in einer Nacht-und-Nebel-Aktion für ein Auto zum Sturm-Spieler wurde.

Der doppelte Heinz

Kurioses Detail am Rande: Schilcher erzielte in seinen 88 Ligaspielen für den GAK kein einziges Tor, dafür traf er im Sturm-Dress gleich zweimal gegen seinen Ex-Klub. Das erste Mal gleich bei seiner Premiere im Trikot der Schwarzen per Elfmeter zum 1:1-Endstand, der zweite Treffer gelang Jahre später 1979 bei einem 3:1-Erfolg von Sturm.

Die bekanntesten Spieler, die die Farben wechselten: Hannes Jank, Alfred Murlasits, Franz Wehr, Kurt Temm, Roland Goriupp, Harald Holzer, Dietmar Pegam, Hermann Kern, Walter Schachner, Klaus Spirk, Damir Muzek etc.

Bitte warten!

1990, nach einem bitteren 0:4 auf eigener Anlage gegen Sturm, war die Geschichte der Derbies in der obersten Spielklasse für fünf Jahre aufs Eis gelegt. Fünf Jahre, in denen der GAK in der 2. Division neue Kräfte sammelte. Denn nach dem Wiederaufstieg legten die „Rotweißen" gleich eine imposante Serie hin. Nach dem 3:2 beim ersten Aufeinandertreffen blieben die Athletiker gleich acht Mal in Folge unbesiegt. Erst das 0:4 bei der Eröffnung des Arnold Schwarzenegger Stadions im Sommer 1997 holte die GAK-Fans wieder auf den Boden der Tatsachen zurück. Schmachvolle Stunden sollten in den nächsten Jahren folgen (1998 0:5, 1999 0:5, 2000 1:6), aber immer wieder konnte der GAK die Derbybilanz mit knappen Siegen offen halten. Dafür zeichnete ein Mann hauptverantwortlich: Igor Pamic.

1999 wurde „Igor, der Schreckliche" als teuerster Spieler des GAK in der Vereinsgeschichte verpflichtet, um Tore am Fließband zu schießen. Während Igor in der Meisterschaft meist zahm blieb, spielte der Glatzkopf in den Derbies stets groß auf. Sieben Treffer waren es schlussendlich bis zu seinem verletzungsbedingten Abgang, die dem GAK drei Siege (1:0, 1:0, 2:0) und ein Remis (1:1) brachten. Die sieben Treffer reichten schlussendlich in der ewigen GAK-Derbybilanz bis 2002 zu Rang zwei in der Torschützenliste. Einzig GAK-Legende Walter Koleznik traf gegen Sturm einmal öfter ins Schwarze. Pamic teilt sich den zweiten Rang mit Willi Sgerm und Mario Zuenelli, die auch je sieben Mal gegen den Lokalrivalen getroffen haben. Mit sechs Toren folgen Herbert Ninaus und Karl Aigner, Günther Koschak mit fünf Treffern und das Quartett Kurt Eigenstiller, Hermann Repitsch, Leo Weiß und Edi Glieder mit je vier Toren folgen auf den Plätzen.

Glück und Pech

Derbyniederlagen schmerzen immer, einige taten aber besonders weh. So wie jene 1986 in der „Gruabn". Es steht 0:0, die Spieler rechnen mit dem Schlusspfiff. Die Stadionuhr scheint zu stehen, die GAK-Fans meinen später, dass sie von Sturm-Ordnern „zurückgehalten" wurde. Tatsache ist, dass Sturm-Legionär Teskeredzic in der 94. Minute aus dem Nichts das entscheidende 1:0 für Sturm erzielt. Zehn Jahre später ging es in Kapfenberg rund, wo der GAK in dieser Saison seine Heimspiele ausgetragen hat. Die 90. Minute hatte angefangen, Sturm führte 2:1. Der GAK drückt auf den Ausgleich, der Ball fliegt über Sabitzers Bein ins Torout. Jeder erwartet einen Abstoß. Doch Schiri Stuchlik hat alles anders gesehen. Er entscheidet auf Eckball für den GAK. Und der führt per Abstauber von GAK-Verteidiger Michi Zisser zum 2:2-Ausgleich... Das letzte Aufeinandertreffen der beiden Erzrivalen entschied der GAK für sich. Und dieser 3:2-Sieg am 12. Mai 2002 schmeckte besonders süß, weil es diesmal nach 90 Minuten statt Punkten den ÖFB-Pokal für den Cupsieger GAK gab.

Michael Pucher

Franz Almer gegen Ivica Vastic – dieses Duell gab es in den letzten Jahren des öfteren bei den Derbies.

Gastkommentar *Gestern*

Die Feldbacher Familie meines Vaters bestand bis hin zu den fernsten Verwandten ausschließlich aus Sturm-Fans. Nur mein Vater war immer treuer GAK-Anhänger. Ich fürchte, das spricht nicht sehr für den GAK.

Ein richtiger Sir

Schließlich war nicht mein Vater, sondern sein Bruder der unumstrittene Fußball-Experte in der Familie. Der hatte sich in Feldbach als Spieler und später als Trainer einen Namen gemacht und hätte sich eher da irgendwo zwischen den Rippen hinein stechen lassen, bevor er GAK-Fan geworden wäre. Mein Vater war Kellner, und als ihn das Schicksal Mitte der fünfziger Jahre in den touristischen Westen abserivierte, fand er sich in einer Umgebung wieder, wo ihm das meiste fremd, eines aber höchst vertraut war. Wieder einmal war er weit und breit der einzige GAK-Anhänger. Bis heute wird er nicht müde zu behaupten, so mancher einheimische „Bauernschädel" in dem Salzburger Nachkriegs-Kuhdorf hätte den Namen „GAK" zum ersten Mal aus seinem Mund gehört. Umso unerschrockener hielt er an seinem Irrweg fest.

Ich möchte nicht wissen, wie viele Toto-Millionen ihm im Lauf der Jahrzehnte durch die Lappen gingen, nur weil er unerschütterlich Woche für Woche einen GAK-Sieg tippte. Und versuchen Sie bitte nicht, mich zu trösten mit dem Hinweis, zur eleganten Erscheinung eines Oberkellners passe allzu großes Fußball-Expertentum ohnehin nicht. Mit diesem Argument tröstete ich mich nämlich selbst Jahre lang. Bis mein Trainer-Onkel mir eines Tages anvertraute, sein Bruder sei in der Jugend ein begabter Kicker gewesen. Jedenfalls zehnmal begabter als ich Brillen-Sohn, und sogar ein bisschen talentierter als der Trainer-Onkel persönlich. Warum bitte habe ich dann meinen Onkel als weltberühmten Feldbach-Fußballer in Erinnerung und nicht meinen Vater? Das hat andere Gründe, flüsterte mein Onkel in einer Mischung aus trainerhaftem Ernst und innerfamiliärer Geheimniskrämerei. Doch erst auf heftiges Nachfragen gibt er die Details bekannt: „Dein Vater hat sich nie gern dreckig gemacht." Hab ich's mir doch gedacht! Mein Vater und der GAK, die feinen Pinkel unter sich. Kein Wunder, dass er unlängst so wenig Begeisterung zeigte, als ich ihm meine ausgetretenen Camper-Schuhe ins Krankenhaus brachte.

Wenn Fußballer nach ihrer Karriere nicht mehr so besonders gut gehen können, findet man das ja normal. Aber bei Kellnern ist das auch normal, zu viel Einsatz in den eleganten, schwarzen Spitzbeißern, in denen mein Vater fünfzig Jahre lang durch die gegnerischen Tischreihen marschiert ist.

Jetzt hat ihm der Herr Primar den Nagel von der großen Zehe herunter geklaut, und mein Vater kann nicht in den Schuh hinein. Die Vorfreude auf die baldige Spitals-Entlassung ist deutlich getrübt durch die Aussicht, dass er dann daheim nicht hinaus, weil nicht in den Schuh hinein kann. Weißhaarig sitzt er auf seinem Krankenbett und sagt nachdenklich, als würde er schwer an diesem charakterlichen Defekt tragen: „Du weißt ja, dein Vater muss immer laufen."

Herrgott, jetzt fangt er schon wieder an, von sich in der dritten Person zu reden. Bald wird er mich wieder voll Ironie „Herr Sohn" nennen. Er hat überall seine eigenen Ausdrücke. Mit „laufen" meint er ja auch eine eher statische Beschäftigung, nämlich im Wirtshaus sitzen und mit den Leuten reden. Aus seiner Jugend, wo sein Bruder täglich auf den Feldbacher Sportplatz und er täglich in die Feldbacher Wirtshäuser lief, hat er den sportlichen Begriff „laufen" beibehalten. Da ich auch immer laufen muss, kann ich ihn in dieser Hinsicht nur zu gut verstehen, und in einem Anflug von Erfindergeist habe ich deshalb aus meinen alten Camper-Schuhen, die jetzt eh nicht mehr so modern sind, bei der großen Zehe ein Loch heraus geschnitten. „Damit kannst wenigstens hinaus gehen", sage ich, und als meine Worte offenbar ihre Wirkung verfehlen, setze ich nach: „Laufen!" „Elegant sieht das aber nicht aus, Herr Sohn", murrt mein Vater. „Das sind teure Markenschuhe", versuche ich, etwas Gescheites zu sagen. „Solche Schuhe trägt man heute?" Er bemühte sich nicht sehr, mit seiner Verachtung hinter dem Berg zu halten. „Die sehen ja aus wie Fußballschuhe." Auf dieses Argument war ich vorbereitet. „Du als alter GAK-Fan", reibe ich ihm unter die Nase, „wirst dich wohl nicht in Fußballschuhen genieren." So bringe ich ihn zumindest dazu, dass er einmal hinein schlüpft.

GAK-Fan, lächelt er und freut sich, dass ich über so eine intime Kenntnis seiner Seele verfüge. „Woher weiß denn mein Herr Sohn das schon wieder?" Amüsiert blickt er auf den breiten Schuh mit dem Loch, aus dem seine Zehe blitzt. „Früher wären wir froh gewesen, wenn wir zum Fußballspielen solche Schuhe gehabt hätten. Sogar mit Loch. Wir haben ja immer barfuß gespielt."

Damit wären wir also beim Thema. Wie war denn das früher, frag ich ihn. In den dreißiger Jahren hat es ja kein Fernsehen gegeben, was hat man da als Feldbacher Arbeiter-Bub überhaupt vom GAK gewusst? „Gewusst", sagt mein Vater unwillig, „wir haben alles gewusst!" „An welche Spieler erinnerst du dich noch von damals?" „Spieler!" Er begutachtete wieder kurz seine Zehe. „Spieler weiß ich da keine mehr. Wieso interessiert dich das überhaupt? Wozu hab ich meinen Herrn Sohn studieren

Gestern

Gastkommentar

lassen?" „Hat man da überhaupt was über den GAK gewusst?" gebe ich ausnahmsweise einmal nicht sofort auf. Zweikampfstärke ist das Wichtigste bei Vater gegen Sohn. „Alles haben wir gewusst!" „Und warum warst du eigentlich GAK-Fan und nicht Sturm-Fan?" „Sturm-Fan?" Die Krankenschwester schaut kurz zur Tür herein, ob irgendwas passiert ist, ob vielleicht falsche Medikamente einen Patienten zum Ausflippen gebracht haben. „Alles unter Kontrolle, Schwester", zwinkert mein Vater ihr zu. „Mein Herr Sohn ärgert mich nur ein bisschen." Und als sie weg ist: „Eine fesche Schwester ist das."

Mein Vater war immer gut darin, das Thema zu wechseln. Aber heute lasse ich ihn nicht aus und frage noch einmal, warum er nicht Sturm-Fan war. „Sturm", murrt mein Vater, immer noch ärgerlich über die Unterstellung. Er kämmt sich mit eleganten Fingern seine früher pechschwarzen und jetzt schneeweißen Haare, und dann sagt er es mir: „Sturm waren die Proleten." Ich kenne keinen Menschen, der mit so viel Verachtung „Proleten" sagen kann wie mein Vater. Als Kind war ich einmal ganz kurz Sturm-Fan, das werde ich ihm niemals gestehen. „Und der GAK?" „Der GAK", sagt er mit völlig veränderter Stimme, ähnlich schmeichelnd wie zuvor, als er sich der feschen Krankenschwester zuwandte, „der GAK war immer der Gentleman-Club." Ich kenne keinen anderen Menschen, der mit so unbeirrbarem Glauben an den Weihnachtsmann das Wort „Gentleman" sagen kann. Gern würde ich einmal ergründen, was „Gentleman" genau bedeutet für meinen Vater. Ich schätze, meine Chancen, jemals mit diesem Begriff bedacht zu werden, gehen eher gegen Null. „Gentleman" gehörte für meinen Vater immer zur Trinitas der edelsten Begriffe, neben „elegant" und „Ein richtiger Sir". „Sturm waren immer die Proleten", bekräftigt er noch einmal trotzig. Er sagt nicht „bei Sturm" waren die Proleten, sondern einfach: Sturm. Proleten. Und aus.

„Beim GAK war alles elegant", sagt er wieder mit seiner ganz anderen Stimme, „Schon das Clublokal war eleganter." Club. Gentleman. Elegant. Ich warte darauf, dass er den „richtigen Sir" noch einfließen lässt, aber für heute lässt er es dabei bewenden. Er muss jetzt ein bisschen am Gang herumgehen mit meinen Schuhen. „Weh tut es nicht!", strahlt er. Schon komisch, dass einem solche Kleinigkeiten oft so zu schaffen machen. Die richtig schwere Krankheit, wegen der er eigentlich im Krankenhaus gelandet war, hatte er schon vor ein paar Monaten ausgetrickst. Der Krebs hatte geglaubt, er kann mit dem Eisenbahnerschmäh kommen, mein Vater aber mit dem Kellnerschmäh, elegant. „Jetzt hängt mir die Zehen-Entzündung bald länger nach als die Operation", wundert mein Vater sich. „So ist es oft im Leben", lasse ich meine Lebenserfahrung einfließen. „Aber mit diesem Schuh geht es nicht schlecht", lacht er. In einer Glastür entdeckt er sein Spiegelbild samt Lochschuh und betrachtet es staunend: „Möchte man gar nicht glauben", lächelt er amüsiert, als hätte er gerade den blöden Witz verstanden, den ihm das Leben erzählt hat, „dass dein Vater einmal ein richtiger Sir war."

Wolf Haas

Schöner fr

Der GAK war für mich immer ein Fremder und wird es immer bleiben. Und das ist gut so. Denn der Fremde, diese Einheit von unbekannter Identität und vertrauter Erscheinung, hat die segensreiche Eigenschaft, mit dem Bekannten zu versöhnen.

Meiner täglichen Erfahrung mit dem Fußball liegt eine unvergessene Szene aus der Kindheit zugrunde: Ich verbringe wieder einmal bei Opa-Oma die Sommerferien, es ist früher Morgen, vor dem Fenster fährt ein Traktor vorbei, drauf sitzt ein Bauer, den ich noch nie gesehen habe, aber er hat den gleichen blauen Schlosseranzug an wie der geliebte Onkel, er rattert auf haargenau dem gleichen Traktor daher, auf dem ich unzählige Male mit aufs

Gastkommentar Gestern

Gernot Fraydl ist für Johann Skocek der Inbegriff des GAK.

nder Mann

Feld fahren durfte und hinten dran hängt ein Gummiwagen mit einer Fuhre Stroh, genauso hoch und exakt geschlichtet wie die Ladung, auf der ich noch am Vortag geturnt habe. So durchdringen einander das allzu Vertraute und das Unbekannte. Wenn manche Politiker heutzutage versuchen, den Fremden, den Anderen, den Ausländer seiner anderen Seite, der Vertrautheit nämlich, zu berauben und in ihm nur die Bedrohung sehen wollen, so ist das nicht nur unfair, kurzsichtig, es zeugt auch von der Unvertrautheit mit den grundlegenden Lebenserfahrungen jedes Kindes und hindert an der Führung des Lebens. Denn was, wenn nicht der Zusammenprall von Vertrautem und Fremdem ist ein TV-Spiel der Bundesliga zwischen, sagen wir, dem GAK und Sturm Graz? Als Kind macht man in Büchern und im Fernsehen quasi zwangsläufig die doppelte Erfahrung, dass es Schneewittchen und die Fußballspieler eigentlich nicht gibt, obwohl sie alle sehen können und die Eltern oder Opa-Oma dauernd von ihnen erzählen. Erst viel später kommt man drauf, dass die Fußballer tatsächlich so eine Art von Wirklichkeit für sich beanspruchen können. Für einen von der Steiermark aus gesehenen Ausländer wie mich muss daher das Fremde wohl oder übel die herausragende Charaktereigenschaft des GAK bleiben. Selbst wenn ich ihn schon hundert Mal spielen gesehen habe, und nicht nur in den vergangenen Jahren, in denen er als fleißiger Vertreter im Europacup Österreichs Rote nicht vergessen ließ. Die lästige, verpflichtende Intimität ersparte mir der GAK, da er im Gegensatz zu der streberisch veranlagten Sturm Graz nie einen österreichischen Meistertitel errang und solcherart nobel die Distanz zwischen sich und seinen Fans und der übrigen Welt wahrte. Schon genug, dass im Sommer 2000 Austria Salzburg im Cupfinale besiegt wurde, was nach dem ersten, ebenfalls gegen die Salzburger errungenen Cupsieg zu Recht als zweiter Höhepunkt der Vereinsgeschichte gilt. Das Gründungsdatum, das ja mit dem Geburtstag des Kaisers Franz Joseph zusammenfällt, des wohl berühmtesten Unbekannten Österreichs im 19. und 20. Jahrhundert, begründete den vertrauten Umgang des GAK mit der Fremdheit. Der Verein blieb seiner Eigenart treu, und das ist ihm nicht gering anzurechnen. Denn der Fußball Österreichs beliebte in den ersten dreißig, vierzig Jahren bis zum Zweiten Weltkrieg im Wesentlichen ein Wiener Phänomen zu sein, auch wenn überall fleißig ballestert wurde. In der Außenwirkung, die im Fußball die Namen des Nationalteams und diverser Cups trägt, beschränkte er sich auf die Kraft des Wiener Blutes. Bis auf wenige Ausnahmen, der Tormann des Wunderteams, Rudi Hiden, ein sehr populärer Fremder in Wien, sei hier genannt. Sympathischerweise hat der GAK nie viel Aufhebens darum gemacht, den wichtigsten Einzelsportler im wichtigsten Mannschaftssport Österreichs ausgebildet und dann auch noch hergegeben zu haben. Er hatte ja in Gernot Fraydl, dem schönsten Österreicher, der jemals nicht auf der Kinoleinwand ein Star wurde, einen würdigen Nachfolger. Wem als Kind die Gnade widerfuhr, ihn gesehen zu haben, es war diese gesegnete Generation von Fußballern, wie es sie nie wieder geben wird, fast vollkommen erfolglos und doch von einer Strahlkraft, die heute noch die perfekteste Spielsequenz von Manchester United verblassen lässt, ich sage nur Nemec! – wird alle künftigen Torleute an ihm messen. Fraydl war eine echte Prüfung für die Standhaftigkeit der intimen Fremdheit, er hechtete mit seinem Goldkettchen hierhin und er hechtete dorthin, und erweckte die fast schon leichtsinnige Lust, sich mit ihm zu identifizieren. Das wird heute auch so leichthin gesagt: Identifizieren. Die Rapidfans identifizieren sich mit Rapid, die Austriafans mit Austria, aber die GAK-Fans, so es sie gibt? Aus der Entfernung, die für die Beibehaltung des schönen Fremdseins so zuträglich ist, vermag man das nicht zu beurteilen. Konnte sich jemals ein Grazer oder Steirer mit Heinz Schilcher identifizie-

71

Gestern
Gastkommentar

ren? Ich kann mich an die „aktive", wie man so sagt, Zeit dieses Herrn nicht erinnern, er soll ein guter Kicker gewesen sein. Aber irgendwann hat er alles zerstört, als er sich für diese unerwachsene Haartracht entschied. Hermann Stessl ist in Wien bekannt als strenger Kritiker wehrloser Ersatztorleute. Er hörte wohl das Geheimnis erfolgreicher Trainer von tief drinnen in seinem weichen Herzen raunen: Leg dich nie mit den Guten an, sonst legen sie dich um. Aber identifizieren? Kurt Eigenstiller? Keiner war je braver, fleißiger, biederer, in seiner Unersetzlichkeit austauschbarer. Fraydl, ja, Fraydl war anders. Nicht fehlerlos, das gar nicht, aber inspiriert, nicht konstant, aber hingebungsvoll. Die Teamkarriere hat Fraydl dem GAK, diesem Epizentrum der Fremdheit entfremdet, weil er dadurch auch für Außenstehende zugänglich wurden. Er ragt noch aus einer Zeit in die Gegenwart herüber, da zwischen Österreich und Wien eine kreative Kluft klaffte. Seit den Zeiten des Kanzlers Klaus, seit dem LASK 1965 und endgültig seit den neuzeitlichen Meistertiteln von Austria Salzburg, Sturm Graz und FC Tirol ist alles eins. Die identitätsstiftende Auseinandersetzung zwischen Wiener Fußball und westlichem Skisport, zwischen Kornkammer und Gletscher, zwischen Wasserkopf und Bergesquell, verschwimmt zu einem Einheitsbrei, der die rundherum stattfindende Globalisierung in einer läppischen Parallelaktion nachmacht. Die ursprüngliche Idee der Parallelaktion stammt ja aus dem „Mann ohne Eigenschaften" und sollte eine Riesenparty zu Ehren von Kaiser Franz Joseph sein, weil seinem deutschen Pendant ein Fest ausgerichtet wurde. Da eine Idee sich aber ebensowenig auf einen Menschen wie auf ein Land oder eine Branche festlegen lässt, hat sie sich im österreichischen Fußball niedergelassen und das führt dazu, dass längst Austria Salzburg, Sturm Graz, FC Kärnten, Ried, Bregenz, Rapid und Austria, Sturm und Admira kaum mehr voneinander zu unterscheiden sind. Der GAK spielt ein wenig anders. Nicht unbedingt besser, im Augenblick – und in Rückschauen soll eine Sekunde Zeit für das Hier und Jetzt sein – versucht er mit schwachen Kräften ein starkes Konzept zu verwirklichen. Er ist sich sozusagen selber fremd geworden, und wenn das Fremde vor sich selber fremdelt, wird's nicht nur heikel, sondern kompliziert. Das führt dazu, dass er manchmal über die Maßen erfolgreich ist und dann wieder schauerliche Vorstellungen abliefert, die

Reicht laut Skocek fast an Fraydl heran: Sepp Stering.

nichts anders darstellen als sein (noch?) waltendes Missverhältnis zwischen Idee und Körper. Das ist nichts, was sich nicht mit einigen hundert Millionen Schilling beheben ließe, man schaue sich nur den Nachbarn Sturm Graz und Hannes Kartnig an. Der hat immerhin eine schöne Zeit als Meister und Champions League Teilnehmer gehabt, wenn auch seine Aktionen, Einkäufe und Ansagen seither eher davon zeugen, dass er nicht wusste und noch immer nicht weiß, wie er eigentlich dazu gekommen ist. Nur einer reicht fast an Fraydl heran: Sepp Stering. Sterings von einem groben Gegenspieler nach hinten durchgebogenes Knie hat mir für immer den Glauben an die Naivität des Fußballs geraubt. Stering setzte sich bei 1860 durch, er verkörperte den in Österreich leider seltenen Idealtyp eines guten Fußballers in einem leistungsfähigen Körper. Matthias Sindelar und seine moderne Entsprechung Herbert Prohaska haben ja aus der Fähigkeit, jeden Körperkontakt zu vermeiden, eine Karriere gemacht. Stering war ein Hackler und doch angenehm anzuschauen, was man nicht von vielen Fußballern behaupten kann. In den letzten Jahren hat sich der GAK mit stilprägenden Fußballern zurückgehalten, Alexander Manninger ist zwar der beste Verkauf des Klubs, ein Fraydl wird er nicht. Das liegt an ihm, das liegt wohl auch an mir und der mit den Lebensjahren schwindenden Fähigkeit, an die Zauberkraft des Fremden zu glauben. Der GAK unterscheidet sich wohltuend von anderen Vereinen indem er sich weigert, billige Aufmerksamkeit außerhalb des Fußballplatzes zu erheischen wie Sturm Graz mit dem präsidialen Einzelkämpfer, Rapid mit seiner Bankverbindung oder die Austria mit ihrer Lizenz zum Gelddrucken. Der GAK konzentriert sich auf die Herstellung von Fußballspielern, Manninger ist ein Tormann. Aus. Ein Fußballer wie viele Fußballer und nicht mehr. Manninger ist die moderne Interpretation Fraydls, und wen das eigenartig oder fremd berührt, dem sage ich: eben, der GAK ist der GAK geblieben, auch wenn ich nicht sagen kann, was das heißt, weil ich nicht weiß wer er ist, und das auch gar nicht wissen will. Denn so ist der GAK mir lieb, und mehr verlang ich auch nicht.

Und der Fraydl bleibt mir sowieso.

Johann Skocek

Gastkommentar | **Gestern**

Mein Bruder –
Erinnerungen

Mein Bruder Fredi war sehr klein. Ich war größer, fast um sieben Jahre. Gewohnt haben wir Ende der fünfziger Jahre in der Panoramagasse 26 in Graz, oberhalb des Hilmteichs unterhalb des Cafe Rosenhain. Es war Sonntag und am Spielplan der Fußball-A-Liga stand nicht mehr und nicht weniger als – Sturm gegen GAK.

Mit der Straßenbahnlinie 1 sind wir zum Jacominiplatz gefahren und dann mit einem „Vierer" zum Jacominigürtel - zum Sturm-Platz (ob es damals schon Gruabn hieß, weiß ich leider nicht). Wir sind ausgestiegen und ein älterer Herr, für mich zirka Neunjährigen war er älter, er wird so um die Zwanzig gewesen sein oder gar 21 oder 22, schaute meinen Bruder an: „Mit wem hältst Du eigentlich"? Keine Ahnung, ob ihm irgendjemand in den Tagen vorher diese Worte vorgesagt hat, jedenfalls war es so: „Für den GAK!" Der ältere, junge Herr strahlte, griff in die Hosentasche, holte ein Geldtascherl heraus und gab meinem Bruder einen Doppel-Schilling. Damals gab es noch diese 2-Schilling-Münze (bekanntlich haben wir heute die 2-Euro-Münze, alles kommt irgendwie wieder). P. S.: Der GAK gewann 6:1, drei Tore erzielte Willy Sgerm.

Schöne Erinnerungen an den guten, alten GAK-Platz hat nicht nur Kleine-Sportchef August Kuhn, sondern auch Kurt Nessl.

Gestern
Gastkommentar

Foto: SYMBOL

Der Linksaußen.

In diesem Haus in der Panoramagasse wohnte Ende der fünfziger und Anfang der sechziger Jahre ein Herr Sannhofer. Mein Vater (ein Sturm-Fan, weil er der Meinung war, dass ein Arbeiter nie ein GAK-Anhänger sein kann und mein Vater war Schneider) sprach ihn nur mit „Herr Direktor" an, niemand wusste, ob er tatsächlich ein Direktor war, denn damals schon war er Pensionist. Dieser Herr Sannhofer war ein Kassier beim GAK. Ob er *der* Kassier war, weiß ich nicht, jedenfalls saß er beim Mureingang in einer Kasse und verkaufte dort Eintrittskarten. Herr Sannhofer nahm mich also schon als Knirps mit hinunter in die Körösistraße, auf den GAK-Platz. Weil ein Kassier schon Stunden vor Matchbeginn am Platz sein musste, hatte ich genug Zeit, alles zu beobachten. Vor allem, wann die Spieler gekommen sind, mit wem sie gekommen sind. Damals hatte der GAK einen Linksaußen, der hieß Herbert Ninaus. Ein unglaublich schneller Spieler mit einem scharfen Schuss und dem ungeheuren Vorteil, dass neben ihm das damalige Genie Willy Huberts spielte. Heute denke ich, es war eigentlich immer so (und ist auch in den Zeitungen nachzulesen): Huberts auf Ninaus – Tor.

Vor einem Heimspiel gegen Wiener Neustadt ist Ninaus mit seiner Freundin gekommen und ich stand ganz nahe, als er sich von ihr verabschiedete und in die Kabine ging. Er hat auf sie eingeredet – mehr weiß ich nicht. Der GAK hat so zehn Minuten vor Schluss schon ganz klar geführt, da ist Herbert Ninaus zum Ausgang und gleich Richtung Kabine gelaufen. Laut hat er hinauf zu den Zuschauern, die ihm applaudierten, gerufen: „Entschuldigung, aber ich hab Kinokarten, es fangt schon an."

Noch ein Linksaußen

Der letzte Spieltag der Saison 1964/65. Als Fußballfan habe ich schon damals nie in Jahren gerechnet, immer nur in Saisonen, also vom Beginn der Meisterschaft, das war noch Ende August oder gar erst im September, bis Ende Juni. Es war also Ende Juni 1965, da kam es in der Staatsliga A zu einem unglaublichen Abstiegsthriller. Einer der drei steirischen Klubs – Sturm, Kapfenberg, GAK – war dazu verdammt, in die Regionalliga Mitte abzusteigen. Sturm spielte in Wien gegen den damals noch existierenden WAC, die Kapfenberger zu Hause gegen den Wiener Sportclub und der GAK in der Körösistraße gegen Rapid. Das war die schwerste Aufgabe, denn Rapid hätte ein Remis zum Titelgewinn gebraucht, ein Remis aber hätte dem GAK nicht zum Verbleib in der A-Liga genügt. Ich stand schon in den Jahren davor immer auf diesem Hügel hinter dem Nordtor, auf der Mühlgangseite, links von der Matchuhr. Dort war es besonders unbequem, denn es war nur so ein aufgeworfener Lehmberg, man stand nie richtig gut, an diesem Nachmittag aber konnte ohnehin niemand umfallen oder auch nur wegrutschen. So voll war der GAK-Platz.

Irgendwie kannte man die Burschen und Männer rundherum, weil auch sie immer ihren Stammplatz auf diesem Hügel hatten. Einer kam mit einem Radio, ob wir von ihm die Zwischenstände vom WAC-Platz und aus Kapfenberg erfahren haben, weiß ich nicht mehr. Jedenfalls verbreitete sich jedes geschossene Tor auf den anderen beiden Plätzen hier bei uns wie ein einziges Lauffeuer. Irgendwann stand es 3:0 für Sturm in Wien gegen den WAC. In Kapfenberg führte Kapfenberg gegen den großen Wiener Sportclub mit Erich Hof 1:0 (am Ende hieß es 2:0). In Graz passiert es dann genau bei „unserem" Tor im

Gastkommentar — Gestern

August Kuhn (Bild rechts) ist Sportchef der Kleinen Zeitung.

Norden: Hans Klug, ein kleiner, flinker Linksaußen, war durch, ein Haken an Walter Glechner vorbei und der Ball zappelte im Netz – 1:0. Der GAK blieb in der Staatsliga A, Kapfenberg ebenso, Sturm musste absteigen. Ich weiß noch, dass mir lieber gewesen wäre, wenn Kapfenberg abgestiegen wäre, weil ich in Graz jeden Sonntag A-Liga sehen wollte. Aber ich bin in der darauf folgenden Saison auch brav zu den Regionalliga-Spielen von Sturm gegangen.

Der Trainerwechsel

Anfang der siebziger Jahre begann ich nebenbei als Sportjournalist zu schreiben. Noch ohne fixe Anstellung, es gab das sogenannte Zeilengeld. Bei der Neuen Zeit bekam ich von Othmar Behr die Chance, über kleine Spiele zu berichten. Genau genommen über sehr kleine Spiele. Es gab keine kleineren Spiele mehr. Das war die 2. Klasse. Bald durfte ich schon über Spiele der 1. Klasse und der Unterliga berichten. Das ist zu viel gesagt, ich war nämlich nur für das Ergebnis und die Torschützen zuständig. Brav bin ich zwischen Austria Graz-Platz, Waagner-Biro-Platz, Union-Platz usw. meistens Samstag vormittag gependelt. Nach einer Umgestaltung der Sportseiten gab es eines Sonntags die Möglichkeit, außer dem Spielergebnis und den Torschützen noch einen Satz dazuzuschreiben. Herr Behr hat mir solche Beispiele gegeben: Ein verdienter Sieg für die Grazer Austria. Oder: Die Austria war die bessere Mannschaft. Zwei Wochenenden habe ich das durchgehalten. Am dritten Sonntag wurden die Sätze länger. Etwa: „Die Grazer Austria, endlich wieder mit Peter Gürtler im Tor, holte einen ungemein wichtigen Sieg im Titelkampf." Ich weiß noch, dass diese Art sehr gut angekommen ist in der Redaktion. Das hat mir Mut gemacht. Eine Woche später war dann der erste „Schachtelsatz" geboren. Wieder ein, zwei Wochen später habe ich in der runden Klammer ungemein wichtige Randbemerkungen untergebracht, eine Woche darauf kam dann nach der runden Klammer die nächste ungemein wichtige Randbemerkung in der eckigen Klammer. Dann aber kam nichts mehr, die Neue Zeit hat diese Art der Berichterstattung über die kleinen Spiele wieder auf Ergebnis und Torschützen reduziert.

Wenig später landete ich dann als junger Redakteur bei der Kleinen Zeitung. Mitten in der Saison 1974/75 wird die Zehnerliga beschlossen und der GAK zieht in der 5-Jahres-Wertung mit 147:149 Punkten gegen Sturm den Kürzeren. Der GAK stiegt in die zweite Liga ab und holt den deutschen Hans Hipp als Trainer. Herr Hipp war schon etwas älter, sehr routiniert und sehr leutselig. Er war in kürzester Zeit der große Liebling der berühmten GAK-Wirte Luise und Franz Scholz (nicht ganz so beliebt allerdings wie später Tschik Cajkowski, der von Luise Scholz immer mit Grammeln versorgt wurde, auch noch lange nach Mitternacht, wenn Tschik von einem Auswärtsspiel nach Graz kam). Hipp führte mit dem GAK die Tabelle an, der Vorsprung wurde aber immer kleiner. Präsident Horst Melcher hielt zehn Runden vor Meisterschaftsschluss in der Gösser Bräu, die damals von GAK-Fan Erika Wagner geführt wurde, eine außerordentliche Vorstandssitzung ab. Ich bekam am Tag vorher die vertrauliche Information, dass sich Melcher von Hans Hipp trennen und Hermann Stessl als neuen Coach vorstellen würde. Es war an einem Freitag und die Kleine Zeitung erschien damals mit der dicken Ausgabe bereits zwischen 17 und 18 Uhr. Um 18.30 Uhr wurde die Vorstandssitzung, zu der der ahnungslose Hipp geholt wurde, angesetzt. In meiner Redaktion fiel die Entscheidung, den Trainerwechsel auf Seite 1 als sogenannten „Aufmacher" zu bringen. Ich saß mit einem Fotografen auf einem hinteren Tisch der „Gösser", neben uns Hermann Stessl, der, so war es mit Melcher abgemacht, in die Sitzung geholt werden sollte, wenn man Hipp von der Entlassung informiert hatte. Um 18.45 Uhr ging die Tür der Gösser auf und hereinspaziert kam ein übers ganze Gesicht lächelnder Kleine Zeitung-Verkäufer. Er hielt die Zeitung in die Höhe: „Stessl statt Hipp neuer GAK-Trainer". Ich wollte den Zeitungsverkäufer noch aufhalten, aber er war schon im Extrazimmer, wo der GAK tagte.

Es folgten unglaublich spannende Minuten. Würde Melcher einen Rückzieher machen? Wie reagiert Hipp? Es war so, dass Hipp, der in den Wochen vorher schon laut überlegt hatte, als Trainer nach Saisonende aufzuhören, zwar enttäuscht, aber doch gefasst war. Es dauerte trotzdem eine gute halbe Stunde, bis Vorstandsmitglied Heribert Kasper aus dem Zimmer kam und Stessl holte. „Komm rein, du bist neuer GAK-Trainer". Mit Stessl schaffte der GAK den sofortigen Wiederaufstieg.

Gratulation

Als schon in die Jahre gekommener Grazer Sportjournalist könnte ich noch viele Anekdoten hier erzählen. Ich verschone Sie alle. Ich möchte aber nicht verabsäumen, dem GAK, dem hundertjährigen GAK, also den Herren, die 1902 diesen Klub gründeten, bis zu den Herren, die 2002 mit allem Engagement und Risiko die GAK-Fahnen hoch halten, zu diesem außergewöhnlichen Geburtstag zu gratulieren.

Weil es Mode wurde in der letzten Jahren, dass sich die Menschen outen, darf ich das auch: „Ich bin der glühendste Real Madrid-Fan. Ich habe alles verschlungen, was es zu lesen gab über Real Madrid und ich habe für einen Österreicher viele Spiele von Real Madrid live erlebt und praktisch jedes, das im TV zu sehen war. Deshalb finde ich es einfach herrlich, dass es am 28. Juli zu diesem Spiel der 100-jährigen Klubs kommt: GAK gegen Real Madrid."

August Kuhn

Gestern

Der GAK im Europacup

Zehnmal hat der GAK im Laufe seiner Geschichte die Qualifikation für den Europacup geschafft. In den sechziger Jahren kamen die Athletiker quasi als „Lucky Looser" des österreichischen Cupfinales zu internationalen Europacup-Ehren im „Cup der Cupsieger".

GAK im Europacup
Anfangs pfui

1962 war die Europacup-Premiere des GAK: Als Verlierer des Cupfinales gegen Austria Wien – die Violetten wurden im selben Jahr auch österreichischer Meister und traten dadurch im „Meister-Cup" des Europapokals an – wartete in der ersten Runde Odense aus Dänemark als erster Gegner.

Am 30.10.1962 pilgerten 6.500 Fans ins Stadion, um den GAK erstmals im Europacup zu sehen. Das Spiel brachte zumindest einen Teilerfolg, es endete 1:1, da Hannes Jank eine Minute vor Schluss den Heimpunkt rettete und sich gleichzeitig als erster Europacup-Torschütze des GAK verewigte. Nach dem Rückspiel in Odense war die Premiere auch schon wieder vorbei, die Dänen siegten 5:3 und stiegen auf.

1968 gab es für den GAK ein Déjà-vu der Ereignisse: Dem GAK reichte wieder der Verlust des österreichischen Cupfinales, diesmal gegen Rapid Wien zur Qualifikation, doch abermals war in Runde eins im „Cup der Cupsieger" Endstation. Diesmal setzte es gleich zwei Niederlagen gegen ADO Den Haag – nach dem 1:4 in den Niederlanden folgte ein 0:2 in Graz.

Fünf Jahre danach, 1973, gab es als Belohnung für den dritten Platz in der heimischen Liga die Teilnahme im „UEFA-Cup". Panahaiki Patras aus Griechenland war aber wiederum zu stark für einen erfolgreichen Auftritt der Grazer. Dem 2:1 aus Athen folgte am 3.10.1973 in Graz ein 0:1. Dieses Datum ist aber ein historisches, denn seitdem ist der GAK auf heimischem Boden im Europacup unbesiegt – in immerhin 15 Spielen in den letzten 29 Jahren.

Nach dem bis dahin größten Erfolg der Vereinsgeschichte, dem Cupsieg 1981, folgte im darauffolgenden Herbst der Auftritt im „Cup der Cupsieger", bei dem der sowjetrussische Gegner Dynamo Tiflis ein übermächtiger Widerpart war. Vor 70.000 Zuschauern in Tiflis gingen die Cuphelden um Erwin Hohenwarter nach einem ehrenvollen 0:2 vom Platz. In Graz sorgte der kurz zuvor eingewechselte Wolfi Schwicker mit seinem Tor zum 2:2-Endstand immerhin für den Start der GAK-Europacup-Heimserie ohne Niederlage.

1983 gab es dann den bislang letzten Kurzauftritt des GAK im Europacup. Der dritte Rang vom Sommer unter Gustl Starek reichte für die „UEFA-Cup"-Qualifikation, der rumänische Klub Corvinul Hunedoara hatte nach einem 1:1 in Graz und dem klaren 3:0 zu Hause das bessere Ende für sich.

Die Europacup-Bilanz der ersten fünf Auftritte des GAK war alles andere als ruhmvoll: Kein

Beinahe wäre der GAK im Jahr 2001 den Fischern von den Färöer-Inseln ins Netz gegangen.

Der GAK im Europacup

Gestern

später hui

Europacupluft durften die GAK-Fans in den letzten fünf Jahren schnuppern.

Sieg stand zu Buche, kein Aufstieg in Runde zwei wurde geschafft. Es gab in zehn Spielen lediglich drei Unentschieden und sieben Niederlagen. So konnte es nicht weitergehen, bei den nächsten Auftritten mussten der erste Sieg und der erste Aufstieg her...

Die Athletiker mussten aber 13 Jahre lang warten, bis sie wieder europacupreif waren. Überreif sozusagen.

Nach einem dritten Rang 1996 war abermals die Qualifikation für den „UEFA-Cup" geschafft. Die Hoffnung, erstmals erfolgreich zu sein, war nach dem vermeintlichen „Horrorlos" FK Vojvodina aus Jugoslawien, klein. Doch am 6.8.1996 war es endlich soweit, der GAK siegte zu Hause durch Tore von Vukovic und Muzek 2:0 und setzte 14 Tage danach auswärts mit einem sensationellen 5:1-Erfolg eines drauf, um den erstmaligen Aufstieg zu fixieren.

Doch dabei blieb es nicht: Ekeren musste in Runde zwei nach einem 3:1 in Belgien und dem 0:2 in Kapfenberg (zwei Sabitzer-Tore) die Segel streichen.

In der dritten Runde folgte der Megaseller. Das Traumlos. Die italienische Millionentruppe Inter Mailand wurde gezogen. Die Ausgangslage war klar, der GAK konnte nur gewinnen. Das erste Spiel wurde in Mailand ausgetragen, Hunderte GAK-Fans folgten dem Team nach Italien. Das war auch die große Stunde des Ersatzgoalies Alexander Manninger, der nach einer Magenverstimmung des Standardtorhüters Franz Almer seine Chance gegen die Stars aus Mailand nützte und bravourös seinen Kasten reinhielt. Einzig ein Kopfball von Angloma fand sein Ziel und rettete die Mailänder mit dem 1:0 vor einer Blamage – und schuf den Grazern eine ausgezeichnete Ausgangssituation. Das Rückspiel am 29.10.1996 in Kapfenberg wird wohl kein GAK-Fan vergessen, das Team unter Coach Gustl Starek lieferte den 11.000 Fans wohl eines der besten Spiele der hundertjährigen Geschichte. Herfried Sabitzer glich den Vorsprung der Mailänder aus der Hinrunde in der 35. Minute aus. Die Führung war gleichzeitig Anpfiff für einen beispiellosen Sturmlauf der Grazer. Der blendend disponierte italienische Goalie Pagliuca und die 90. Spielminute verhinderten aber die Sensation.

Diese letzte Spielminute noch einmal im Zeitraffer – zum Nachleiden sozusagen:

Didi Ramusch startet einen Sololauf und schießt, doch Pagliuca kann abwehren. Der Ball fällt Erwin Dampfhofer vor die Füße, der GAK-Stürmer schießt auch sofort, aber Inter-Star Sforza wehrt mit einer Grätsche auf der Linie ab...

Was folgte, ist bekannt: Im Nachspiel fiel kein Treffer, das Elfmeterschießen musste entscheiden. Alle Italiener trafen, beim GAK verwerteten auch alle bis auf Dampfhofer, die Italiener gewannen und waren eine Runde weiter.

1998 reicht wieder ein dritter Platz zur Qualifikation für den „UEFA-Cup". Der GAK bezwang Vaasa aus Finnland (0:0, 3:0) und Lovech aus Bulgarien (1:1, 2:0) um in der dritten Runde wieder eine denkwürdige Partie zu spielen. Der AS Monaco aus dem frischgebackenen Weltmeisterland Frankreich kommt am 3.11.1998 nach Graz. Im Monaco-Tor Weltmeister-Goalie Barthez, im Stadion erstmals vor ausverkauftem Haus 15.400 GAK-Fans. Die Partie war ein Wechselbad der Gefühle, Monaco führte früh 1:0, GAK-Europacup Rekord-Torschütze Benny Akwuegbu (10 Tore insgesamt) stellt mit zwei Prachttoren (einmal schupft er den Ball durch Barthez' Beine) auf 2:1, ehe die Franzosen abermals auf 3:2 stellten. Kurz vor Schluss rettete Toni Ehmann den Heimrekord und startete mit seinem 3:3 eine beispiellose GAK-Fankarawane in Bewegung. 1.000 GAK-Fans begleiteten die Mannschaft per Bus und Flugzeug nach Monaco. Die Fans wurden aber enttäuscht, das stark ersatzgeschwächte Team ging mit 0:4 unter.

Schon 1999 wurde abermals der „UEFA-Cup" erreicht. Klaksvik (Färöer, 5:0, 4:0) und Trnava (Slowakei, 3:0, 1:2) waren keine Stolpersteine für den GAK. Erst Panathinaikos Athen verwehrte dem GAK den Aufstieg

Gestern
Der GAK im Europacup

Der Held gegen Inter Mailand: Alexander Manninger stand nach diesen beiden unvergesslichen Spielen im internationalen Schaufenster.

in die 4. Runde. Nach einem 2:1-Heimsieg durch Tore von Lipa und Pamic, verspielte der GAK 14 Tage danach erst in der Nachspielzeit. Nach Hartmann-Foul gab es Elfmeter, den die Griechen zum alles entscheidenden 1:0 nützten.

2000 war der Lohn für den zweiten Cupsieg der GAK-Geschichte wieder der „UEFA-Cup". Die Grazer hatten mit den Slowaken Kosice wenig Mühe (3:2, 0:0), schieden aber nach einer katastrophalen ersten Halbzeit (0:4) gegen Espanyol in Barcelona trotz eines 1:0-Heimsieges nach sehenswertem Tor von Toni Ehmann ganz klar aus.

Feine Herren: Die GAK-Spieler bei einem Spaziergang durch Kosice, wo im Jahr 2000 gespielt wurde.

2001 folgte die vierte „UEFA-Cup"-Qualifikation hintereinander. Der GAK durfte zum zweiten Mal nach 1999 auf die Färöer Inseln. Diesmal war Torshavn der Gegner, die Inselkicker wurden von der Gregoritsch-Truppe krass unterschätzt und gingen 2:0 in Führung. Erst Benny Akwuegbu mit einem Doppelpack bewahrte die Grazer vor einer Blamage. Zu Hause ließ man nichts mehr anbrennen, Torshavn war mit einem 0:4 chancenlos. In der folgenden Runde wurde man von Utrecht in den Niederlanden mit 3:0 vorgeführt. Das Rückspiel am 27.9.2001 war aber dennoch sehenswert. Die Grazer unter Interimstrainer Christian Keglevits starteten fulminant und gingen bis zur Pause durch Tore von Bazina, Brunmayr und Akwuegbu 3:0 in Führung. Als alles an den unverhofften Aufstieg dachte, legten die Holländer nach Wiederbeginn mit kräftiger Schiedsrichter-Hilfe einen Gang zu, um noch auf 3:3 auszugleichen und aufzusteigen.

Michael Pucher

Inter Mailand – Das große Spiel   **Gestern**

Geisterstadt und Krimi

Unvergessen: Der GAK forderte 1996 in der zweiten UEFA-Cup-Runde Inter Mailand und scheiterte nach dem vielleicht besten Spiel eines österreichischen Klubs in diesem Bewerb erst im Elfmeterschießen.

„Hätte mir vor einem Jahr wer gesagt, dass wir in naher Zukunft im Europacup gegen Inter Mailand spielen, wäre mir wohl ein lautes Lachen ausgekommen!" So kommentierte der damalige Präsident Harald Fischl die Auslosung zur zweiten UEFA-Cup-Runde 1996. Kein Wunder, denn ein Jahr zuvor war der GAK gerade nach einigen Saisonen aus der 2. Division in Österreichs höchste Spielklasse zurückgekehrt und hatte auf Anhieb einen UEFA-Cup-Platz geschafft. Inter – was war das für ein Gegner im Vergleich zu Novi Sad, den der GAK in der Vorrunde hatte. Und trotzdem gab den damals noch braven Athletikern, aus denen erst 1997 „Teufel" wurden, gegen die Jugoslawen kaum wer Chancen. Doch der GAK strafte alle Pessimisten Lügen, gewann „zu Hause" in Kapfenberg 2:0 und auswärts gar 5:1. In der ersten Hauptrunde musste die damals von Ljubo Petrovic betreute Elf ins belgische Ekeren – und kam aus Belgien mit einem 1:3 und ohne Trainer heim. Petrovic hatte Boban Dmitrovic „gestreichelt", Nachfolger Schaller ging als kurzfristigster GAK-Coach in die Geschichte ein. Neuer Mann auf der sportlichen Kommandobrücke wurde Gustl Starek und der fand im Rückspiel das Rezept zum Aufstieg – zwei Sabitzer-Tore waren das Ticket in Runde zwei.

Die GAK-Spieler hofften 1996 gegen Inter vergebens – die Italiener schafften erst nach dem Elfmeterschießen den Aufstieg.

Provinz gegen Weltfußball
Bei der Auslosung für Runde drei traf Fischl fast der Schlag: Inter Mailand! Die Klubverantwortlichen trafen sich anschließend, um erste Details auszutauschen – und Fischl wäre fast vor Scham unter den Tisch gekrochen. Die Italiener übergaben ihm eine Menge Infos – gedruckt in Buchform und von einer Qualität, wie sie Fischl zuvor

Gestern

Inter Mailand – Das große Spiel

Didi Ramusch und Herfried Sabitzer spielten gegen Inter groß auf.

Erwin Dampfhofer war der Pechvogel gegen Inter Mailand. Zuerst vergab er eine Riesenchance, dann verschoss er auch einen Elfmeter.

Herfried Sabitzer erzielte den Siegestreffer gegen die Startruppe.

noch nie gesehen hat. Aber auch er war vorbereitet: Alle Infos über den GAK, frisch kopiert und verpackt in einer Klarsichtfolie…

Der Nobody aus dem kleinen Österreich gegen den Weltklub – am 15. Mai 1996 war es endlich soweit! Das erste Spiel fand im berühmten Meazza-Stadion statt und die GAK-Fans kamen schon in aller Früh ins Schwitzen. „Streik des Bodenpersonals, in Italien können keine Flieger landen", war aus den Radios zu vernehmen. Fischl telefonierte stundenlang und schaffte, was niemand für möglich gehalten hatte: Zwei Flieger durften in Mailand landen – jene Charterflüge, die die GAK-Fans nach Norditalien bringen sollten. Während des Fluges folgte der nächste Schock via Handy: Franz Almer ist krank! Aber das sollte später bekanntlich keine Rolle spielen, ein gewisser Alexander Manninger vertrat die Nummer eins so gut, dass er sich selbst zum Stammgoalie krönte. Bei der Landung in Mailand glich der riesige Flughafen einer Geisterstadt, es regnete in Strömen. Der Stimmung tat dies keinen Abbruch, alle wollten nur noch ins Stadion, um die Begegnung des Davids mit dem Goliath zu sehen. Als es endlich soweit war, wehrte sich der GAK mit Haut und Haar, sodass Herfried Sabitzer nach der 0:1-Niederlage sagen sollte: „Mich hat nur Angloma überzeugt, ich habe viel mehr Druck erwartet. Wenn die Fans beim Rückspiel in Kapfenberg hinter uns stehen, haben wir eine reelle Chance." Trotz der Niederlage – oder vielleicht deshalb, weil es nur ein 0:1 war – feierten die mitgereisten Anhänger: Mailand war ein Erlebnis! Auch das Bodenpersonal hatte seinen Streik in der Zwischenzeit beendet und auf dem Flughafen herrschte emsiges Treiben. Wie 14 Tage später in Kapfenberg.

Das Rückspiel

11.000 Zuschauer – einige sogar auf einer Zusatztribüne – warteten an diesem 29. Oktober auf die große Sensation. Beim Anpfiff konnte noch keiner im randvollen Kapfenberger Oval ahnen, was sich in den nächsten zweieinhalb Stunden abspielen sollte. Nicht die Millionenstars aus Italien, der GAK machte das Spiel. Auf eine Art und Weise, wie man es kaum zuvor von einer österreichischen Mannschaft gesehen hatte. Die „Reds" stürmten, Inter verteidigte mit allen Mitteln. Als Sabitzer per Elfmeter zum 1:0 traf, brodelte es im Kapfenberger Alpenstadion. Der GAK wurde nach vorne gepeitscht, spielte einige Chancen heraus, der ORF-Kommentator überschlug sich mit Komplimenten. In der allerletzten Minute setzten die 11.000 im Stadion schon zum Torschrei an, aber es sollte nicht sein. Didi Ramusch startet einen Sololauf und schießt, doch Pagliuca kann abwehren. Der Ball fällt Erwin Dampfhofer vor die Füße, der GAK-Stürmer schießt auch sofort, aber Inter-Star Sforza wehrt mit einer Grätsche auf der Linie ab…

Erwin Dampfhofer sollte auch nach torloser Verlängerung zur tragischen Figur dieses Spiels werden. Im Elferkrimi glich zuerst Anicic zum 1:1 aus, aber „Dampfi" verschießt als zweiter GAK-Schütze. Alle Inter-Akteure treffen und der GAK muss sich den großen Italienern geschlagen geben. „Das war der schönste Tag in meinem Leben", meinte Präsident Harald Fischl nach dem Spiel, das zugleich zum Comeback der GAK-Vereinszeitung wurde. „Let´s go GAK" war damals der Name, die Teufelspost wurde erst 1997 daraus. Dabei hätte kein anderes Wort als „teuflisch" das Duell mit Inter besser getroffen.

Christian Thomaser

Gastkommentar   **Gestern**

Offensive auf Tisch 1

Wirklich entschieden werden GAK-Spiele immer erst am Stammtisch.

„A ha, moch ma wieda amol die Mannschaftsaufstellung." Der Mann lugte vor einem wichtigen Spiel spätabends bei der Lokaltür herein, sprach's, kicherte – und verschwand wieder. Dieser Vorfall liegt schon einige Jahre zurück, aber er ist signifikant für den hier thematisierten Sachverhalt. Schauplatz: das Restaurant „Posthorn" in der Grazer Brockmanngasse, seit mehr als zwei Jahrzehnten die absolute GAK-Hochburg. Der dortige Fußballstammtisch hat jenen Status, den Parteizentralen in der Politik sonst haben. Nicht alles, was gesagt wird, hat Gewicht oder Konsequenz, aber gesagt werden muss es ganz einfach.

Übrigens: Die eingangs erwähnte Feststellung stammt vom einstigen GAK-Trainer Gustl Starek, der sich, wie fast alle seine Vorgänger und Nachfolger, vom GAK-Stammtisch selbst fernhielt, wissend, dass er mit seinen geringen Fachkenntnissen in diesem Expertenkreis gnadenlos im Abseits sitzen würde. Gewiß, es gibt Ausnahmen. So tauchte ein schon längere Zeit jobloser Trainer – rein zufällig natürlich – gerne dann im Lokal auf, wenn es dem von ihm schon einmal betreuten Klub besonders schlecht ging. Das nährte die Gerüchte und förderte die Stoßseufzer in der Runde: „Ja, ja, wenn man di noch hätten."

Ein anderer Ex-GAK-Coach, ein großer Futterverwerter, sprintete häufig wie ein gedopter Mittelstürmer pfeilschnell und kerzengerade in die Küche und orderte dort bei der Chefin, die von den Kickern liebevoll „Mutter" genannt wird, sein Spezialmenü: eine Schüssel Grammeln, dazu Grammeln und hernach: Grammeln. Nach Verzehr der sommerlich leichten Speise war der Mann (sein Name ist Betriebsgeheimnis) bereit, sich von der versammelten GAK-Gemeinde über die Mannschaftsaufstellung für das nächste Spiel und die erforderliche Taktik informieren zu lassen. Ging die Sache in die Hose, war, ein logisches Stammtischgesetz, natürlich der Trainer schuld. Der tröstete sich mit Grammeln und holte

„Posthorn"-Seniorchef Franz Scholz im Gespräch mit Präsident Rudi Roth.

Gestern

Gastkommentar

taktische Anweisungen ein. Daraus geht eindeutig hervor: Nur Leute, die mit den Fußballpraktiken wenig vertraut sind, können der absolut irrigen Meinung anheimfallen, dass Fußballspiele auf dem Rasen entschieden werden.

Das wirkliche Match findet am Stammtisch statt, und es dauert praktisch vom Schlußpfiff der einen Partie bis zum Beginn des nächsten Spieles. Eine Konditionsschlacht sondergleichen. Der Stammtisch entspricht einem Strafraum. Hier gibt es sprachliche Elfmeterstöße und schonungslose Zungengrätschen, hier addieren die Ausputzer und Einfädler Seite an Seite, hier wird mit den Kiefern gedribbelt, bis sich die Prothesen biegen, hier weiß man, weshalb der Eckball nicht rund ist und weshalb der Linienrichter eine Fahne hat, aber trotzdem nicht betrunken ist!

Im Regelfall sieht die Aufstellung des GAK-Stammtisches so aus: Acht bis zehn offensiven Anhängern der Rotjacken sitzt meist ein bulliger Sturm-Verteidiger gegenüber. Haben die Schwarz-Weißen verloren, ist er für das Nachspiel als Jausengegner hoch willkommen und ab und zu gibt es für ihn sogar ein Freibier, bei einem Sturm-Sieg und einer gleichzeitigen GAK-Niederlage tut er gut daran, sich sehr defensiv und ganz schweigsam zu verhalten.

Aber diese Toleranz des Andersdenkenden und Irregeleiteten ist besonders bezeichnend für den GAK, der seit jeher als Nobelklub gilt. Unwiderlegbaren Gerüchten zufolge musste Nicht-Maturanten in früheren Zeiten der Zutritt zum Stadion mit Bedauern verwehrt werden.

Grund: Die Besucher auf den Rängen unterhielten sich ausschließlich in lateinischer Sprache. Deshalb waren auch proletenhafte Erregungen, die zu Ausrufen wie „Schiedsrichter, du Vollkoffer" führten, völlig undenkbar. Statt dessen raunte man sich dezent ein „errare humanum est" zu und widmete sich wieder meditativ der Beobachtung des Spielgeschehens. Und fiel, was nicht auszuschließen war, ein Tor, so quittierte der GAK-Freund dies mit jener inneren Freude und Zufriedenheit, die einen Opernfreund befällt, wenn ein Tenor das hohe C trifft.

Intensiver Test.

Zur wahrhaft noblen Gesinnung des GAK gehört es, sich trotz aller Adelhaftigkeit immer wieder unter das einfache Fußballervolk zu mischen. Deshalb kam der Entschluß, einige Zeit lang die erste Division zu verlassen, für Insider auch keinesfalls überraschend: Man wollte ganz einfach gemeinsam mit eher bäuerlichen Balltretern aus Klingenbach oder Kufstein die Qualität von Rasenziegeln in minderbemittelten Regionen überprüfen. Dieses intensive Testverfahren ist, wie man weiß, mittlerweile abgeschlossen. Außerdem hat der Stammtisch Anspruch darauf, endlich wieder über andere Gegner und Spieler zu diskutieren. Der GAK hat auch diese wichtige Aufgabe auf vorbildliche Weise erfüllt. Übrigens: Aus gewöhnlich gut informierten Kreisen haben wir bereits die Aufstellung für das erste Saisonmatch erfahren. Aber das ist ein Betriebsgeheimnis.

Werner Krause

Franz Blizenec zählt zu den Stammgästen im Posthorn. Nach dem Aufstieg 1995 kam er aber mit einer Glatze ins Restaurant der Familie Scholz.

Der GAK im ÖFB-Cup **Gestern**

GAK, der „Cupteufel"

Die größten Erfolge seiner Vereinsgeschichte feierte der GAK zweifelsohne im österreichischen Fußball-Cup. Fünfmal konnten sich die „Rotweißen" für das Endspiel des heimischen Cups qualifizieren, dreimal, 1981, 2000 und 2002, den umkämpften Pot nach Graz holen. Die ersten beiden Finali 1962 und 1968 kann man noch als Lehrspiele einstufen, deren Verlust gegen die damaligen Wiener Großklubs Austria und Rapid mit der Teilnahme am UEFA-Cup doch fürstlich belohnt wurde. Diese beiden Endspiele im Zeitraffer:

1962: der GAK war nach Siegen über Rapid Wien und den LASK völlig unerwartet ins Cupfinale aufgestiegen. Die Truppe unter Trainer Ferdinand Fritsch setzte sich in den letzten Jahren der Meisterschaft im soliden Mittelfeld fest, ohne sonderlich aufzufallen. Der Einzug ins Cupfinale war dann plötzlich ein unerwartetes Ergebnis mannschaftlicher Kompaktheit. Spieler wie Erich Frisch, Alfred Kölly, Gerry Erkinger, Anton Maier (in seiner letzten Saison für den GAK), Walter Koleznik und Hannes Jank bildeten das eingespielte Gerüst des Teams. Die Jungen Alois Schursch und Gunter Iberer wirbelten die gegnerischen Reihen ordentlich durch. Im Tor wechselten sich während der Saison 1961/62, der ersten nach dem Abgang von Gernot Fraydl, Erich Welk und Hans-Jürgen Prexl ab. Die beiden kamen am 23. Mai 1962 im Finale kurioserweise auch beide zum Einsatz, da sich Welk im Praterstadion nach einem Schuss des Austrianers Nemec eine Gehirnerschütterung zuzog und von

Foto: GAK-Archiv

Erwin Hohenwarter war der Kapitän der Cupsiegermannschaft 1981.

83

Gestern

Der GAK im ÖFB-Cup

Prexl abgelöst werden musste. Das erste Cup-Endspiel des GAK lief nicht nur deswegen völlig an den Grazern vorbei. Das Wiener Starensemble vor GAK-Legende Gernot Fraydl und rund um Ernst Ocwirk war einfach in allen Belangen besser. Dem jungen Alois Schursch war es vorbehalten, kurz nach der Pause auszugleichen und das Ehrentor für die Grazer zu schießen.

1968 galten vor dem Endspiel gegen Rapid Wien ähnliche Vorzeichen wie sechs Jahre zuvor. Die Grazer spielten wieder eine ähnlich bescheidene Rolle im Mittelfeld der österreichischen Liga und schlichen sich unter Coach Fritz Kominek fast heimlich über Bregenz ins Cupfinale vor. Erich Frisch stand, im „Herbst" seiner Laufbahn, ebenso zum zweiten Mal im Finale wie Verteidigerkollege Gerry Erkinger und Kapitän Walter Koleznik. Im GAK-Tor befand sich Gerfried Hodschar gerade in seiner besten Zeit. In der Verteidigung kurbelten noch der kleine Hansi Klug und Herbert Ninaus. Im rechten Mittelfeld verdiente sich der jetzige Sturm-Manager Heinz Schilcher gerade seine ersten Sporen neben Koleznik und Hermann Stessl. Vorne stürmte (!) der junge Erwin Hohenwarter neben dem ewigen Talent Charly Scharmann und dem Legionär Rado Slovic.

Das Finale wurde wieder in Wien gespielt. Und wieder scheiterten die Grazer an einem übermächtigen Gegner und der eigenen Courage. Denn im Gegensatz zur Austria war Rapid weniger siegeshungrig, weniger aggressiv ins Spiel gestartet. Einzig „Wembley-Toni" Fritsch ist es zu verdanken, dass die Rapidler mit 2:0 vom Platz gingen und sich als Cupsieger feiern lassen konnten.

„Sich als Cupsieger feiern zu lassen, das wäre doch was," dachten sich 13 Jahre später, 1981, die GAK-Spieler sicherlich nicht nur einmal gegen Ende der Saison 1980/1981. Einer Saison unter dem tschechischen Trainer Wenzel Halama, in der der GAK lange sogar um den Titel mitspielte, ehe dem Team dann doch die Kraft ausging.

Jene Kraft, die jedem Spieler auch im Laufe des Cupbewerbes vieles an Substanz kostete. Denn die Auslosung war denkbar schwer. Erstrunden-Gegner Donau Linz war zwar noch ein kleines Kaliber, das auch auswärts beim ungefährdeten 4:0-Sieg (je zwei Tore von Weiß und Burger) keine Probleme bereitete. In der zweiten Runde war Austria Wien Gast in Graz. Hohenwarter und Bajlitz sorgten mit dem 2:1-Sieg für die erste Überraschung des Cupbewerbes 1981. Als in der dritten Runde Rapid Wien gezogen wurde, war wenig später mit dem 1:0-Sieg nach Tor von Werner Maier auch die zweite späte Cuprevanche perfekt. Semifinal-Gegner Innsbruck, damals noch in der 2. Division, sollte nach den Siegen über die beiden Wiener Großklubs keine Schwierigkeiten machen. Doch nach einem schrecklichen Gemurkse und einem mehr als glücklichen 2:1-Heimsieg, Pigel und Bajlitz machten den Aufstieg perfekt, war anfangs der Ärger über das schlechte Spiel größer als die Freude über den dritten Finaleinzug des GAK.

Die Grazer bekamen erstmals den damaligen Cupmodus zu spüren. Damals entschieden zwei Spiele, das erste in Salzburg, das zweite in Graz, über den Cuptitel.

Erich Marko hatte großen Anteil am Pokalerfolg 1981.

Vier Cupsieger: Savo Ekmecic, Leo Weiss, Paul Bajlitz, Michi Krenn

Erzielte 1981 das Goldtor gegen Salzburg: Alfred Riedl (3. Spieler von links).

Der GAK im ÖFB-Cup — **Gestern**

So jubelte der GAK im Jahr 2000 im Wiener Ernst Happel-Stadion über den zweiten Cupsieg in der Vereinsgeschichte.

Halama hat sein Team dementsprechend defensiv für das Hinspiel eingestellt. Trotzdem gingen die Salzburger, unter Jungtrainer Gustl Starek, bereits in der 7. Minute durch Schildt 1:0 in Führung. Dass es glücklicherweise dabei blieb, war sicher der Defensivtaktik und dem glänzenden Goalie Savo Ekmecic zu verdanken.

14 Tage später, am 2. Juni 1981, war es dann soweit. Das Rückspiel in Graz stand an. Der größte Tag in der bis dahin 79-jährigen Geschichte des GAK konnte beginnen.

Er startete auch gleich verheißungsvoll. Alfred Riedl wird in der 3. Minute von Salzburgs Bacher im Strafraum hart genommen, Schiri Linemayr zeigt auf den Elferpunkt, von dem dann Seppi Stering trocken zum 1:0 exekutiert. Das 0:1 von Salzburg war also schnell ausgeglichen, die Dramatik an diesem Juniabend steckte aber noch in den Startlöchern...

Dem 1:0 musste nämlich noch ein 2:0 folgen, um den Titel nach Graz zu holen. Der GAK drängte auch auf den zweiten Treffer, doch als Linemayr GAK-Regisseur Joschi Moder nach einem Dutzendfaul ausschließt, scheint das Spiel zu kippen. Nach 90 Minuten heißt es aber weiter 1:0 für den GAK. Eine Verlängerung musste nun entscheiden. Als die Salzburger drängten und Stering einen Kopfball Schulzes auf der Linie rettet (102.), war der Cupsieg für den GAK bereits in weite Ferne gerückt. Dann kam die 106. Spielminute: Alfred Riedl, erst im Winter auf Leihbasis von Metz geholt, war es vorbehalten, für den GAK Schicksal zu spielen. Nach einer Flanke von Zuenelli bringt er im dritten(!) Versuch den Ball zur Glückseligkeit aller GAK-Fans endlich im Salzburg-Tor unter. Der GAK holt mit dem Cupsieg 1981 den ersten Fußballtitel in die Steiermark.

Das sind die Protagonisten des historischen Erfolges:

Wenzel Halama: seit 1979 erfolgreicher GAK-Trainer, dessen Abgang zur Zeit des Cupsieges in die deutsche Bundesliga schon perfekt war. Er kehrte 1988 sogar noch einmal für eine Saison als Trainer zu den Athletikern zurück, konnte aber nicht mehr an diesen Erfolg anknüpfen.

Torhüter-Legende Savo Ekmecic: Der Goalie krönte mit dem Cupsieg seine lange Karriere beim GAK (1978–1985). **Erwin Hohenwarter:** 13 Jahre, nachdem er als junger Stürmer bereits Finalluft geschnuppert hatte, gelang als Libero die Erfüllung eines Traums. **Erich Marko:** Der staubtrockene Außenverteidiger war am Höhepunkt seiner Laufbahn. **Mario Zuenelli:** Seine Flanke zum 2:0 Riedls war ein weiterer Beweis seines „goldenen" linken Füßchens. **Sepp Stering:** als Elfertorschütze zum 1:0 der Mann mit den „eisernen Nerven". **Ernst „Gigi" Gössl:** als „Arbeitsbiene" im Mittelfeld des GAK in jener Zeit nicht wegzudenken. **Ewald Ratschnig:** im Rückspiel „Erlöser" des völlig ausgepumpten Bajlitz. Im Hinspiel verlässlicher Kurbler. **Paul Bajlitz:** Ohne sein Tor gegen die Wiener Austria wäre der Finaleinzug erst gar nicht möglich gewesen. **Hans Pigel:** in den Finalspielen als Vollstrecker ohne das Quentchen Glück. **Harald Gamauf:** Der fesche Allrounder bewies seine Vielseitigkeit als defensiver Stürmer in Salzburg und als Vorstopper in Graz. **Leo Weiß:** nach einer verletzungsreichen Saison gegen seinen Ex-Klub Salzburg erfolgreich. **Mario Mohapp:** Gab in Salzburg als Notlösung in der Außenverteidigung eine Talentprobe ab. **Richard Burger:** als Ersatzstürmer im Hinspiel dabei. **Joschi Moder:** mit seiner Gipsmanschette und der roten Karte „tragische Figur" von Graz. **Alfred Riedl:** Den Cupsieg 1981 wird man ewig mit dem späteren Teamchef in Verbindung bringen.

Die GAK-Fans mussten ganze 19 Jahre auf den nächsten Erfolg warten: Im Milleniumsjahr 2000 war der Cupsieg die Krönung einer durchwachsenen Saison 1999/2000. Die Grazer waren unter Starcoach Klaus Augenthaler mit Titelambitionen gestartet. Nach einem katastrophalen Frühjahr unter Rainer Hörgl gelang unter

Gestern
Der GAK im ÖFB-Cup

Werner Gregoritsch am 17. Mai 2000 die Rettung eines ganzen Spieljahres: der Cupsieg.

Der Weg dorthin war zwar von der Papierform her nicht schwer, aber doch beschwerlich: Nach einem Freilos in der ersten Runde war Regionalligist Voitsberg im Frühjahr erster Gegner. Benny Akwuegbu rettete die Grazer in der 83. Minute in die Verlängerung, in der der Nigerianer seinen Hattrick zum 3:1 vollendete. Nach klarem Sieg in Kottingbrunn mit 5:1 (zwei Treffer von Lipa, je einer von Aloisi, Akwuegbu und Ramusch) machte Zweitdivisionär Wörgl im Schwarzenegger Stadion auch wenig Probleme (3:1, zwei Tore von Tutu, eines durch Akwuegbu). Viertelfinalgegner Braunau, ebenfalls aus der 2. Liga, war in Graz schon ein härterer Brocken. Erst ein Tor von Ross Aloisi zum 2:1 in der Nachspielzeit (Kulovits schoss den GAK in Führung) fixierte den Aufstieg. Im Halbfinale musste der GAK zum Favoritenschreck und Neo-Bundesligisten Pasching. Benny Akwuegbu schoss den GAK mit seinem „Goldtor" ins Finale.

Das Endspiel wurde mit einem Kuriosum am Rande erreicht: Der GAK musste keinen einzigen Erstdivisionär besiegen, um am 16. Mai 2000 in Wien gegen Salzburg im Finale zu stehen. Die Vorzeichen an diesem Maiabend standen für die Grazer aber denkbar ungünstig. Der GAK hatte erst kurz zuvor in einem Meisterschaftsspiel 1:5 gegen Salzburg verloren, schien zudem in schlechter Form zu sein...

Davon sah man vor 9.200 Zuschauern (3.000 GAK-Fans sorgten für Superstimmung) im Ernst-Happel-Stadion aber von Beginn an herzlichst wenig. Die Grazer fighteten, verbissen sich regelrecht in den Gegner. Nach einer Flanke von „Jungspund" Standfest fiel der Ball im Strafraum Salzburgs Aufhauser auf die Hand. Schiri Schüttengruber sorgte mit seinem Elferpfiff, ebenso wie der staubtrocken verwandelnde Pamic, für eine Parallele zum Cupfinale 1981. Damals hieß es nach zwei Minuten und einem Elfertor 1:0 für den GAK, diesmal zeigte die Stadionuhr drei gespielte Minuten an, um danach auf 1:0 umzuschalten.

Der GAK drückte weiter, Pamic spielte das beste Spiel – außerhalb eines Derbys – für den GAK. Nach Ramusch-Zuspiel überlupfte er Salzburg-Torhüter Safar in der 34. Minute zum verdienten und sehenswerten 2:0. Der GAK steuerte danach siegessicher der Pause entgegen, ehe Salzburg-Libero Szewcyk per 35-Meter-Granate noch der Anschlusstreffer gelang.

Nach dem Seitenwechsel wurde Salzburg immer stärker, der GAK schien sich aber ins „Ziel" zu retten, ehe Aufhauser in der 93. Minute das 2:2 erzielte.

In der Nachspielzeit gab es Chancen hüben (Tutu, Ehmann) und drüben (Almer „hexte" nach Laessig-Schuss), ehe Schüttengruber die Verlängerung ab- und das entscheidende Elfmeterschießen anpfiff.

GAK-Mittelfeld-Regisseur Enrico Kulovits trat als Erster an und schoss seinen Elfer Safar in die Hände. Tutu und Pamic konnten mit ihren Treffern Laessig und Meyssen nur hinterher „hecheln", bis Salzburgs Kitzbichler den Ball in die Ränge statt ins GAK-Tor beförderte. Als Lipa und Ehmann bzw. Sabitzer auf 4:3 stellten, lag es an Salzburg-Legionär Lipcsei. Seinen Schuss bändigte

19 Jahre nach dem ersten Cupsieg war der Pokal im Jahr 2000 wieder in Graz. Der Finalgegner war wie 1981 der SV Salzburg.

Franz Almer – der Klub und seine Fans waren im siebenten Fußballhimmel: Der GAK war österreichischer Cupsieger 2000.

Die Stars von damals: Werner Gregoritsch: 19 Jahre, nachdem er als Kaderspieler den ersten GAK-Cupsieg mitfeiern konnte, gab es diesmal unter seinem Trainerstab den zweiten Titel. Franz Almer: mit Glanzparaden und dem entschärften letzten Salzburg-Elfer Vater des Cupsiegs. Andi Lipa: als Libero mit eisernen Nerven im Elfmeterschießen. Toni Ehmann: mit rot gefärbtem Haar und unbändigem Willen, Synonym für die Steherqualitäten des GAK. Gregor Pötscher: als linker Außenback Kilometerfresser an der Seitenlinie. Didi Ramusch: Dauerbrenner im rechten Mittelfeld mit Ansatz zu blitzschnellen Dribblings und finalem Pass zum 2:0. Enrico Kulovits: Regisseur mit genialen Pässen in die Gasse. Ales Ceh: Ankurbler im defensiven Mittelfeld. Boban Dmitrovic: Bank auf der linken Seite. Gernot Sick: in der Defensive immer verlässlich. Joachim Standfest: steirischer Jungstar in seiner ersten vollen Saison. Martin Amerhauser: nach Beinbruch im Herbst mit Kurzeinsatz im Finale. Benny Akwuegbu: Seine sechs Tore in den Vorrunden ermöglichten erst den Finaleinzug. Skelley Adu Tutu: Der Joker-Stürmer spielte jeden Verteidiger schwindelig. Igor Pamic: das Finale war sein Spiel, Mann für alle brenzligen Fälle. Ross Aloisi: im Finale zwar nicht dabei, aber mit dem Goldtreffer gegen Braunau auch ein Mosaikstein des Erfolges.

Da alle guten Dinge in einer hundertjährigen Geschichte bekanntlich drei sind, sollte im Jubiläumsjahr 2002 abermals der Cupsieg geholt werden. Die Ausgangslage für dieses Vorhaben war zunächst denkbar günstig.

Als Europacupteilnehmer der Saison 2001/2002 mussten die Rotjacken erst im Achtelfinale in den Bewerb einsteigen. Der erste Gegner Waidhofen/Ybbs war dann auch keine besonders große Hürde. Durch ein lockeres 3:1 (GAK-Tore: Kusi-Asare, Lerant, Milinkovic) in Niederösterreich war der Viertelfinaleinzug perfekt. Dort wartete mit Erstdivisionär Untersiebenbrunn auch keine

Der GAK im ÖFB-Cup   Gestern

Nur die wenigsten Spieler konnten beim Elferkrimi gegen Salzburg hinschauen. Bis Franz Almer den Strafstoß von Lipcei hielt!

Übermacht. Ein scheinbar leichtes Spiel entwickelte sich aber zum Krimi. Die Grazer gaben eine 2:0-Führung (Tore: Bazina, Standfest) noch aus der Hand, am Ende hieß es 2:2. Das Elfmeterschießen musste entscheiden. Dort war dann GAK-Goalie Franz Almer einmal mehr der Held: Nach 15 (!) verwandelten Elfmetern hielt er den entscheidenden 16ten der Niederösterreicher, der GAK stieg somit mit 8:7 auf.

Im Halbfinale, diesmal erstmals auf heimischen Boden, gab es ein Wiedersehen mit dem alten Cuprivalen Austria Salzburg. Die Salzburger zogen wieder einmal den Kürzeren, sie mussten sich in der Verlängerung durch Tore des „Black-Power-Sturms" Tutu und Kusi-Asare 0:2 geschlagen geben.

Der fünfte Cupfinaleinzug war also geschafft und diesmal wartete ein besonderer Leckerbissen auf die Grazer Fans. Erstmals hieß das Finale GAK gegen Sturm und erstmals wurde das Finale in Graz ausgetragen.

Am 12. Mai 2002 fieberten 15.400 Fans im ausverkauften Arnold Schwarzenegger Stadion dem Endspiel entgegen. Für den GAK begann das Spiel ebenso wie die letzten beiden Finali: mit einem Elfmeter fürs eigene Team. In der 15. Minute trat Goalgetter Ronnie Brunmayr gegen Sturm-Torhüter Daniel Hofmann an, um wie 1981 Stering und 2000 Pamic mit dem jeweiligen 1:0 den GAK auf die Siegerstraße zu bringen. Der Grundstein für den Cupsieg war gelegt, das 2:0 (20., Brunmayr) und 3:0 (35., Kusi-Asare) ließ die GAK-Fans auf den Rängen singen und tanzen. Doch der GAK wäre ja nicht der GAK, wenn er das Spiel nicht doch noch spannend halten würde. Plötzlich war der Spielfluss, der die Sturm-Truppe in der ersten Hälfte an die Wand gedrückt hatte, weg. Plötzlich kam Hektik und Angst ins GAK-Spiel. Doch Sturm war glücklicherweise an diesem Tag zu schwach, um daraus Kapital zu schlagen. Einzig GAK-Schreck Ivica Vastic sorgte mit seinen Toren (58., 92.) in seinem Abschiedsspiel für eine Resultatskosmetik. Schlussendlich war der 3:2-Sieg perfekt und die Feiern konnten beginnen.

Mittendrin natürlich die Hauptakteure: Trainer Thjis Libregts: Der erste Titel für ihn beim GAK wird hoffentlich nicht der letzte bleiben. Franz Almer: Seine Paraden im Finale gegen Sturms Amoah retteten ihm den zweiten Cupsieg ebenso wie den Kollegen von 2000 Ramusch, Ceh, Dmitrovic, Standfest und Pötscher. Mario Tokic: nach Verletzungspause kurz vor dem Finale wieder wichtiger Rückhalt in der GAK-Abwehr. Eric Akoto: der modernste Verteidiger beim GAK mit überragender Leistung im Finale. Jürgen Hartmann: Seine Kompromisslosigkeit führte zur roten Karte (67.) und machte das Finale noch unnötig spannend. Dieter Ramusch: die Kampfmaschine auf der rechten Außenbahn. Rene Aufhauser: Seine Zweikampfstärke entlastet Defensive und Offensive. Mario Bazina: Elfer herausgeholt und Sturm schwindelig gespielt. Ales Ceh: Mister 120 % bei Finalspielen. „Bobby" Dmitrovic: Seine Dribblings und Stanglpässe lassen seine Gegenspieler immer wieder schlecht aussehen. Jones Kusi-Asare: geniale Ballbehandlung und perfektes Timing bei Kopfbällen, machte das wichtige 3:0. Ronny Brunmayr: Mit den zwei Finaltreffern krönender Abschluss einer Traumsaison. Peter Lerant: schnörkelloses Verteidigungsspiel. Joachim Standfest: an beiden Außenpositionen einsetzbare Laufmaschine. Gregor Pötscher: Seine Einwechslung in den Schlussminuten belohnte, nach einer Verletzungspause, seine starke Saison auf der rechten Verteidigerseite.

Michael Pucher

Der letzte Streich: Nach dem Sieg gegen Sturm gab es ein Tänzchen auf heimischem Rasen.

Heute

Präsidium und Vorstand   **Heute**

GAK-Präsidium und Vorstand

GAK-Gesamtpräsident Dr. Karl-Heinz Wiener-Pucher, GAK-Fußball-Präsident Rudi Roth und die beiden Vizepräsidenten Dir. Karl Weißkopf und Franz Glanz bei der Sitzung am 30. Mai 2001, als das GAK-Präsidium und der Vorstand unter Rekordbeteiligung im Netzwerk Krainerhaus gewählt wurden.

Das GAK-Präsidium mit Hasenhütl, Rath, Glanz, Weißkopf, Roth, Egi und Strohmayer sen. bei der Wahl, bei der nur Strohmayer jun. gefehlt hat.

Mag. Wolfgang Lukas Strohmayer (2. von rechts) jubelt nach einem GAK-Sieg im Kreis seiner Präsidiumskollegen, als Peter Svetits noch beim Klub war.

Das GAK-Präsidium:

Präsident: Konsul Mag. Rudi Roth
1. Vizepräsident: Dir. Karl Weißkopf
2. Vizepräsident: Franz Glanz
Kassier: Wolfgang Egi
Kassier-Stv.: Walter Strohmayer
Schriftführer: Dr. Manfred Rath
Schriftführer-Stv.: Mag. Wolfgang Lukas Strohmayer
Schriftführer-Stv.: Wolfgang Hasenhütl

Der GAK-Vorstand:

Präsident: Konsul Mag. Rudi Roth
1. Vizepräsident: Dir. Karl Weißkopf
2. Vizepräsident: Franz Glanz
Kassier: Wolfgang Egi
Kassier-Stv.: Walter Strohmayer
Schriftführer: Dr. Manfred Rath
Schriftführer-Stv.: Mag. Wolfgang Lukas Strohmayer
Schriftführer-Stv.: Wolfgang Hasenhütl
Vorstandsmitglied: Benedikt Bittmann
Vorstandsmitglied: Hansi Christof
Vorstandsmitglied: LR Günther Dörflinger
Vorstandsmitglied: Dr. Klaus Edlinger
Vorstandsmitglied: Heribert Kasper
Vorstandsmitglied: Dr. Wolfgang Wolf
Vorstandsmitglied: Mag. Harald Sükar

Heute

Saison 2001/02

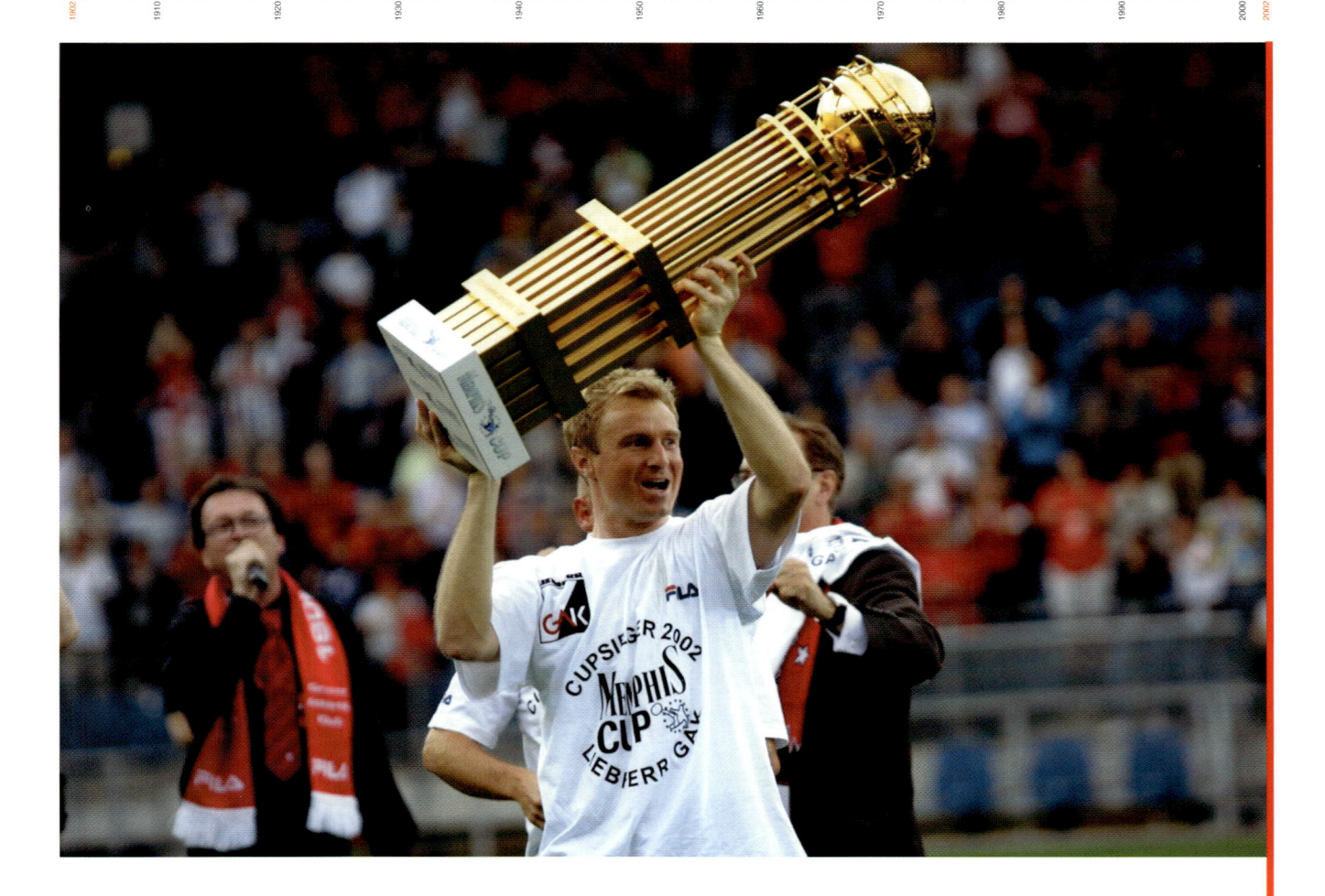

Die Jahrhundert-Saison

Das schönste Geburtstagsgeschenk machte sich der LIEBHERR GAK selbst: Im großen Jubiläumsjahr schaffte die Mannschaft mit dem Cupsieg und Rang drei in der Meisterschaft die erfolgreichste Saison in der Vereinsgeschichte.

Kapitän Franz Almer mit dem ÖFB-Pokal, der die Erfolge der Saison 2001/2002 widerspiegelt.

Euphorisch und als steirische Nummer eins startete der GAK in die Saison 2001/2002. Zu gut war allen das „Überholmanöver" wenige Wochen zuvor in Erinnerung, als der GAK binnen drei Runden einen Sechs-Punkte-Rückstand auf Sturm wettmachte, den Lokalrivalen noch aus einem europäischen Klubbewerb boxte und Dritter wurde. Von Experten wurde der GAK sogar als Titelkandidat gehandelt, aber der erste Dämpfer folgte schon in Runde eins: 0:2 gegen Meister FC Tirol, ohne auch nur den Funken einer Chance zu haben. In Runde zwei sah die Sache nicht anders aus, die Gregoritsch-Elf lag knapp vor Seitenwechsel bei der Wiener Austria mit 0:2 zurück.

Doch Ronnie Brunmayr und Joachim Standfest glichen binnen zwei Minuten aus, Benny Akwuegbu gelang in letzter Sekunde sogar der Siegtreffer zum 3:2. Mit einem Sieg gegen die Admira ging es weiter, in Ried reichte es aber nur zu einem 2:2. Das Stürmerduo Brunmayr-Akwuegbu war aber nicht zu halten, schickte Aufsteiger FC Kärnten beim 5:0 im Alleingang mit einer ordentlichen Packung über die Pack retour.

Der GAK-Feiertag

Aber es sollte nur vier Tage später viel schöner kommen, als der GAK bei Rekordmeister Rapid bestehen musste. Ganz Fußball-Österreich wurde via TV Zeuge, wie die Roten Teufel ihrem Namen alle Ehre machten. Mann des Tages war Ronnie Brunmayr, der schon nach zwei Minuten erstmals seine Visitenkarte im Hütteldorfer Gehäuse deponierte. In Minute 19 hatte „Ronniegoal" wieder seinen Ärmel oben, nur sieben Minuten später gratulierte die Mannschaft Didi Ramusch zum 3:0. Das Tor des Tages und vielleicht auch Tor des Jahres erzielte aber wieder Brunmayr – er netzte mit der Ferse zum 4:0-Endstand ein. In Hälfte zwei hatten die Rapid-Fans genug und ver-

Saison 2001/02   **Heute**

Mit eigenen Jahrhundertdressen und einem Jubiläumslogo startete der GAK in die Frühjahrssaison.

anstalteten aus Protest gegen Trainer Dokupil ein Picknick am Spielfeld. GAK-Trainer Werner Gregoritsch strahlte von einem Ohr zum anderen, doch auch er sollte nicht mehr lange in Amt und Würden sein. Ein mickriges 2:2 im UEFA-Cup gegen Torshavn von den Färöer-Inseln sorgte für lautes Rauschen im Blätterwald, das nach einem 0:0 gegen Bregenz und zwei Niederlagen (Sturm und Salzburg) noch lauter wurde. Gegen Torshavn gab es endlich wieder einen Sieg (4:0), doch in der Meisterschaft war Sand im Getriebe. Nach einem mageren Heimremis gegen Salzburg und dem 0:7-Debakel beim FC Tirol wurde bereits Hans Krankl als Gregoritsch-Nachfolger gehandelt, aber der Gregerl bekam eine letzte Chance. Nach dem 0:3 bei UEFA-Cup-Gegner FC Utrecht hatte der Vorstand aber genug und setzte interimsmäßig Co-Trainer Christian Keglevits auf die Bank. Dieser sollte 14 Tage später als erfolgreichster GAK-Coach aller Zeiten in die Geschichte eingehen: 4:2 gegen Austria Wien, 3:1 bei der Admira. Und im Rückspiel gegen Utrecht zeigte der GAK 45 Minuten lang Traumfußball, hatte den Rückstand zur Pause bereits egalisiert. Das Ende (3:3) ist bekannt: Ein Schiedsrichter namens Olsen hatte was gegen einen GAK-Aufstieg, zwei glatte Fehlentscheidungen brachten unsere Mannschaft um den Erfolg. Für negative Schlagzeilen sorgte aber auch Enrico Kulovits, der nach derbem Foul zum zweiten Mal binnen weniger Tage ausgeschlossen wurde.

Thijs Libregts kommt

Bereits vor diesem Spiel gegen Utrecht hatte der GAK seinen neuen Trainer präsentiert. Thijs Libregts hieß der neue Mann auf der Kommandobrücke, der eine lange Liste mit internatio-

Der GAK suchte einen international erfahrenen Trainer und fand ihn mit Thijs Libregts, unter dessen Führung die Roten Teufel Cupsieger wurden.

nalen Erfolgen als Referenz mit nach Graz brachte. Der Niederländer schaffte mit dem Oranje-Team 1990 die Qualifikation für die WM in Italien, wurde aber vor der Endrunde wegen einiger Meinungsverschiedenheiten mit Stars wie Gullit und Co. abgelöst. Libregts war Teamchef in Nigeria, betreute große Klubs wie Fejenoord in seinem Heimatland und war auch in Griechenland erfolgreich. Mit Libregts herrschte wieder frischer Wind beim GAK, den einige Spieler aber noch als rauh empfinden sollten. Libregts startete mit einem 3:0-Sieg gegen Ried in sein Traineramt, ehe er erstmals negative Erfahrung mit Klagenfurt und dem FC Kärnten (2:3) machen sollte. Aber in der Folge startete der GAK durch, blieb acht Spiele lang ungeschlagen, ehe diese Serie Anfang März wieder in Klagenfurt (0:1) beendet wurde. Zu diesem Zeitpunkt war einer, der partout nicht nach Libregts Pfeife tanzen woll-

Heute

Saison 2001/02

Im UEFA-Cup war bereits in Runde eins gegen den FC Utrecht Endstation.

Mario Bazina war einer der Hauptdarsteller der Meisterschaft 2001/2002.

Werner Gregoritsch musste nach dem 0:3 in Utrecht Abschied nehmen.

Der dritte Gewinn des ÖFB-Cups war der absolute Saisonhöhepunkt.

te, nicht mehr dabei: Benny Akwuegbu. Im ungarischen Trainingslager Heviz sagte Libregts trocken: „Der größte Feind von Akwuegbu ist Herr Akwuegbu selbst. Er ist wie eine Orange, nur bei hundertprozentigem Druck kommt reiner Orangensaft raus!" Benny entschied sich für ein lukratives China-Angebot, anstatt seinen Trainer mit Leistung und Einstellung zu überzeugen. Aber auch Eric Akoto tanzte zu sehr auf Libregts Nerven herum – er fand sich nach verlängertem Heimaturlaub auf der Tribüne wieder.

Der Lockruf des Geldes

All diese Vorfälle verfolgte einer, der die Vereinsgeschichte in den letzten Jahren geprägt hat, nur noch aus der Ferne: Peter Svetits. Er konnte den Stronach-Millionen nicht widerstehen und verließ den GAK in Richtung Austria Wien. Dieser Schritt überraschte nicht nur den Präsidenten, da Svetits immer wieder betont hatte, welch rotes Herz er habe. Nur eineinhalb Jahre vor seinem Abschied war Peter Svetits noch Präsident des GAK, ehe er nach langer Suche in Rudi Roth seinen Nachfolger fand. Die Wachablöse an der Vereinsspitze fand am 30. Mai 2001 statt, Svetits blieb dem Klub aber in der Funktion des Sportdirektors erhalten. Eine Funktion, die er schon vor seiner Präsidentenära, die 1998 begonnen hatte, mit der Bezeichnung Manager inne hatte. Svetits

Ronnie Brunmayr: erster Torschützenkönig und Spieler des Jahres des GAK.

kam 1994 zum GAK und hatte mit seiner Transferpolitik großen Anteil am Aufstieg 1995 und den großen Erfolgen in den letzten Saisonen.

Verschenkte Punkte

In der Meisterschaft kam der GAK-Motor ins Stottern. Zwar gab es zehn Runden lang keine Niederlage, aber zu viele Unentschieden machten das Rennen um Rang zwei und die damit verbundenen Qualifikationsspiele für die Champions League zum Krimi zwischen dem GAK und Sturm. Ein Grund, warum es nicht nach Wunsch lief, war sicher die mangelnde Torausbeute. Ronnie Brunmayr, mit 23 Toren in 22 Runden Scharfschütze

Saison 2001/02   **Heute**

Zwei Spiele, zwei Siege: Christian Keglevits ist der erfolgreichste GAK-Trainer aller Zeiten.

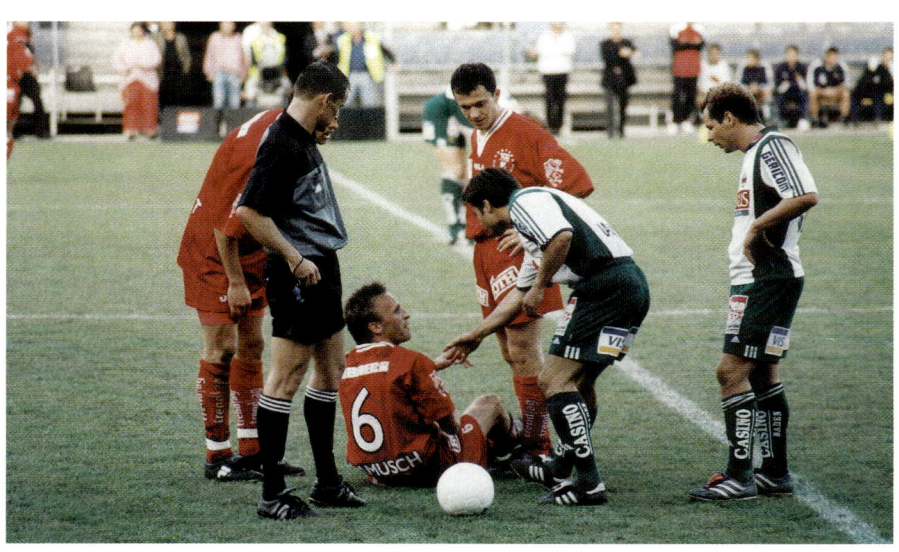

Nicht der GAK war gegen Rapid am Boden – die Roten Teufel siegten in Hütteldorf mit 4:0.

Präsident Rudi Roth jubelt mit seinem GAK.

der Liga, hatte plötzlich aufgrund einer Verletzung Ladehemmung. Trainer Libregts kam trotz der guten Platzierung des Klubs und nur zwei Niederlagen in 19 Runden ins Schussfeld der als sehr kritisch bekannten GAK-Anhänger. Diese Kritik schlug spätestens nach der lauten Überlegung des Trainers, seine GAK-Zukunft zu überdenken, in Lob um. Plötzlich war fast allen Fans bewusst, dass Libregts ein Mann für langfristige Ziele ist. Der ehrgeizige Coach weiß nun mal, dass diese Ziele nur zu erreichen sind, wenn sich der Klub von Spielern trennt, die Woche für Woche für viel Geld nur auf der Tribüne sitzen. Der GAK verlor zwar das Rennen um Rang zwei mit einem 0:1 in Salzburg, stand dafür aber zum fünften Mal in der Vereinsgeschichte im Cupfinale, in dem ausgerechnet Sturm Graz als Gegner wartete. Erstmals wurde ein Endspiel nicht in Wien ausgetragen, sondern wurde zu einer runden steirischen Sache. Rechtzeitig für diesen Saisonhöhepunkt hatte sich auch Ronnie Brunmayr eindrucksvoll zurück gemeldet: Er traf beim letzten Meisterschaftsspiel gegen die Admira gleich viermal.

Der Pokal gehört uns!

Tage vor dem großen Finale, für das sich der GAK mit Siegen gegen Waidhofen, Untersiebenbrunn und Salzburg qualifiziert hatte, war das Schwarzenegger Stadion ausverkauft. Es gab keinen Favoriten, dafür aber viele Mütter, die am Muttertag mit Rot oder Schwarz mitzitterten. Und viele, die direkt vom Formel 1-Grand Prix am A1-Ring nach Graz gedüst sind, um beim ewig jungen Duell GAK-Sturm live dabei zu sein. Der GAK startete fulminant, schnürte Sturm in der eigenen Hälfte ein. Nach einer guten Chance von Kusi-Asare und Elfmeteralarm bei einer Attacke an Brunmayr durften die GAK-Fans nach 15 Minuten endlich jubeln: Bazina wurde im Strafraum gefoult, Brunmayr verwandelte den Elfmeter zum 1:0. Nur fünf Minuten später stand erneut Brunmayr im Mittelpunkt – er traf aus spitzem Winkel unter kräftiger Mithilfe von Pregelj und Sturm-Goalie Hoffmann zum 2:0. Als Kusi-Asare nach 35 Minuten auf 3:0 erhöhte, schien das Finale entschieden. Doch Sturm bäumte sich nochmals auf und Vastic verkürzte mit einem tollen Freistoß auf 1:3. Der GAK war nur noch mit der Defensive beschäftigt, Akoto und Tokic waren die Türme in der Schlacht. Als Hartmann in der 67. Minute von Schiedsrichter Brugger die Ampelkarte sah, wurde es noch enger. Aber Vastic gelang in der Nachspielzeit aus einem Elfmeter nur noch Resultatskosmetik, der GAK durfte sich über den dritten Pokalerfolg in seiner Vereinsgeschichte freuen. Mit diesem Titel machte sich der Klub sein größtes Geburtstagsgeschenk selbst!

Die GAK-Rekorde 2001/2002

Für den LIEBHERR GAK war diese Saison die erfolgreichste der Vereinsgeschichte: Cupsieg, Rang drei in der Meisterschaft und mit Ronnie Brunmayr stellte der Klub erstmals den Torschützenkönig und Spieler des Jahres. Brunmayr erzielte 27 Treffer und ließ damit einen weiteren GAK-Rekord purzeln – nie in 99 Jahren zuvor hat ein Stürmer der Athletiker in einer Saison öfter getroffen. Mit seinen Toren hatte Brunmayr aber auch wesentlichen Anteil daran, dass die Roten Teufel erstmals die meisten Treffer aller Bundesligaklubs in einer Meisterschaft erzielt haben. Zugleich bedeuteten diese 68 Tore in der Saison 2001/2002 einen weiteren Vereinsrekord – wie auch die 63 Punkte, die der GAK gemacht hat. Happy Birthday – so könnte es auch in den nächsten 100 Jahren weitergehen!

Christian Thomaser

| Heute | Die Spieler 2001/02 |

Die Mann

Die Spieler 2001/02 Heute

schaft

95

Heute *Die Spieler 2001/02*

Die Spieler – Saison 2001-2002

Tor:

**Franz Almer:
23.9.1970, Österreich.**
Seit 1993 Einsergoalie im Team. Mit 200 Einsätzen in der Bundesliga nach Savo Ekmecic längstdienender Torhüter beim GAK. Der Obersteirer ließ sich durch Verletzungen und Krankheiten nicht zurückwerfen und kam immer wieder zurück in die Stammelf.

**Andreas Schranz:
2.5.1979, Österreich.**
Sicherer Rückhalt auf der Bank des GAK. Seit 1998 bestritt der Eisenerzer 19 Einsätze in der Bundesliga und immerhin fünf Spiele im Europacup. Oftmaliger U21-Nationaltorwart.

Abwehr:

**Gregor Pötscher:
26.3.1973, Österreich.**
Das „Urgestein" im Team des GAK. Der Übelbacher trägt seit 1990 (!) den Dress des GAK (nur 1993/94 war er Leihspieler bei DSV). Pötscher war ursprünglich Stürmer, sechs Tore in der 2. Division lassen seine Torjägerqualitäten eher erahnen, als sein „Rekord" in der Bundesliga: Erst im 159. Spiel in der Bundesliga (Frühjahr 2002 gegen Bregenz) ist dem rechten Verteidiger sein erstes Tor geglückt.

**Peter Lerant:
30.1.1977, Slowakei.**
Der Linksfuß aus der Slowakei wurde erst im Jänner 2002 von Austria Wien geholt. Lerant war Olympiateilnehmer im slowakischen Team in Sydney 2000 und eine der GAK-Stützen im Meisterschaftsfinish.

**Mario Tokic:
23.7.1975, Kroatien.**
Tokic hat sich, obwohl erst seit letztem Sommer dabei, gleich als Standardlibero etabliert. Seine Leistungen sprachen sich bis in seine kroatische Heimat durch und Tokic feierte ein Comeback in der Nationalmannschaft.

Die Spieler 2001/02 Heute

Anton Ehmann: 17.12.1972, Österreich.

Unvergessen sind Ehmanns Jubelbilder als Rotschopf nach dem Cupsieg 2000. Der Eibiswalder ist seit 1998 dabei und erzielte als Verteidiger in 100 Spielen acht Tore. Die Spezialitäten des kompromisslosen Außenbacks sind Kopfbälle und Freistöße aus über 30 Metern, er kuriert aber derzeit eine langwierige Zehenverletzung aus.

Boban Dmitrovic: 2.4.1972, Jugoslawien.

Seit 1996 Fixbestandteil im Team. Nach seinen jahrelangen Tempodribblings an der linken Außenseite ist der Serbe nun sowohl in der Verteidigung als auch im Mittelfeld einsetzbar. „Bobby" hat mittlerweile 173 Ligaspiele (12 Tore) auf dem Buckel, ist mit 23 Einsätzen Rekord-Europacupspieler des GAK und kam in dieser Saison zu seinen ersten Länderspielen.

Erik Akoto: 20.7.1980, Ghana.

Selten liegen bei einem Spieler „Genie" und „Wahnsinn" so nahe beieinander wie beim stelzbeinigen Ghanesen. Der unberechenbare Verteidiger-Hühne (1,92m) ist seit 1998 beim GAK und musste heuer aus Eigenverschulden seinen Stammplatz abtreten. In den letzten Spielen zeigte er eindrucksvoll, wie wertvoll er für den GAK ist.

Jürgen Hartmann: 28.8.1970, Österreich.

Der Obersteirer durchwanderte schon als Jugendlicher die verschiedenen Nachwuchsteams des GAK. Nach einem Kurzgastspiel 1992/1993 beim GAK in der 2. Division kam der Ex-Nationalspieler 1997 vom FC Tirol zum GAK zurück, wo er seitdem auf der linken Außendeckerposition verlässliche Verteidigerpartien spielt.

Adreas Lipa 26.4.1971, Österreich

Der Verteidiger konnte sich in dieser Saison nicht in die Mannschaft spielen und kam über Kurzeinsätze nicht hinaus. Im Winter scheiterte sein Wechsel nach England, jetzt klappte es mit seinem ersten Auslandsengagement (Xanthi/Griechenland).

Daniel Kimoni: 18.1.1971, Belgien.

Der grimmige dunkelhäutige Verteidiger kam im Winter 2000 zum GAK. Der Belgier hat sich, durch Verletzungspech und Konditionsmangel gehandicapt, nicht durchgesetzt und erst drei Ligaeinsätze bestritten.

Heute

Die Spieler 2001/02

Mittelfeld:

Dieter Ramusch:
31.10.1969, Österreich.

Der Kärntner im GAK-Dress spulte mittlerweile 219 Bundesligaspiele für den GAK an der rechten Außenbahn herunter. Der 10-fache Nationalspieler ist seit dem Aufstieg 1995 fixer Bestandteil des Teams.

Ales Ceh:
7.4.1968, Slowenien.

„Verlässlichkeit" könnte der zweite Vorname von Ales Ceh sein. Der slowenische Mittelfeldmotor ohne Leerlauf kurbelt und kurbelt und kurbelt im defensiven Mittelfeld und macht es jedem Gegenspieler schwer, das Spiel aufzuziehen. Seit 1992 ist der slowenische Teamkapitän beim GAK, bemerkenswert außerdem sein Debüt beim GAK. Ales erzielte nämlich sofort ein Tor, in den folgenden 212 Erstligapartien und zig Zweitligaspielen sollten nur mehr vier (!) Treffer folgen.

Nikola Milinkovic:
19.3.1968, Jugoslawien.

Der „Oldie" beim GAK wurde letzten Sommer von Alverca (Portugal) geholt, um im GAK-Mittelfeld für die nötige Torgefährlichkeit zu sorgen. Der Jugoslawe konnte sich aber noch nicht so recht durchsetzen, seine Weitschüsse sorgen aber immer wieder für brenzlige Situationen beim Gegner.

Martin Amerhauser:
23.7.1974, Österreich.

Der Salzburger Linksfüßer kam als 20-jähriger Fußball-Lehrling aus Salzburgs-Wunderteam in die 2. Division, um nach zwei Lehrjahren beim GAK wieder zurück an die Salzach zu kehren. 1999 folgte sein Comeback beim GAK, das durch Verletzungen gestoppt wurde. In 110 Spielen hat Amerhauser 12 Tore erzielt.

Adi Hütter
11.2.1970, Österreich.

Bereits 1988 war der Vorarlberger im GAK-Kader, um nach dem Abstieg bald in der großen weiten Salzburger Fußballwelt Karriere zu machen. Nach etlichen internationalen Einsätzen kehrte Hütter 2000 an den Ursprung seines Erfolges zurück, um seitdem als Libero oder Mittelfeld-Back mit seiner Erfahrung auszuhelfen.

Enrico Kulovits:
29.12.1974, Österreich.

Das ewige Talent beim GAK aus dem Burgenland („Kulo" ist immerhin schon seit 1996 in Graz) spürt erstmals einen gewaltigen Konkurrenzdruck im eigenen Team.

Fotos: Frankl (11), SYMBOL

Die Spieler 2001/02

Heute

**Rene Aufhauser:
21.6.1976, Österreich.**
Der Voitsberger kam im Sommer 2001 zum GAK und hat sich nach anfänglichen Anpassungsschwierigkeiten im defensiven Mittelfeld einen Stammplatz erkämpft. Seit dem Frühjahr ist er Neo-Nationalteamspieler und sicherer Rückhalt des Teams.

**Mario Bazina:
8.9.1975, Kroatien.**
Der „Shootingstar" der Jubiläums-Saison beim GAK. Der kroatische Offensivspieler dribbelte sich im Herbst 2001 in die Herzen der Fans und wird dem Verein bei anhaltender Form noch viele glückliche Stunden bescheren.

**Bernd Kaintz
27.3.1980, Österreich**
Das Talent schnupperte einige Male Bundesligaluft, doch die Konkurrenz innerhalb des Kaders war zu groß. Kaintz wechselte im Winter zum Erstdivisionär Mattersburg.

**Stefan Gislason:
15.3.1980, Island.**
Der erste Isländer im Dress des GAK und Neuzugang vom Winter gilt als Investition für die Zukunft. Der isländische Nationalteamspieler soll hinkünftig Löcher im defensiven Mittelfeld stopfen und dank seiner Größe von 1,94-Meter die Lufthoheit in beiden Strafräumen innehaben.

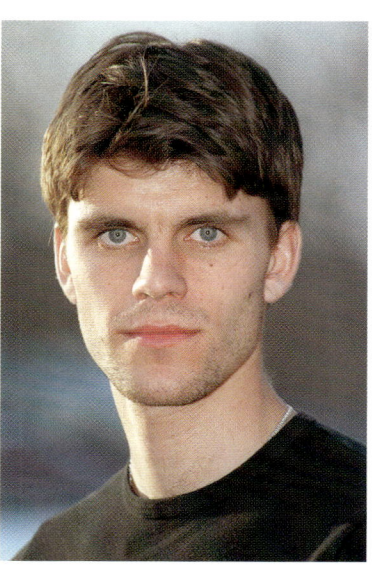

Angriff:

**Joachim Standfest:
30.5.1980, Österreich.**
Der Obersteirer sorgte vor allem im Europacup für Furore, wo er mit fünf Toren hinter Benny Akwuegbu zweitbester GAK-Schütze ist. Der Rechtsaußen mit dem Turboantritt hatte heuer schon fast Didi Ramusch aus seiner angestammten Position im rechten Mittelfeld verdrängt, ehe ihn eine schwere Erkrankung weit zurückwarf.

**Benedict Akwuegbu
3.11.1974, Nigeria**
Benny spielte im Herbst groß auf, erzielte acht Tore für den GAK und versorgte Ronnie Brunmayr mit tollen Vorlagen. Doch der Nigerianer kehrte zu sehr den Star heraus und wechselte nach China.

Heute

Die Spieler 2001/02

Skelley Adu Tutu: 10.8.1979, Gahna.
Der etwas schusselig wirkende Stürmer ließ schon oft seine Qualitäten aufblitzen. Doch durch die starke Konkurrenz im GAK-Angriff konnte er meist nur als „Joker" eingesetzt werden.

Ronald Brunmayr: 17.2.1975, Österreich.
Der Mann der Superlative beim GAK. Seit seinem GAK-Debüt im Sommer 2000 erzielte der Linzer in 65 Erstligapartien 42 Tore und hat sich heuer mit seinen 27 Treffern als erster GAK-Spieler die Torjägerkrone aufgesetzt. Brunmayr ist zudem erfolgreichster GAK-Stürmer in einer Saison vor Herbert Ninaus (24 Tore/1958) und Hannes Jank (23/1961).

Roland Kollmann: 8.10.1976, Österreich.
Der Kärntner war der Transfer-Clou der Winterübertrittszeit. Mit 28 Toren schoss er den FC Kärnten 2001 in die erste Liga, im Frühjahr hat er als Jolly Joker immerhin drei Treffer erzielt und brennt auf weitere Einsätze.

Jones Kusi-Asare: 21.5.1980, Schweden.
Der dunkelhäutige Schwede ist wie Gislason eine Zukunftsaktie, die bereits im Frühjahr die ersten Früchte erbrachte. Fünf Meisterschafts- und drei Cuptreffer katapultierten den gebürtigen Ghanesen zum Stammstürmer neben Brunmayr.

Igor Pamic 19.11.1969, Kroatien
Der „Bulle aus Pula" musste sich im Herbst 2001 einer Meniskusoperation unterziehen. Leider hielt sein Knie einem regelmäßigen Training in der höchsten österreichischen Spielklasse nicht mehr stand und Igor beendet seine Karriere bei seinem kroatischen Heimatklub.

Die sportliche Leitung Heute

Die sportliche Leitung des LIEBHERR GAK

Christian Keglevits...

... ist seit Sommer 2001 beim GAK und begann die Saison als Co-Trainer von Werner Gregoritsch. Keglevits, oftmaliger Teamspieler und mit 128 Toren einer der erfolgreichsten Stürmer (Rapid, Wiener Sportklub, Salzburg, LASK) in Österreichs höchster Spielklasse, war nach dem Abschied von Gregoritsch drei Spiele lang Trainer des GAK und ging mit zwei Siegen in der Meisterschaft und dem 3:3 im UEFA-Cup-Spiel gegen den FC Utrecht als erfolgreichster Betreuer in die Vereinsgeschichte ein.

Thijs Libregts...

...ist seit der 14. Runde der Saison 2001/2002 Trainer des LIEBHERR GAK. „Ziele stecken und erreichen" lautet das Motto des Niederländers, der viel internationale Erfahrung hat. Der Univ.Prof. für Sport führte Hollands Nationalmannschaft 1990 zur Fußball-Weltmeisterschaft nach Italien, trainierte Spitzenklubs in seiner Heimat und Griechenland und war Teamchef in Nigeria. Libregts war selbst ein ausgezeichneter Fußballer, er spielte unter anderem bei Excelsior und Feyenoord Rotterdam. Mit dem GAK wurde er in diesem Jahr österreichischer Cupsieger und wurde in der Meisterschaft Dritter.

Heute
Die sportliche Leitung

Management

Tormanntrainer Hans Steigenberger...
... ist ein GAK-Urgestein. Er stand zwei Saisonen lang im Tor der Athletiker, ehe er 1977 seine Karriere nach einem komplizierten Handbruch beenden musste. Steigenberger kehrte in der Ära von Trainer Hans-Ulrich Thomale (1994) zu seinem GAK zurück und kümmert sich seit damals um die Torhüter. Seinen Spitznamen „Zubizaretta" bekam er von den Spielern verpasst, weil er einmal bei einem Training als Tormann aushelfen musste – und alles hielt.

Günther Koschak...
... kehrte im Jahr 2000 als Teammanager zum GAK zurück und übernahm im Dezember 2001 die Aufgaben von Sportdirektor Peter Svetits, der zur Wiener Austria ging. Günther Koschak ist für alle sportlichen Belange (Spielerein- und Verkäufe) verantwortlich. Der knapp 40jährige spielte selbst acht Saisonen (1980 – 1988) für den GAK und erzielte in dieser Zeit 43 Tore. Koschak wechselte 1988 zu Sturm und spielte fünf Saisonen lang für den Lokalrivalen.

Oliver Kölli...
... ist der Teammanager des GAK und in dieser Funktion für die komplette Organisation des sportlichen Bereiches verantwortlich. Er gewann als Trainer der Sporthauptschule Bruckner dreimal die österreichische Schülerliga. Seine größten sportlichen Erfolge feierte er aber als Wasserballer – Kölli wurde viermal Staatsmeister.

Die medizinische Abteilung beim LIEBHERR GAK

Sportphysiotherapeut Mag. Klaus Schmidt

Dr. Martin Leonhardt
Dr. Jürgen Mandl
Dr. Peter Sobitsch
Dr. Wolfgang Wolf
Sportphysiotherapeut
Mag. Klaus Schmidt
Heilmasseur Gerhard Hierzer
Masseur Mario Kueschnig

Stellvertretend für die medizinische Abteilung beim GAK: Dr. Martin Leonhardt, Gerhard Hierzer, Dr. Peter Sobitsch und Mario Kueschnig. Dr. Wolfgang Wolf und Dr. Jürgen Mandl fehlen auf dem Bild.

Gastkommentar   **Heute**

Trainingsschweiß

Reinhard Grillitsch, genannt „Reini", schiebt den Wagen mit dem frisch gewaschenen Trainingsgewand mit einer Hingabe in die Kabine des GAK-Klubhauses in der Körösistraße, als wäre er zum ersten Mal für die Arbeitskleidung „seiner" Spieler verantwortlich. Fein säuberlich geordnet wird jedes einzelne Leibchen, jede Hose und jeder Trainingsanzug auf den Platz jedes Spielers gelegt. Eric Akoto ist bereits da, hat schon Platz genommen. Der Schwarm aller GAK-Teenies mit seiner neuen „Ze Roberto-Frisur" - streng nach hinten geflochtene Zöpfchen – kontrolliert seine Schuhe. „Passt", sagt er trocken und beginnt sich umzukleiden.

Mehr Probleme mit dem Schuhwerk scheint Martin Amerhauser zu haben; sein Weg führt ihn direkt in das Zeugwart-Kammerl: Stollenwechsel ist angesagt.

Während immer mehr Spieler eintrudeln, ist Trainer Thijs Libregts schon längst in seinem Zimmer im ersten Stock des Klubhauses. Beim „Sir" hat alles seine Ordnung – die einzelnen taktischen Übungen für das Training werden ausgebrütet, einzelne Übungen mit seinen Assistenten Christian Keglevits und Physiotherapeut Klaus Schmidt besprochen. Es ist 15 Minuten vor Ultimo, Trainingsbeginn: Alle Spieler sind in der Kabine; nur Torwarttrainer Steigenberger ist schon auf dem Platz. Er dreht alleine seine Runden. Und er wartet – auf Franz Almer, auf Andreas Schranz, die beiden Akrobaten zwischen den Torpfosten.

Fünf Minuten später gibt es Bewegung im Klubhaus: Die Spieler verlassen die Kabine und betreten das Feld. Zuvor müssen noch Autogramme auf Fanartikel geschrieben werden, die auf dem Vorplatz aufgelegt worden sind. Reine Routine für die meisten der „Roten Teufel". Auf dem Platz werden die Bälle verteilt – noch läuft

Wenig Spaß hatten die GAK-Spieler im Februar 2002, als in der ungarischen Heviz-Therme Kraft für die Frühjahrssaison getankt wurde.

der Schmäh, werden Gespräche zwischen den einzelnen „Fraktionen" geführt. Wobei die „jugoslawische" und die „afrikanische" leicht ausfindig zu machen ist.

Kurz vor Punkt „erscheint" der Sir. Thijs Libregts versammelt seine Mannschaft auf dem Mittelkreis. Die Spieler wissen: Stehvermögen ist angesagt – der Trainer spricht; und, wenn er das tut, dann zumeist lange. Ausführlich werden Schwächen und Fehler vom letzten Spiel analysiert; der Trainer spricht deutsch und das sehr schnell. Alle Spieler lauschen ihm – oder tun zumindest

Heute
Gastkommentar

Trainer Thijs Libregts, Manager Günther Koschak und Teammanager Oliver Kölli lassen ihre Schützlinge auch beim Training nicht aus den Augen.

Nach den frostigen Tagen in Heviz bereitete sich der GAK in Spanien vor.

so. Denn die deutsche Sprache ist nicht allen Kaderspielern so vertraut wie dem Trainer. Das scheint aber keine Rolle zu spielen – Übersetzungen finden nicht statt. Wer's nicht kapiert, ist selbst schuld!

Die Instruktionen des Trainers sind noch im Gange, während Klaus Schmidt, der umsichtige und stets kollegiale Physiotherapeut und Assistent von Libregts, Plastikstangen und Hüte in unterschiedlicher Abfolge auf dem Rasen platziert.

Inzwischen wird es auch auf der Tribüne und beim Klubhausvorplatz lauter. Die Trainingskiebitze treffen langsam ein. Man kennt sich – und kommt auch schnell zur Sache: „Der Bazina war sensationell!", „Und der Tokic erst; welch´ Ruhe der ins Spiel gebracht hat." Man ist sich rasch einig: Das letzte Spiel war in Ordnung.

Das spüren auch die Spieler, die mittlerweile mit ihren Aufwärmübungen begonnen haben. Wenn Boban Dmitrovic in die Nähe der Zaungäste kommt, schallt ihm leicht ein „Hallo Bobby!" entgegen. Boban grinst dann von einem Ohr zum anderen zurück. Die GAK-Familie hat sich lieb.

Das ist nicht immer so; es kommt schon auch vor, dass die „Roten" den einen oder anderen Spieler kritisieren. GAK-Fans sind nämlich im Allgemeinen kritischer zu ihrer Mannschaft als zum Beispiel jene des Lokalrivalen Sturm. Dort wird der Spieler generell bejubelt; erst, wenn der allmächtige Präsident gegen einen seiner „Millionarios" mit verbalen Attacken zum Angriff bläst, weiß auch der „schwarze" Anhang, dass er nun kritisieren darf. Das macht die Arbeit für einen GAK-Spieler nicht unbedingt leichter; er kämpft nicht nur gegen andere Mannschaften und deren Fans, nein, sondern manchmal braucht er auch bei seinen eigenen Anhängern einen Schienbeinschutz.

Einen links, den anderen rechts hat heute Didi Ramusch angelegt. Beim Spielchen elf gegen elf lässt sich der vorbildliche Profi auf keine Gefahren ein. „Training ist wie ein Spiel! Da muss man 100 Prozent geben – mit Schienbeinschutz", sagt der gebürtige Kärntner. Das hört Thijs Libregts gerne – Spieler mit „Kopf, Charakter, und Einsatz" stehen beim Trainer ganz hoch im Kurs.

Ein Pfiff geht durch das Stadionrund: Libregts teilt die Mannschaft auf.

Während die einen technische Übungen – zweimal berühren auf engstem Raum – machen, holt sich der Holländer acht andere Spieler zu sich, vier offensive Spieler und vier Verteidiger. So soll einerseits das Angriffsverhalten noch effizienter gestaltet werden, andererseits kann die Abwehr Schwächen abstellen. Nach fünf Versuchen noch immer kein Tor. „Heute geht nichts", murmelt ein Kiebitz vor sich hin. „Die müssen genauer kommen, die Flanken", belehrt ein offensichtlich im Genre beheimateter Experte sein Umfeld. Bestätigendes Nicken ist die Folge. „Dafür steht die Abwehr wie eine Eins!", sagt ein anderer und hat die Lacher auf seiner Seite…

„Jaaaaaaaahhh!", schreit Kapitän Franz Almer am anderen Ende des Platzes, nachdem er einen mit Effet von Tormanntrainer Hans Steigenberger getretenen Kunstschuss aus der Ecke fischte. Das war's dann aber auch schon an Emotionen; Almer ist kein Mann der vielen Worte, kein Lauter, wie der Kahn oder Higuita (Ex-Teamtorhüter von Kolumbien) – zum Glück, denn dessen Dauerwelle will sich nun doch niemand auf dem Haupt von Almer vorstellen. Wenn Almer aber etwas sagt, dann gilt es auch: Seine Kommandos werden nicht nur im Spiel akzeptiert, sondern auch im Training, wenn es heißt, die Bälle einzusammeln.

90 Minuten sind vorbei – das Spiel wäre schon aus, das Training ist es aber noch nicht. Zumindest für Ronnie Brunmayr. Er legt sich noch fünf Bälle etwa 22 Meter vor das Tor. Dazwischen eine Plastikwand, die eine Mauer simulieren soll. Dahinter der Mann, den Ronnie jetzt zum Abschluss des Trainings noch fünf Dinger reinhauen möchte – Andi Schranz. Das Match geht an den Torjäger. Drei Bälle semmelt er in den Kasten, zweimal darf Schranz zufrieden in seine Handschuhe spucken.

In der Kabine wird inzwischen schon wieder gelacht: die „Schnellduscher" sind bereits auf dem Weg zu ihren Autos; die „Gemütlichen" lassen sich noch von den Masseuren „bearbeiten". Danach ist auch für sie der Arbeitstag gelaufen – für den Zeugwart freilich beginnt die Arbeit wieder von vorne:

Der Wagen mit dem schmutzigen Trainingsgewand wird von ihm in die Waschküche gebracht – mit einer Hingabe, als wäre es sein erster Tag beim GAK…

Martin Konrad

Die Fans **Heute**

Die „25er" mit Riesenfahne.
Nur einmal, nach einer empfindlichen Derbyniederlage, war es auch den „25ern" zuviel: Man blieb beim nächsten Heimspiel vorerst hinter den Tribünen und hängte der Mannschaft als Quittung ein Transparent „Wie Söldner ohne Ehre" hin. Das schien zu wirken, denn bereits nach drei Minuten fiel das 1:0, die „Protestierer" stürmten wieder zu ihren Plätzen und alles war wieder beim Alten!
Momentan ist der Sektor 25 randvoll. Bei anhaltendem sportlichem Erfolg unserer „Roten Teufel" wird daraus im Jubiläumsjahr und in Zukunft ganz sicher eine „rote" Südkurve!

Die Südkurve

Was wäre ein Heimspiel der „Roten Teufel" ohne die Südkurve, besser gesagt ohne Sektor 25? Hier findet sich nämlich seit der Stadioneröffnung im Jahre 1997 der harte Kern, das Herz der GAK-Fans, ein!

ULTRAS, ARMADA, Road Runners, Rotjacken, das sind hier die „tonangebenden" Fangruppen. Laufend kommt jedoch Verstärkung dazu: Aichfeld, Hardknocks, Storchennest Groß St. Florian, Fanclub Enns/Paltental,...

Dietmar Tschernitz, Johannes Heher und Roland Tschech geben bei jedem Heimspiel abwechselnd mit der Trommel den Rhythmus vor und Georg Rath, Christian Bauer sowie Christian Wesener stimmen die Schlachtgesänge, wie „Immer wieder GAK", „Steh auf, wenn du ein Roter bist", „Hier regiert der GAK", ... an.

In diesem Sektor haben nicht nur die Schlachtgesänge ihren Ursprung, auch die Welle wird immer hier gestartet. Die beiden Riesenfahnen werden von Harald Voitech von den Roadrunners und Jan Kielhauser von den ULTRAS geschwungen und nicht selten wird mit Choreografie und Spruchbändern zusätzlich für Stimmung gesorgt

Das sind eben jene GAK-Fans, die immer hinter der Mannschaft stehen und ihr auch in schwierigen Phasen den nötigen Rückhalt geben. Die gesamte Mannschaft weiß ob dieser Unterstützung und bedankt sich bei der Ehrenrunde nach jedem Match entsprechend bei den Treuesten der Treuen!

Johann Schönegger

Heute

Die Fans

Sepp Traunwieser mit seinem Enkerl

Porträt eines Fans

Wer kennt ihn nicht, den GAK-Fan im Teufelskostüm, der immer mit der Mannschaft im Schwarzenegger Oval die Ehrenrunde dreht und bei Erfolgen „teuflische" Tänze hinlegt? Doch wer steckt hinter dieser Maskerade und wie kam es dazu?

Sein Name ist Sepp Traunwieser, er ist 47 Jahre alt, von Beruf Handelsreisender und wohnt in Werndorf. Als gebürtiger Oberösterreicher, der 1970 in die Steiermark kam, entdeckte er sehr bald seine Liebe zum GAK. Mit Omas selbstgenähten Fahnen besuchte er anfangs mit Freunden alle Heimspiele, war aber als Schlachtenbummler auch auswärts mit dabei. Einen ersten Höhepunkt erlebte Sepp Traunwieser mit dem GAK beim 1. Cupsieg im Jahre 1981, wo er nach dem Spiel den Torschützen Alfred Riedl auf seinen Schultern durch das Stadion trug.

Besonders stolz ist Sepp auf seine „rote" Familie, in der neben seiner Frau und den drei erwachsenen Kindern das 2-jährige Enkerl Larissa der jüngste GAK-Fan ist.

Im Jahre 1996 trat er mit seinem Bruder Walter Schindler und seinem Freund Robert Suppan erstmals mit festgenähten roten Teufeln auf den GAK-Kappen am GAK-Platz auf. Immer mehr Fans, vor allem junge, schlossen sich diesem Trio an. Die Gruppe trat von nun an mit dem Transparent „Die Roten Teufel" auf. Kurze Zeit später wurde von der damaligen GAK-Führung das Teufelslogo übernommen.

Da erwachte in Sepp Traunwieser die Idee, im Teufelskostüm und mit rot gefärbten Haaren zu den Spielen zu kommen.

Gern denkt er da an seine „Europacupeinsätze" zurück. Im November 1998, während des Fluges zum Rückspiel gegen den AS Monaco, verschwand der gute Sepp zum Umkleiden im WC. Als er als Teufel wiederkehrte, löste er bei der Besatzung kurz eine Verwirrung aus. Erst als die GAK-Fans applaudierten, waren auch die Stewardessen wieder beruhigt. Nach dem Heimsieg gegen Panathinaikos Athen, am 21.10.1999, tanzte er nach dem Spiel mit Igor Pamic auf dem Spielfeld und seit dem Spiel gegen Espanyol Barcelona im Oktober 2000 ist er offizielles Maskottchen des Liebherr GAK.

Heute wäre ein Spiel ohne „Teufel" Sepp Traunwieser undenkbar, ist er inzwischen doch fast so bekannt wie die Fußballstars, denn nicht selten rufen die Kids in seiner Heimatgemeinde „Schau der Rote Teufel!", wenn sie ihn beim Einkaufen sehen!

Küsschen für das „Goldpratzerl" von Ronnie Brunmayr

Die Fans **Heute**

Die Fanclubs des Liebherr GAK

Genau solange wie den GAK gibt es auch GAK-Anhängerklubs mit ihren euphorischen, stimmgewaltigen, aber auch kritischen Mitgliedern. Damals, wie auch heute standen bzw. stehen die Fans hinter ihrem GAK, aber nicht immer hinter der Vereinsführung. So gab es zum Beispiel im Jahre 1960, als Julius Wagner, Inhaber des Gösser-Restaurants in der Grazer Neutorgasse, einen Anhängerklub gründete und viel Geld in die Unterstützung des GAK investierte, Berührungsängste zwischen Vereinsleitung und Fans. Julius Wagner, Sprachrohr der Anhängerschaft, wurde zwar in den Vorstand des GAK gewählt, war aber aufgrund seiner stets kritischen Denkweise ohne Stimmrecht.

Johann Schönegger

Gerhard Wolf

Erst in den letzten Jahren erkannte die Vereinsführung, dass eine enge Zusammenarbeit sehr zur Gewinnung neuer Fans sowie zur Entstehung neuer Fanclubs beiträgt. Die Basis für eine gute Zusammenarbeit zwischen Vereinsführung und Fangruppen entwickelte sich im Jänner 1998, als sich der damalige Kassier des 1. Anhängerclubs des GAK, Gerhard Wolf aus Graz, bereit erklärte, als ehrenamtlicher Fanbetreuer zu arbeiten. Zu diesem Zeitpunkt gab es 23 aktive GAK-Fangruppen. Durch das Engagement von Gerhard Wolf gelang es in zwei Jahren, die Anzahl der Fangruppen zu verdoppeln. Er war es auch, der das monatliche Fangruppentreffen und die GAK-Fußballstammtische in der ganzen Steiermark ins Leben gerufen hat. Weiters organisierte Gerhard Wolf unzählige Fanfahrten, arbeitete an der Renovierung des Jugendzentrums mit und war stets bemüht, durch positive Fanbetreuung viele neue GAK-Fans und Zuseher bei den Heimspielen anzuwerben.

Mit Jahresbeginn 2000 hat Johann Schönegger die Fanclubkoordination bei Liebherr GAK von Gerhard Wolf übernommen. Schönegger ist 48 Jahre alt und Lehrer an der Hauptschule Groß St. Florian.

Bereits 1964 war er das erste Mal am GAK-Platz. Damals besuchte sein Bruder das Knabenseminar in der Grabenstraße in Graz und entdeckte sehr bald die Heimat des GAK in der benachbarten Körösistraße. Für den Vater war die plötzlich verstärkt auftretende „Bruderliebe" unerklärlich, musste er doch mit Hans plötzlich vierzehntägig zum „Bruderbesuch" nach Graz. So war der GAK bereits in jungen Jahren „ihre" Mannschaft und daran hat sich natürlich bis heute nichts geändert!

Am Beginn seiner Tätigkeit erhob Schönegger, dass den Liebherr GAK 42 Fanclubs unterstützen. Anfangs war die Arbeit wegen laufender Personalveränderungen im Marketingbereich nicht leicht.

Einen ersten Höhepunkt gab es beim 2. Cupsieg in der Vereinsgeschichte am 16. Mai 2000, wo es vor allem

Heute

Die Fans

durch die Mitarbeit der Fangruppen gelang, 5000 GAK-Anhänger nach Wien zu bringen. Sehr viele Fans hatten die enorme Bedeutung dieses Spieles für „ihren" Verein gespürt und wollten daher, so gut es geht, helfen. Urplötzlich machte sich wieder positive Stimmung unter den GAK-Fans breit. Das monatliche Fangruppentreffen im Teufelstreff, die GAK-Sportstammtische sowie diverse gemeinsame Veranstaltungen, die für die Fangruppen organisiert wurden, waren wieder bestens besucht!

Seit der Präsidentschaft von Mag. Rudi Roth und den großen sportlichen Erfolgen unserer „Roten Teufel" gibt es erfreulicherweise einen regelrechten Boom an Fanclubneugründungen. Überall in der Steiermark, ja sogar im Ausland, organisieren sich die GAK-Anhänger und gründen Fangemeinschaften.

Liebherr GAK verfügt heute mit seinen 59 Fanclubs über die größte Fangruppenanzahl in der obersten österreichischen Fußball-Liga!

Mit dieser Fangruppenstruktur, die ständig ausgebaut wird, sollte es dem GAK wirklich gelingen, die Zuseherzahlen in den nächsten Jahren anzuheben.

Der zweite Höhepunkt war das Erreichen des UEFA-Cup-Platzes in der Saison 2000/2001. Mit diesen Erfolgen wurde Werner Gregoritsch zum bislang erfolgreichsten GAK-Trainer aller Zeiten. „Gregerl" pflegte auch immer den Kontakt mit den Fans und nahm sich sehr oft die Zeit, wenn er von Schönegger zum monatlichen Treffen oder zu Sportstammtischen eingeladen wurde!

Besonders stolz ist der Fangruppen-Koordinator auf die GAK-Cheerleaders „The Burning Devils", die sich im Vorjahr aus den Fangruppen heraus entwickelt haben. Mit ihren feurigen Auftritten bringen sie viel Stimmung ins Stadion und sind somit bereits ein unverzichtbarer Bestandteil bei den Heimspielen.

Bei seiner umfangreichen Arbeit, zu der vor allem auch der Aufbau von neuen GAK-Fangruppen zählt, wird Schönegger in letzter Zeit bestens von Vizepräsident Franz Glanz, Manager Helmut Roth, Teammanager Günther Koschak sowie von den Damen im GAK-Büro unterstützt.

Er ist überzeugt, dass der Liebherr GAK auf dem richtigen Weg ist. Für die Zukunft gilt es, die Fan- bzw. Fangruppenbetreuung fortzusetzen und zu intensivieren, dann wird die „Fangruppenfamilie" kontinuierlich wachsen und auf Dauer eine Anhebung der Zuseherzahlen bei den Heimspielen bringen.

Foto: Sepp Pail

Die Fans   **Heute**

Alle Fanclubs

1. Anhängerclub des GAK
Gründungsjahr: 1985
Mitgliederstand: 70
Obmann: Günther Moser
Schriftführer: Thomas Lafer, Mariatroster Straße 23/B, 8043 Graz, Tel. 0664/2518571, E-Mail: 1ahcgak@gmx.at
Klublokal: Langensiepenstüberl, Wienerstraße 208A
Oberste Priorität hatte und hat beim 1. AHC die Förderung der GAK-Jugend!
Selbstverständlich besuchen die Mitglieder schon immer in großer Anzahl die Heimspiele und sind auch auswärts mit dabei!

Igor Pamic bei einer Autogrammstunde beim 1. AHC

GAK-RoadRunners Mariazell
Gründungsjahr: 1996
Mitgliederstand: 61
Obmann: Harald Voitech, Tel. 0676/6334185
Schriftführer: Mario Friesenbichler, Am Ried 7, 8641 St. Marein i.M., Tel.0699/11883092, E-Mail: mario-friesenbichler@gmx.at
Vereinslokal: Cafe „Zum Ernst`l", 8600 Bruck an der Mur.
Die RoadRunners, Anlaufstelle für GAK-Fans in der Obersteiermark, sind bei allen nationalen und internationalen Spielen des GAK auf Grund ihres Transparentes und ihrer Riesenfahne nicht zu übersehen!

Übergabe des Fanclubleibchens an Ehrenmitglied Franz Almer

GAK-Fanclub „IKE" Pölfing Brunn
Gründungsjahr: 1997
Mitgliederstand: 88
Obmann: Rudi „IKE" Mitteregger, Brunn 43, 8544 Pölfing Brunn, Tel. 0664/5920636
Stellvertreter: Markus Aldrian
Klublokal: Cafe Wildbacher in Pölfing Brunn
Das Fanclubmotto lautet: Ob Graz, Monaco, Athen, Barcelona oder Slowakei – der Fanclub „IKE" ist immer live dabei! In den letzten 3 Jahren organisierte der Fanclub nicht weniger als 64 Fanfahrten zu Heimspielen und 4 zu Auswärtsspielen, wobei im Schnitt mehr als 40 Fans an den Fahrten teilnehmen. Bei Auswärtsspielen (auch im Europacup) ist man meistens, jedoch in kleinerer Anzahl, vertreten!

Ein Teil der Fanclubmitglieder bei der Übergabe neuer GAK-T-Shirts

ULTRAS GAK
Gründungsjahr: 1997
Mitgliederstand: 25
Obmann: Christian Wesener, Ragnitzstraße 179, 8047 Graz, Tel. 0664/2131563
Die ULTRAS sind eine Gruppe junger Studenten, deren Heimat im Stadion der Sektor 25 ist, wo sie bei jedem Spiel die Mannschaft bestmöglich unterstützen. Aber auch bei fast allen Auswärtsspielen sind die ULTRAS mit von der Partie!

Heute
Die Fans

GAK-Fangruppe „Das Dorfstüberl" Nestelbach/Ilztal
Gründungsjahr: 1999
Mitgliederstand: 100
Obmann: Toni Birchbauer, Oed 68, 8311 Markt Hartmannsdorf, Tel. 0664/2104596
Vereinslokal: „Das Dorfstüberl", Siegfried Rieger, Tel. 0664/5343370

Die Nestelbacher GAK-Fans sind natürlich bei jedem Spiel im Stadion. Im „Dorfstüberl" gab es bereits zwei bestens organisierte und besuchte GAK-Fußballstammtische

GAK-Stammtisch im „Dorfstüberl" in Nestelbach: T. Birchbauer, Ch. Keglevits, G. Koschak, D. Ramusch, J. Standfest, E. Kulovits

GAK-Stammtisch Cafe „Storchennest" Groß St. Florian
Gründungsjahr: 1998
Mitgliederstand: 65
Obmann: Johann Schönegger, Ragnitzweg 12, 8522 Groß St. Florian, Tel. 0676/4259626, E-Mail: johann.schoenegger@utanet.at
Stellvertreter: Hannes Domik, Tel. 0699/11716839
Stammtischlokal: Cafe „Storchennest", Lebing bei Groß St. Florian

Die GAK-Fans aus Groß St. Florian treffen sich jeden ersten Freitag im Monat am Stammtisch, organisieren Fanfahrten und gesellige Veranstaltungen.

Die Fans vom „Storchennest" Groß St. Florian auf dem Weg ins Stadion

Rote Teufel, GAK-Fan-Klub Feldbach
Gründungsjahr: 1999
Mitgliederstand: 150
Obmann: Stefan Kirchengast, Mühldorf 13, 8330 Feldbach, Tel. 0676/6283163, E-Mail: stefan.kirchengast@stmk.gv.at
Schriftführer: Andreas Pölzl, Tel. 0664/1427093 E-Mail: gak.fanclub@aon.at
Klublokal: Cafe Peter Paier, Pfarrgasse1, 8330 Feldbach

Die „Roten Teufel" aus Feldbach kommen zu jedem Heimspiel mit einem voll besetzten Bus nach Graz. Weiters halten sie monatliche Treffen im Klublokal ab und organisieren GAK-Fußballstammtische, Ausflüge und Wandertage.

Die Fangemeinde aus Feldbach im Sektor 20

GAK-Fangruppe Neu-Seiersberg
Gründungsjahr: 1987
Mitgliederstand: 20
Obmann: Franz Jeindl, Ganghoferstraße 114, 8055 Neu-Seiersberg, Tel. 0316/242804
Stellvertreter: Franz Mauser, Finkengasse 3, 8055 Neu-Seiersberg, Tel. 0316/242493

Die Neu-Seiersberger Fans unterstützen den GAK bei Heimspielen vom Sektor 20 aus und sind immer wieder bei den UEFA-Cupspielen auswärts mit dabei. Außerdem organisiert Franz Mauser mit seinem Team das jährliche Preisschnapsen aller Fangruppen im „Teufelstreff"!

Die Fangruppe Neu-Seiersberg

Die Fans   **Heute**

„RTC – Die Teuflischen Roten"
Gründungsjahr: 1999
Mitgliederstand: 27
Obmann: Gerhard Brunner, Nordweg 16/P/2, 8010 Graz, Tel. 0699/11221636
Stellvertreter: Helga Brunner
Klublokal: „Die Stub'n", Leitnergasse 28 / Ecke Schönaugasse

Die „Teuflischen Roten" um Gerhard und Helga Brunner haben seit Bestehen des Fanclubs bereits 7 Fußballstammtische mit Spielern und Funktionären von Liebherr GAK organisiert. Weiters werden Dart- und Kegelturniere sowie eine besinnliche Adventfeier veranstaltet.

Günther Koschak und Franz Almer im Kreise der „Teuflischen Roten"

GAK-Fanclub Wildon
Gründungsjahr: 1999
Mitgliederstand: 73
Obmann: DI Walter Liebmann, Am Schloßberg 10, 8410 Wildon, Tel. 0664/9731481
Stellvertreter: Rainer Rothdeutsch
Klublokal: Marktstüberl Wolfgang Draxler

Neben dem Besuch der Heimspiele werden von Walter Liebmann auch Fußballstammtische, Autogrammstunden und Fanfahrten zu Auswärtsspielen organisiert.

Vizepräsident Franz Glanz mit Fanclub Wildon

GAK-Fanclub ARMADA GRAZ
Gründungsjahr: 1997
Mitgliederstand: 20
Obmann: Johannes Heher, Kasernenstraße 39, 8010 Graz Tel. 0676/3433231, E-Mail: jojo@utanet.at

Der Fanclub ARMADA besteht ausschließlich aus Schülern und Studenten. Oberstes Ziel ist es, bei Heimspielen für bestmögliche Stimmung vom Sektor 25 aus zu sorgen. Auch bei Auswärtsfahrten ist man mit einer Trommel vertreten und natürlich werden dabei die Stimmen nicht geschont! Die „Burning Devils", die Cheerleaders des GAK, wurden von drei weiblichen Mitgliedern der ARMADA ins Leben gerufen.

Der Fanclub ARMADA mit Riesentransparent

GAK-Fanclub Tieschen
Gründungsjahr: 1997
Mitgliederstand: 30
Obmann: Karl-Heinz Wolkinger, 8355 Tieschen, 57 Tel. 03457/2540
Stellvertreter: Dr. Christian Frühwirth, Langgasse 53, 8490 Bad Radkersburg
Tel. 03476/2311, E-Mail: christian.fruehwirth@notar.at
Vereinslokal: Gasthaus Wolkinger in Tieschen

Die GAK-Fans aus Tieschen haben engen Kontakt mit den Fangruppen in Klöch und Bad Radkersburg. Gemeinsam werden Heimspiele besucht und Fanfahrten zu Auswärtsspielen organisiert.

Nach dem 2. Cupsieg im Ernst Happel-Stadion

Heute

Die Fans

GAK-Stammtisch Schrems/Frohnleiten
Gründungsjahr: 1996
Mitgliederstand: 30
Obmann: Leopold Hochsteiner, Gschwendt 29, 8130 Schrems/Frohnleiten, Tel. 0664/1218650
Stellvertreter: Friedrich Rappold, Gschwendt118/13, 8130 Schrems/Frohnleiten Tel. 03126/83415
Stammtischlokal: Gasthaus Rois in Schrems bei Frohnleiten

Die Schremser GAK-Fans besuchen neben allen Heimspielen auch viele Fußballstammtische der anderen Fangruppen. Sie organisieren Fanfahrten zu Auswärtsspielen, Wandertage und so nebenbei helfen sie noch der Familie Klug in St. Stefan/Stainz beim Lesen vom „GAK-Schilcher"!

Der „harte Kern" des Schremser Fanclubs

Mürztaler Teufelskerle – Fanclub Langenwang
Gründungsjahr: 2000
Mitgliederstand: 75
Obmann: Hubert Reithofer, Mühlgasse 5/4, 8665 Langenwang, Tel. 0650/2707520 oder 0664/2707520
Schriftführer: Franz Reithofer
Vereinslokale: Gasthaus Hirschler, Gasthaus Reiterer, Gasthaus Putzgruber

Die Mürztaler Teufelskerle veranstalten neben Fanfahrten Vergleichskämpfe im Eisstockschießen, Kegeln und Schnapsen.

Franz Reithofer mit dem jüngsten Clubmitglied, seinem Sohn Harald

GAK-Fanclub Eibiswald
Gründungsjahr: 1998
Mitgliederstand: 15
Kontaktperson: Mario Paulitsch, 8552 Eibiswald 292, Tel. 0676/5429506
Vereinslokal: Cafe Wildbacher in Pölfing Brunn

Die Eibiswalder GAK-Fans spielen selber sehr gerne Fußball und schließen sich bei allen anderen Aktivitäten dem Fanclub „IKE" Pölfing Brunn an.

Die aktiven GAK-Fans aus Eibiswald

GAK-Fangruppe Hengsberg
Gründung: 2001
Mitgliederstand: 33
Obmann: Josef Pall, 8411 Hengsberg 18, Tel. 0664/5220512
Stellvertreter: Karl-Peter Streicher, Matzelsdorf 1, 8411 Hengsberg, Tel. 0664/4608846
Vereinslokal: Gasthof „Peterhof" Streicher

Gemeinsames Auftreten bei Heimspielen, Fahrten zu Auswärtsspielen sowie Vergleichskämpfe im Eisstockschießen sind die Vorhaben der Hengsberger GAK-Fans.

Nach dem Spiel im Vereinslokal

Die Fans   # Heute

GAK-Fangruppe Kirchenwirt Ligist
Gründungsjahr: 1998
Mitgliederstand: 25
Obfrau: Elsa Eisner, Ligistberg 22, 8563 Ligist
Tel. 0699/10533512, E-Mail: gakligist@uboot.com
Klublokal: Kirchenwirt Ligist
Die Aktivitäten der Fangruppe Ligist beschränken sich momentan noch auf Fanfahrten und Eisstockschießen.

Ligister GAK-Fans vor ihrem Klublokal

GAK-Fanclub HELGA
Gründung: 1997
Mitgliederstand: 52
Obmann: Horst Luttenberger, Berndorf 50, 8324 Kirchberg/Raab, Tel. 0664/1644454
Schriftführer: Helga Fruhwirt, Berndorf 45, 8324 Kirchberg/Raab, Tel. 03115/3355
Klublokal: P&C (Pizzeria&Cafe) Helga Fruhwirt
Der Fanclub wurde heuer neu strukturiert und wird nun verstärkt zu Heimspielen kommen. Das Fußballderby zwischen den Fans der beiden Grazer Vereine soll auch in Zukunft durchgeführt werden.

Die Mannschaften vor dem „Fanderby"

GAK Hardknocks
Gründungsjahr: 2001
Mitgliederstand: 10
Kontaktperson: Alexander Walentin, Neudorf im Sausal 93, 8521 St. Andrä - Höch, Tel. 0664/9317860, E-Mail: alex-walentin@yahoo.com
Stammlokal: Sonja`s „Skarabäus"
Die Hardknocks sind bei jedem Heimspiel im Sektor 25 vertreten und sind auch im Internet aktiv. Homepage: www.gakhardknocks.at.tt.

GAK Hardknocks

GAK-Fangruppe Aichfeld
Gründungsjahr: 1996
Mitgliederstand: 50
Obmann: Albert Goluch, Feldgasse 11, 8750 Judenburg, Tel. 03572/46933
Klublokal: Postwirt in Fohnsdorf
Albert Goluch ist einer der originellsten und treuesten GAK-Fans. Jedes GAK-Spiel ist für ihn ein Pflichttermin, auch wenn seine Freunde von der Fangruppe nicht mitkommen, er ist auf jeden Fall dabei!

Albert Goluch mit seiner Mutter im Stadion

Heute

Die Fans

GAK-Fanclub Graz Nord
Gründungsjahr: 2001
Mitgliederstand: 222
Obmann: Johannes Obenaus, Postfach 30, 8045 Graz, Tel. 0664/1000723, E-Mail: gak.fanclub.graz.nord@uta-net.at
Homepage: www.wirandritzer.at/gakfan_n/GAK
Schriftführer: Edith Horvath-Zenz
Klubokale: Gasthaus Moser „Zum Heimkehrer", Radegunderstraße 29, „Zum Kirchenwirt" E. u. A. Wagner, Rannachstraße 9
Für den Fanclub mit den meisten Mitgliedern sind Heimspiele Pflichttermine. Weiters werden monatliche Klubabende abgehalten und pro Saison wird eine Fanfahrt zu einem Auswärtsspiel organisiert.

Fanclubgründung mit Präsident Rudi Roth, F. Almer und A. Lipa

Rote Teufel Wechselland
Gründungsjahr: 2001
Mitgliederstand: 55
Obmann: Manfred Faustmann, Hochstraße 208, 8240 Friedberg, Tel. 0664/4536662
Die Roten Teufel Wechselland organisieren Fanfahrten nach Graz, halten jährlich 6 Stammtische in verschiedenen Lokalen ab und veranstalten Fußballturniere.

Fanfahrt zum Derby am 3.11.2001

GAK Fanclub Hausmannstätten
Gründungsjahr: 2001
Mitgliederstand: 18
Kontaktperson: Oliver Haar, Hauptstraße 48, 8071 Hausmannstätten, Tel. 0664/1533882
Stammlokal: „Imbiss 2000", Hausmannstätten
Natürlich ist man bei allen Heimspielen dabei und organisiert einmal im Jahr ein Fußballspiel gegen die Fans vom Stadtrivalen.

Die „Roten Teufel" von Hausmannstätten

GAK-Fangruppe „LAKOTAS" – St. Margarethen/Knittelfeld
Gründungsjahr: 2001
Mitgliederstand: 19
Kontaktperson: Ernst Maier, Dorfstraße 6, 8720 St. Margarethen bei Knittelfeld
Tel. 0664/3210883
Vereinslokal: Gasthof Franz Xaver Meusburger, St. Margarethen
Die Fangruppe bietet den GAK-Fans im Raum Knittelfeld die Möglichkeit, den GAK live zu sehen.

Die GAK-Fans aus St. Margarethen/Knittelfeld

Die Fans — **Heute**

GAK Fanclub Leibnitz „Red United"
Gründungsjahr: 2001
Mitgliederstand: 50
Obmann: Gerhard Überbacher, Hauptstraße 85, 8430 Leibnitz, Tel. 0664/4218676
Stellvertreter: Armin Ortner
Klublokal: Gasthof Rupp, Grazer Straße 11, Neutillmitsch
Neben regelmäßigen Stadionbesuchen und diversen Fanfahrten will Gerhard Überbacher mit seinem Fanclub eine große GAK-Fahne in Kitzeck aufstellen.

G. Überbacher mit seinem Team

GAK Fanclub Enns/Paltental
Gründungsjahr: 2002
Mitgliederstand: 40
Obmann: Jürgen Zeisl, Schoberpaßbundesstraße 31, 8784 Trieben, Tel. 0676/4020343, E-Mail: juergen-gak@aon.at
Stellvertreter: Christian Fritz, Löschsiedlung 10, 8784 Trieben
Klublokal: Gasthof Johann Eder, 8900 Selzthal
Für den „jungen" Fanclub stehen Fanfahrten nach Graz und zu Auswärtsspielen im Vordergrund.

Die Führungscrew vom Fanclub Enns/Paltental

GAK-Fanclub RED DEVILS Lebring
Gründungsjahr: 2002
Mitgliederstand: 40
Obmann: Franz Garber, Bahnhofstraße 26, 8403 Lebring, Tel. 0676/83876222
Klublokal: Steirercafe Wiedner, Grazerstraße 49, Lebring
Vorrangig sind für die GAK-Fans aus Lebring vorerst regelmäßiger und verstärkter Besuch der Heimspiele.

Die GAK-Delegation umringt von Fans bei der Gründungsversammlung

GAK-Fanclub St. Peter am Ottersbach
Gründungsjahr: 2002
Mitgliederstand: 55
Obmann: Franz Thuswohl jun., Prebersdorf 5, 8093 St. Peter a. O., Tel. 0664/3258895, E-Mail: gak-fanclub-st.peter@8ung.at
Vereinslokal: Gasthaus Dunkl, Hauptstraße 28, St. Peter a. O.
Fanfahrten zu den Heimspielen sowie ein monatliches Treffen sind vorerst die wichtigsten Aktivitäten.

Gründungsversammlung in St. Peter a. O.

Heute

Die Fans

GAK-Stammtisch Teufelstreff
Gründungsjahr: 1999
Mitgliederstand: 25
Kontaktperson: Rene Leitgeb, Ambrosigasse 3, 8042 Graz, Tel. 0676/3937682
Stammtischlokal: Teufelstreff, Stadionplatz 1, 8041 Graz
Die Fans um Rene Leitgeb sind fast bei allen Heim- und Auswärtsspielen dabei.

GAK-Fangruppe Stiegenwirt Dobl
Gründungsjahr: 2000
Mitgliederstand: 50
Obmann: Peter Baumann, Unterberg 59, 8143 Dobl, Tel. 03136/52627
Stellvertreter: Gernot Kollmann, Kapellenstraße 2, 8143 Dobl, Tel. 0664/5569394
Vereinslokal: Gasthaus Stiegenwirt in Dobl
Die GAK-Fans aus Dobl sind bei allen Heimspielen im Stadion, organisieren aber auch Fanfahrten zu Auswärtsspielen.

Die GAK-Fans aus Dobl

GAK-Fangruppe Gerald's Gasthaus
Gründungsjahr: 1996
Mitgliederstand: 15
Kontaktperson: Gerald Pfeifer, Straßgangerstraße 219, 8052 Graz, Tel. 0664/3924644
Stammtischlokal: Gerald's Gasthaus, Straßgangerstraße 219, 8052 Graz
Die GAK-Fans aus der Straßgangerstraße sind bei jedem Heimspiel im Stadion und unterstützen die „Roten Teufel" hin und wieder auch auswärts.

Die Fans aus der Straßgangerstraße im Stammtischlokal

GAK-Teufelsrunde St. Radegund
Gründungsjahr: 1999
Mitgliederstand: 23
Obmann: Manfred König, Hauptstraße 47, 8061 St. Radegund, Tel. 0664/1922330
Vereinslokal: Gasthaus Schöcklbartl
Neben vielen anderen Aktivitäten steht der Besuch der Heimspiele an erster Stelle.

Die GAK-Fans aus St. Radegund

GAK-Fangruppe „Commando Red Boys" Fürstenfeld
Gründungsjahr: 1999
Mitgliederstand: 19
Obmann: David Langer, Gerichtsbergenstraße 6, 8280 Fürstenfeld, Tel. 0676/6364728
Vereinslokal: Cafe Carlo Fürstenfeld
Die „Red Boys" aus Fürstenfeld nehmen jedes Jahr am Fürstenfelder Weihnachtsmarkt teil und unterstützen großzügig soziale Einrichtungen. Sie besuchen alle Heimspiele, organisieren Busfahrten zu Auswärtsspielen und sind auch oft bei internationalen Spielen ihrer „Lieblinge" dabei!

Die „Red Boys" vor einem Cafe in Barcelona

Die Fans # Heute

Südostasiatischer GAK-Klub Herman's Art Center
Gründungsjahr: 2001
Mitgliederstand: 74
Obmann: Günther Herman, 302, Mahawaskaduwa, Kalutara North, Sri Lanka – Asia, E-Mail: hermans@sltnet.lk
Web: http://www.hermansart.com
Klublokal: Herman's Art Center

Der bekannte Grazer Maler Günther Herman, glühender GAK-Anhänger und Asien-Auswanderer hat im fernen Sri Lanka einen GAK-Fanclub gegründet. Es gibt dort sogar schon eine Filiale, den „Sri Lanka GAK". 20 Einheimische trainieren sehr fleißig unter Günther Hermans Leitung und absolvieren Spiele in GAK-Dressen.

Günther Herman und einige Mitglieder mit der GAK-Fahne

Der „Sri Lanka" GAK

GAK-Fanclub Duisburg
Gründungsjahr: 1996
Mitgliederstand: 53
Obmann: Ingo Rubenzer, Margarethenstraße 19, D – 47226 Duisburg, Tel. 0175/9669010

Ingo Rubenzer und seine Freunde gründeten den GAK-Fanclub in Deutschland, nachdem sie das Spiel GAK – Inter Mailand im Fernsehen gesehen hatten und hellauf begeistert waren. Der Fanclub nimmt in Deutschland an vielen großen Fanclubturnieren teil und macht so den GAK bekannt. Um GAK-Spiele zu besuchen sind 1.200 km wohl zu viel, deswegen werden die Spiele im Teletext verfolgt.

Die GAK-Fans in Duisburg bei einem Turnier

1. GAK Ländle-Fanclub
Gründungsjahr: 1998
Mitgliederstand: 12
Obmann: Felix Wippl, Jahnstraße 18, 6900 Bregenz, Tel. 0676/5667205, E-Mail: ingrid.heingaertner@vorarlberg.at

Die GAK-Fans im „Ländle" unterstützen den GAK vor allem bei den Spielen in Bregenz, Innsbruck und Salzburg. Kleinere Abordnungen waren aber auch schon im Schwarzenegger Stadion. Wenn sie schon auf Grund der Entfernung nicht immer dabei sein können, so weht während der GAK-Spiele immer die GAK-Fahne über den Dächern von Bregenz!

Die GAK-Fans aus dem „Ländle"

GAK-Fanclub Adlerhorst Leipzig
Gründungsjahr: 1993
Mitgliederstand: 38
Obmann: Pedro Feller, Heiterblickallee 27, 04329 Leipzig

Die GAK-Fans in Leipzig organisieren jährlich das größte Fanclubturnier in ganz Deutschland. GAK-Fangruppen haben daran auch schon teilgenommen. Im Jubiläumsjahr ist ein Besuch in Graz geplant.

Die Leipziger GAK-Fans

GAK-Fanclub „Roter Teufel"
Gründungsjahr: 1998
Mitgliederstand: 100
Obmann: Siegfried Golz
Vereinslokal: Buschenschank Holler, Wagendorf 68, 8423 St. Veit a. Vogau, Tel. 03453/3343

Heute

Die Fans

GAK-Fangruppe Bärnbach
Gründungsjahr: 1995
Mitgliederstand: 20
Obmann: Alfred Fraidl, Josef Roll Siedlung 33, 8572 Piberegg, Tel. 0664/1710765

GAK-Fangruppe Pertlstein
Gründungsjahr: 1998
Mitgliederstand: 30
Obmann: Heinz Leitgeb, Pertlstein 195, 8350 Fehring, Tel. 03155/3730

GAK-Stammtisch Bad Radkersburg
Gründungsjahr: 1998
Mitgliederstand: 50
Obmann: Armin Christandl, Emmenstraße 6, 8490 Bad Radkersburg, Tel. 0664/1316193

GAK-Fangruppe Weixelbaum
Gründungsjahr: 1999
Mitgliederstand: 21
Obmann: Siegfried Palz, 8484 Weixelbaum 62, Tel. 03475/2360

GAK-Stammtisch Piano Cafe
Gründungsjahr: 1998
Mitgliederstand: 25
Obmann: Günther Jörgl, Strassengelstraße 3, 8111 Judendorf, Tel. 03124/54225

GAK-Fanclub RED MOODS
Gründungsjahr: 2000
Mitgliederstand: 15
Obmann: Andreas Brandstätter, Arnsteinstraße 3, 8570 Voitsberg, Tel. 03142/22088

GAK-Fangruppe Murau
Gründungsjahr: 1999
Mitgliederstand: 7
Kontaktperson: Ing. Peter Heitzer, Keltensiedlung 163, 8850 Murau, Tel. 03532/3573

GAK-Fangruppe Ilz
Gründungsjahr: 1998
Mitgliederstand: 25
Obmann: Horst Liendl, 8262 Ilz 106, Tel. 0664/1642231

GAK-Fangruppe St. Stefan/Rosental
Gründungsjahr: 1998
Mitgliederstand: 10
Kontaktperson: Gernot Seidl, Feldbacherstraße 16, 8083 St. Stefan/R., Tel. 03116/8325
Stammlokal: Gasthaus Rosenwirt

GAK-Fangruppe Fischbach
Gründungsjahr: 1998
Mitgliederstand: 4
Kontaktperson: Norbert Egger, 8454, Fischbach 32, Tel. 03170/237

GAK-Fangruppe Gasthaus Kollmann Geistthal
Gründungsjahr: 1980
Mitgliederstand: 8
Kontaktperson: Manfred Kollmann, 8153 Geistthal 7, Tel. 03149/2201

GAK-Fangruppe „Rotjacken"
Gründungsjahr: 1999
Mitgliederstand: 50
Kontaktperson: Christian Bauer, Robert Mlekus Weg 44a, 8051 Graz, Tel. 0664/5430235

GAK-Fanclub Cafe Zick Zack-Schondorf
Kontaktperson: Mario Resch, Packerstraße 273, 8501 Lieboch, Tel. 0664/4919987

GAK-Fangruppe Hartberg
Kontaktperson: Helmut Kammel, Wiesengasse 5, 8230 Hartberg, Tel. 03332/62335/25

GAK-Fangruppe Gutenberg
Kontaktperson: Josef Kleinhappl, Gutenberg 118, 8160 Weiz, Tel. 03172/8330

GAK-Stammtisch Kirchbach
Kontaktperson: Josef Fürnschuss, Landgasthaus Fürnschuss, 8082 Kirchbach 44, Tel. 03116/2222

GAK-Fanclub Wenigzell
Kontaktperson: Reiner Tischer, Pittermann 170, 8254 Wenigzell, Tel. 03336/2244

„Red Fire" Graz
Kontaktperson: Haider Philipp, Augasse 102, 8051 Graz, Tel. 0699/12167276, Purgaj Patrick, Loewegasse 11, 8052 Graz, Tel. 0676/4833129

Die Fans # Heute

GAK-Point „Fürstentum Liechtenstein"
Kontaktperson: Mauser Michael, Platte 241, 9488 Schellenberg, Tel. +423/7910737

Rote Teufel Mureck
Kontaktperson: Peter Raffler, Dörfl 6, 8480 Mureck, Tel. 03472/3722, 0664/1128494 oder Josef Galler, Sepp-Amschl-Str. 22, 8480 Mureck, 03472/2265

GAK-Fanclub XEIS
Kontaktperson: Jagetsberger Michael, 8931 Landl 70, Tel. 0676/3510748 oder Thaller Martin, 8922 Gams 84a, 0664/2142080

Foto: Sepp Pail

Heute
Gastkommentar

Sturmfreie Bude

Ich kam vor 41 Jahren als GAK-Fan in Graz zur Welt. Der Zwangsläufigkeit eines genetischen Programms folgend. Dafür gilt meinen Eltern aufrichtiger Dank. Denn die statistische Wahrscheinlichkeit, dass ein in Graz geborenes Kind Anhänger der Schwarzen wird, war damals weit größer. Eine schreckliche Vorstellung, auch noch so viele Jahre später. In meiner Kindheit hatte ich kaum ein GAK-Heimspiel versäumt, weder im alten Liebenauer Stadion, noch am GAK-Platz. Später dann, nach der Hauptschule, wurden meine Fussballplatzbesuche seltener. Einige Saisonen lang sah ich gerade ein oder zwei Spiele. Damit jedoch nicht genug, denn selbst diese erbärmliche Frequenz schaffte ich noch zu unterbieten, ging ein paar Jahre – nachdem ich von Graz weggezogen war – zu keinem einzigen Spiel mehr.

Mike Markart, schon als GAK-Fan geboren, definiert den Begriff einer „sturmfreien Bude" völlig neu.

Ich schäme mich dafür in Grund und Boden. Selbstverständlich tue ich das. Als mich jedoch das zum Schwarzenegger Stadion umgebaute Liebenauer Stadion neugierig machte, sah ich nach mehrjähriger Abstinenz den GAK wieder. Seitdem hat sich – was mein Leben und das Leben meiner Familie betrifft – viel verändert. Familienfeste meiner angeheirateten Verwandten aus Kärnten zu besuchen, ist mir vollkommen unmöglich geworden, da diese Menschen jegliche Feiern genau zu jenen Zeiten zu platzieren verstehen, an welchen entweder ein Heimspiel oder zumindest ein GAK-Stammtisch angesetzt ist. An solchen Terminen, bin ich gewohnt klarzustellen, würde ich sogar meinem eigenen Begräbnis fern bleiben. Meine Verwandten elterlicherseits hingegen machen mir kaum Schwierigkeiten. Erstens deshalb, weil sie zum größten Teil selbst zu jenen vollkommen verrückten GAK-Fans gehören. Und schlussendlich, weil jene armen Menschen, die sich nicht dazu zählen, zumindest meinen Zustand erkannt haben und entsprechend disponieren. Rücksichtsvolle, vernünftige Menschen. Denke ich immer, wenn Familienfeiern, Geburtstage, Taufen und ähnliche Anlässe genau mit dem Spielplan des GAK abgestimmt werden. In den letzten Jahren hielt ich mich immer wieder für längere Zeit in Rom auf. Das allerdings konnte mich nicht abhalten, mir die Heimspiele des GAK anzusehen. 2000 km mit dem Zug zu fahren ist, da wird mir jeder „Rote" beipflichten, eine Lapalie gegen jenen Schmerz, den das Versäumen eines Spieles zu hinterlassen imstande ist. Zwei Spiele habe ich seit der Eröffnung des neuen Liebenauer Stadions insgesamt versäumt. Eine gerade noch vertretbare Bilanz. Die letzten Jahre haben für die GAK-Fans eine erstaunliche Serie von Höhen bereitgehalten. Zum Beispiel die Cupsiege 2000 und 2002. Ich bin nicht sicher, ob ich mich jemals nervlich vom Finale werde erholen können. Aber wahrscheinlich war es gerade jenes Auf und Ab in diesem Spiel, das reihenweise erwachsene GAK-Fans zum Weinen brachten, zuerst vor Verzweiflung, dann vor Glück. Ich will ja keine Namen nennen, aber ich kenne GAK-Fans, die auf dem Rasen des Ernst-Happel-Stadions in die Knie gingen, um wie Kühe ein wenig von diesem geheiligten Grün zu verzehren. Andere haben ein paar cm² des Rasens Zuhause stehen, gießen und schneiden dieses wunderbare Grün auch jetzt noch andächtig. In dieser Zeit hatte allerdings auch der Stadtrivale einige sehr gute Jahre, was uns Roten das Leben nicht wirklich leichter machte. Beinahe jeden Sonntag hatte der fallsüchtige Kapitän der „Unaussprechlichen" vom Titelblatt der größten Bundesländerzeitung gegrinst. Und einem den Sonntag gründlich versaut. Selbstverständlich, das muss ich anmerken, hat es dieses Titelbild niemals in unser Haus geschafft. Es landete immer im Altpapiercontainer, gleich nachdem ich die Zeitung aus dem Postkasten gezogen hatte. In Bezug auf meine Person erlangt der Spruch von einer „sturmfreien Bude" eine ganz neue Bedeutung. Und so wird es immer bleiben. Das verspreche ich…

Mike Markart

Die Fans   **Heute**

Fußballstammtische bei den Fanclubs

Äußerst beliebt sind bei den GAK-Fans die Fußballstammtische in der ganzen Steiermark. In Zusammenarbeit mit dem Management und dem Fanclubkoordinator organisieren die Fangruppen Diskussionsabende, an denen der persönliche Kontakt zwischen Fans, Spielern, Trainern und Vereinsverantwortlichen gefördert wird.

Hans Schönegger bedankt sich bei Igor Pamic für eine heiße Diskussion.

Es ist schon einmalig und einzigartig, dass der GAK seinen Fans die Möglichkeit bietet, engsten Kontakt mit den Spielern zu pflegen und Informationen aus erster Hand zu erfahren, aber auch sachliche Kritik anbringen zu können. Bereits 40 solcher Veranstaltungen – allein 25 in der Ära von Hans Schönegger – hat es bereits in allen Teilen der Steiermark gegeben. Dabei bewiesen die gesamte GAK-Führung, Spieler und Trainer, aber auch die für die Organisation verantwortlichen Fanclubs beständige „Hochform"!

In der Weststeiermark, im Café „Storchennest" in Groß St. Florian, konnte Fangruppen-Koordinator Hans Schönegger schon zwei Mal GAK-Delegationen begrüßen.

Im März 1999 führte Trainer Klaus Augenthaler die GAK-Crew um Benny Akwuegbu, Toni Ehmann und Manfred Kern an und staunte nicht schlecht, als im völlig überfüllten Lokal zur Begrüßung die „Florianer GAK-Musi" aufspielte. Im Mittelpunkt der über 90-minütigen Diskussion stand natürlich der Weltmeister und Ex-Bayern Star. „Auge" beantwortete die vielen Fragen sehr ausführlich und fachkundig, wobei auch der bayrische Humor nicht zu kurz kam.

„Auge" inmitten der Florianer Fans

Fast genau zwei Jahre später, am 10.5.2001, kamen Trainer Werner Gregoritsch, Teammanager Günther Koschak sowie die Spieler Ronnie Brunmayr, Toni Ehmann und Igor Pamic nach Groß St. Florian. Wieder entwickelte sich ein reger Diskussionsabend, an dem die Stars geduldig die vielen interessanten Fragen beantworteten und im Anschluss auch für Autogrammwünsche und Erinnerungsfotos zur Verfügung standen. Igor Pamic wurde ob seiner Aussage – „Wir schaffen heuer noch den UEFA-Cup-Platz!" – nicht sehr ernst genommen, ja sogar von vielen belächelt. War doch die Ausgangssituation für die „Roten Teufel" alles andere als günstig.

Der „Bulle aus Pula" sollte allerdings Recht behalten, denn genau 14 Tage später wurde das kleine Fußballwunder sehr zur Freude aller GAK-Fans wahr!

Um diese Stammtische beneiden den GAK viele Fußballfans aus allen Lagern. Auch im Jubiläumsjahr gab und gibt es in allen Regionen der Steiermark solche Veranstaltungen, bei denen jeweils mehrere Fanclubs zusammenarbeiten.

Fotos: GAK-Archiv

Heute

Der VIP-Club

Der Kick beim Kick

Winterpolo, Golf-Opens, Formel-1. VIP's – also sehr bedeutende Persönlichkeiten oder was immer sich dafür hält – sind integrierter Bestandteil des Sports. Und so konnte es nicht ausbleiben, dass sich auch der Fußball der VIPomania nicht verweigern konnte. Statt zäher Wurstsemmel (mit Polnischer, stilecht begleitet vom Becher-Bier) smalltalkt der Fan heutzutage zwischen Pastetchen an Kresseschaum, Hummersalat und irgendetwas Prickelndem im Glas.

Irgendwie passt Kick und VIP nicht zusammen. Ein Match ist schließlich etwas, wo man Emotionen lebt, den Schiri – politisch unkorrekt – auch einmal „schwarze Sau" schimpft! Doch VIP-Clubs, da macht der GAK keine Ausnahme, tragen zum Klubbudget und Image bei. In nicht unbeträchtlichem Ausmaß. Mit gut 150.000 Euro beziffert Marketingchef Helmut Roth alleine die Eintritte, die in der Klubkasse klimpern. 600 Plätze gibt es für VIP's, 300 sind ausabonniert, der Rest geht an Sponsoren oder in den Einzelverkauf. Wobei mittelfristig sich das Bild noch entscheidend ändern könnte. Der Trend geht in Richtung "Sky-Box". Das sind Lounges für Über-VIP's. Einheiten für bis zu zehn Personen mit eigener Bar, Sitzgarnitur und einer kleinen Terrasse. Im belgischen Utrecht etwa gibt es bereits 42 solcher Boxen, die, pro Saison, um immerhin 70.000 Euro an wohlhabende Fußballfans vermietet sind. Auch in Liebenau wird eifrig an solchen Lösungen getüftelt.

Wolfgang Hasenhütl macht mit dem Restaurant „Steirertreff" das Catering im GAK-VIP-Club.

Der VIP-Club **Heute**

Wirtschaftsminister Dr. Martin Bartenstein – hier mit Rudi Roth und Peter Svetits – war in der Saison 2001/2002 ein gerne gesehener Gast im VIP-Club

Doch bis es so weit ist, müssen wir mit dem bestehenden VIP-Klub vorlieb nehmen. Und der ist auch nicht so schlecht. Zwölf Millionen Schilling wurden investiert, 80 Laufmeter Glasfläche garantieren den absoluten Durchblick auf das, was am Rasen gerade so läuft. Von Udo Jürgens bis Arnold Schwarzenegger haben sich schon viele daran erfreut. Und mit gut 30 Metern beherbergt der Klub auch die längste Theke der Steiermark. Übrigens: mit gut 30 Tausendern pro Spielzeit und Person ist man Mitglied des noblen Klubs. Mit garantiertem Sitzplatz, Dauerparkplatz in der Tiefgarage, kaltem und warmem Buffet und dem guten Gefühl, bedeutend zu sein.

Mahlzeit! Im GAK-VIP-Klub ist für jeden Geschmack etwas dabei.

Die Anfänge des GAK-VIP-Klubs reichen natürlich nicht 100, aber mittlerweile auch schon gut zehn Jahre zurück. Im guten alten Casino-Stadion in der Körösistrasse gab's – neben der Pressetribüne – einen kleinen Bereich für vielleicht 70 eingefleischte GAKler. Der ebenso eingefleischte Ralph Schilcher schmiss damals die ersten Einladungen. Brötchen mit Lachsersatz und viel Maionnaise, dazu wurde das Glaserl Sekt gereicht. Spaß hat's damals wie heute gemacht. Aber wie sang schon Bob Dylan – ob er Soccer-Fan ist, ist nicht überliefert – treffend: „The Times, they are a changing..."

Gerhard Felbinger

Bei GAK-Siegen und Klavierklängen schmeckt der Sekt um einiges besser.

Heute
Die Fanshops

LIEBHERR GAK-Fanshop

Finanzspritzen von Sponsoren und Eintrittsgelder waren lange Zeit die Haupteinnahmequellen für die Fußballvereine. Erst in den letzten Jahren hat sich der Verkauf von Fanartikel bezahlt gemacht. Merchandising heißt das neue Schlagwort, Bayern München und Manchester United sind da die Vorbilder, die Umsätze im Millionenbereich (Euro !) schreiben.

Modernes Merchandising zog auch beim GAK ein, die Marke „GAK" setzt sich seitdem immer mehr durch. Seit dem Antritt des neuen Präsidenten Mag. Rudi Roth haben sich Umsatz und Anzahl des Artikelsortiments gesteigert. Neben den Erfolgen der Elf von Thijs Libregts sind folgende Punkte Garanten für diese positive Entwicklung:

Das unermüdliche Engagement der Fanshop-Mitarbeiter. Unter der Leitung von Ilse Daxböck (Verantwortliche für Fanshops, Personal, Einkauf) sind noch Sandra Fink (Internetshop, Vertretung von Frau Daxböck), Barbara Acham (Verkauf Kaiserfeldgasse), Sandra Paul (Verkauf Stadionshop) und Elmar Fladerer (Lagerverwaltung) im GAK-Verkaufsteam.

Bei den Heimspielen erhöht sich die Zahl der Mitarbeiter auf zehn bis zwölf Personen, die im „Fliegenden Verkauf" und an den Verkaufsstellen beim Video-Truck, dem VIP-Bereich usw. GAK-Artikel an die Frau und an den Mann bringen.

Weitere Punkte des Erfolgs sind die beiden fixen Fanshops (Stadionplatz 1, Tel.: 0316/48 30 30-30; Kaiserfeldgasse 2, Tel.: 0316/81 81 30) bei denen man von Montag bis Freitag (10.00 bis 18.00 Uhr), in der Kaiserfeldgasse auch am Samstag (10.00 bis 17.00 Uhr; ausgenommen natürlich an Spieltagen) nach Lust und Laune einkaufen kann.

Für die Fans außerhalb von Graz hat sich der GAK

Die Fanshops — **Heute**

auch etwas Besonderes einfallen lassen. Auf der offiziellen Homepage des GAK www.gak.at wurde im November 2001 ein Internet-Verkaufsportal ins Netz gestellt, das bereits beachtliche Zahlen schreibt.

Wichtig sind natürlich auch folgende Veranstaltungen des GAK, bei denen sich der Fanshop auch auswärts präsentiert.
- Stammtische der LIEBHERR GAK Fangruppen
- bei Benefizspielen der Kampfmannschaft
- Tag der offenen Tür vor Meisterschaftsbeginn
- Christkindlmarkt am Franziskanerplatz
- Besuch von Schulen
- Truck-Verkauf
- Messen

Das engagierte Team in den verschiedenen Verkaufslokalitäten wäre nichts ohne einen riesigem Sortiment, das dem GAK-Fan zweifelsohne geboten wird.

360 (!) verschiedenste Artikel stehen im Programm. Die Highlights sind Originaltrikots, Kappen, Schal und Wimpel.

Anlässlich des Jubiläums werden folgende Exklusiv-Artikel angeboten:
- Zinnbecher mit allen Unterschriften der Spieler, des Trainers und des Präsidenten
- 100-Jahr-Fan-Schal
- 100-Jahr-T-Shirts
- 100-Jahr-Baseballkappe
- 100-Jahr-Exklusivuhr
- 100-Jahr-Kalender
- 100-Jahr-Sonderabfüllung von Sekt und Wein sowie Weinbrand

Weitere Artikel im Programm des Fanshops sind:
- Dress – Trikot (Heim-u. Auswärts, Kinderdress usw.)
- Sweater
- Trainingsanzüge
- T-Shirts
- Kappen
- Schal
- Stirnband
- Hauben
- Socken
- Krawatten
- Filzhut
- Piratenmützen
- Halsketten
- Geldspangen
- CDs
- Feuerzeuge
- Aschenbecher
- Zinnbecher
- Uhren
- Kalender
- Posters
- Autogrammkarten
- Servietten
- Schüttelpennal
- Schultaschen
- Rucksäcke
- Heftmappen
- Teufels-Plüschtiere
- Wimpel
- Fahnen
- Bälle
- Häferl
- Biergläser
- Bettwäsche
- Handtücher
- Bademantel
- Regenschirm
- Kugelschreiber
- Bleistifte
- Schlüsselanhänger
- Spielkarten
- Gürteltaschen
- Aktentaschen
- Mousepad
- Sporttaschen
- und als Neuheit und in Abstimmung unseres Ladies-in-Red-Programms: die Ladies-in-Red-Unterwäsche

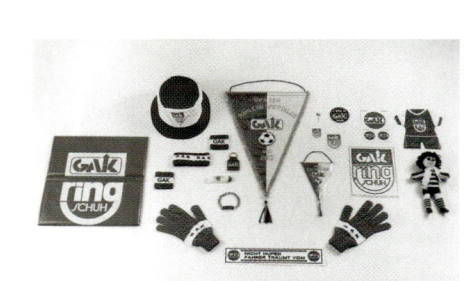

Der Fanshop einst – klein, aber fein!

Heute

Die Front im Hintergrund

Rote Front im

Helmut Roth
Der Bruder unseres Präsidenten Rudi Roth ist im Bereich der Organisation und im Management beim LIEBHERR GAK tätig.

Robert Magagna
Die jüngste Verpflichtung des Klubs – Robert Magagna ist seit Februar 2002 beim GAK – und zeichnet für das komplette Marketing verantwortlich. Seine weiteren wichtigen Aufgaben umfassen die Sponsorenbetreuung, die Organisation von Veranstaltungen, die Abwicklung von Aktivitäten, die Organisation der Fanshops und des Büros und die Leitung des Kartenverkaufs.

Barbara Archan
Sie arbeitet in der „Filiale" in der Kaiserfeldgasse und verkauft dort die teuflischen Fanartikel.

Fotos: SYMBOL

Ilse Daxböck
Es gibt keinen Fanartikel, den Ilse Daxböck nicht bestellt hat. Sie macht die Lagerverwaltung, den Warenein- und –verkauf und bedient das Warenwirtschaftsprogramm. Ilse Daxböck sorgt auch dafür, dass bei allen Messen, Stammtischen usw. Fanartikel zu kaufen sind. Weiters laufen über ihren Schreibtisch alle Bestellungen bei unserem Ausrüster FILA.

Reini
Unseren Reini kennen alle GAK-Fans. Er ist jener ehrenamtliche „Erzrote", der die Bälle aus dem Liebenauer Graben fischt, die Werbebanden richtig platziert und auch sonst Tag und Nacht für „seinen" GAK da ist.

Im Schaufenster stehen Woche für Woche die Spieler, während sie im Hintergrund für einen reibungslosen Ablauf im Vereinsleben sorgen: die Damen und Herren im GAK-Büro.

Ein Fußballklub in der Größe des LIEBHERR GAK ist längst mehr als nur ein normaler Verein. Der beste Beweis dafür ist ein Blick in das GAK-Büro, das sich von einem herkömmlichen Betrieb in keinster Weise unterscheidet. Elf Personen sorgen dafür, dass alles klappt. Von der Buchhaltung über die Ausstellung der Krankenscheine, die beiden Fanshops im Arnold Schwarzenegger Stadion und in der Kaiserfeldgasse, Ticketverkauf und die Fanbetreuung. Dazu kommen Bestellungen aller Art – angefangen vom sportlichen Material wie Bälle, Dressen und Schuhe bis hin zu den nötigen Artikeln für die medizinische Abteilung. Hier in den „Katakomben" in Liebenau laufen die Drähte in der Transferzeit heiß, werden Arbeitsbewilligungen eingeholt und Visa für die Auslandsreisen des LIEBHERR GAK beantragt und abgeholt. Dazu kommt die Verwaltung der Spielerwohnungen und Autos, die Mitgliederbetreuung, der Warenein- und Verkauf der Fanartikel und die gesamte sportliche Korrespondenz – vom Nachwuchs bis zur Kampfmannschaft. Und natürlich die Sponsorenbetreuung, Kontaktaufnahme mit Firmen, Platzierung der Werbetafeln, die gesamte Pressearbeit bis hin zur Beantwortung von Fan-Anfragen und den Versand des Vereinsmagazins Teufelspost.

Kurz und gut: ohne die Büro-MitarbeiterInnen des LIEBHERR GAK würde gar nichts gehen. Sie sorgen tagein, tagaus für einen funktionierenden Klub und darum wollen wir Ihnen die erfolgreiche Mannschaft, die stets im Hintergrund steht, in diesem Jubiläumsbuch präsentieren.

Christian Thomaser

Die Front im Hintergrund   Heute

Hintergrund

Andrea Rüdebusch

Diese Dame kennt jeder, der sich seine Dauerkarte im GAK-Büro abholt oder an den Spieltagen am Presseschalter zu tun hat. Rüdebusch ist für den gesamten Kartenverkauf (Dauerkarten- und Tagesverkauf) beim LIEBHERR GAK verantwortlich. Sie verwaltet weiters den kompletten Fuhrpark der Roten Teufel, hat die Korrespondenz für den Jugendbereich über und erledigt teilweise die Korrespondenz für Teammanager Günther Koschak inklusive aller Spielberichte. Sie schult auch die Kassiere ein.

Ulrike Lang

Sie ist für das Rechnungswesen des Vereins und die GmbH verantwortlich, macht die Kontierung und Verbuchung und erstellt die Rohbilanz. Weitere Aufgaben sind die Budgetierung, Abrechnung mit den Behörden (Finanzamt, GKK, Magistrat) und die Bearbeitung der Subventionen von Land und Stadt. Ulrike Lang verwaltet auch die Spielerverträge, betreut die Mannschaft in Steuerfragen und macht die Abrechnungen mit der Bundesliga, dem Steirischen Fußballverband und der UEFA.

Angelika Rosenberger

Nicht nur an den Matchtagen gibt es für Angelika immer besonders viel zu tun. Sie hat das Pressebuffet über, sorgt für die Dekoration des VIP-Raums und ist auch sonst für alle größeren und kleineren Probleme wie Aufnäher bei den Dressen und vieles mehr stets zur Stelle, wenn sie gebraucht wird.

Natascha Trummer

Sie ist die „Mediendame" im GAK-Büro, sorgt für Pressemappen, verschickt Aussendungen und erledigt die Korrespondenz für Büro, BNZ und den Präsidenten. Natascha Trummer ist auch die „Adresse", wenn es um den Spielplan oder eine Kaderliste geht. Sie sammelt alle Pressemeldungen über den GAK, macht Aussendungen an die Fangruppen (Mitteilungen, Teufelspost usw.), verteilt die vielen einlaufenden e-mails und Faxe und hilft an Spieltagen beim Kartenverkauf.

Sandra Paul

Sie haben diese Frau noch nie gesehen? Dann wird es höchste Zeit, dass Sie sich im LIEBHERR GAK-Fanshop im Schwarzenegger Stadion mit den neuesten Artikeln eindecken!

Silvia Riedrich

Die jüngste Dame im GAK-Büro beendet heuer ihre Lehre zur Bürokauffrau und assistiert Andrea Rüdebusch beim Verkauf der Dauerkarten, erledigt Hotelreservierungen, bearbeitet und pflegt das Archiv, hilft im Fanshop aus und verwaltet die Spielerwohnungen.

Sandra Fink

Sandra ist wie Sandra Paul für den Fanartikelverkauf in Liebenau verantwortlich und ist die Assistentin von Ilse Daxböck beim Einkauf der Fanartikel. Ein weiterer großer Aufgabenbereich ist das e-business, sprich der Verkauf der teuflischen Artikel im Internet.

Brigitta Birnstingl

Sie ist die längstdienende Mitarbeiterin (12 Jahre) beim GAK und müsste normalerweise bereits mit einer „Inventarnummer" im Büro sitzen. Frau Birnstingl betreut und verwaltet alle arbeitsrechtlichen Belange der Mannschaft wie An-, Abmeldungen, Krankenstände, Urlaube und Wohnungen. Weiters hat sie die Mitgliederbetreuung, Prüfung der Zahlungen und den Schriftverkehr mit den Mitgliedern über.

Heute *Der Platzwart*

Kurz vor der Fertigstellung dieses Buches verstarb GAK-Zeugwart Gerry Reiter, der den 3. Cupsieg des Klubs nicht mehr miterleben durfte. Ein Portrait und zugleich Nachruf auf einen Mann, der immer für seinen GAK da war.

Waschen, putzen und stopfen

Tormann, Masseur, Zeugwart, Mädchen für alles. All das traf auf Gerry Reiter zu. Vor wenigen Wochen ist unser Gerry im Alter von erst 59 Jahren für immer von uns gegangen. In den sechziger Jahren stand Gerry im Kader der GAK-Kampfmannschaft. Wegen unzähliger Verletzungen blieb ihm die große Tormann-Karriere aber versagt. Dem GAK ist er aber immer treu geblieben. In den 80er Jahren und zu Beginn der neunziger als Masseur, später als Zeugwart. Der liebenswerte, „ewige Grantler" hatte vor allem für die jungen Spieler ein Herz. Seine liebste Geschichte war, als er im Jahr 1991 einem damals 19-jährigen Verteidiger beim „Sparen" half. Der GAK war zu einem Auswärtsspiel nach Altach in Vorarlberg unterwegs.

Nach dem Mittagessen beim legendären Tiroler Stanglwirt in Going „befahl" Trainer Savo Ekmecic: „Weiterfahrt um Punkt 13 Uhr, wer zu spät kommt, bleibt!" Der junge Verteidiger kam um drei Minuten zu spät. Der GAK-Mannschaftsbus war bereits weg. Erst nach mehreren Kilometern konnte der Gerry den grimmigen Savo davon überzeugen, doch umzukehren, schließlich hatte der junge Spund im Trainingsanzug am Parkplatz weder Geld noch Handy bei sich. 2.000 Schilling Strafe fürs Zu-Spät-Kommen musste der Spieler in die Mannschaftskasse zahlen. Einen Tausender hat der Gerry übernommen. Und das Geheimnis, dass er nur deshalb zu spät kam, weil die verbotene Zigarette am Stanglwirt-Klo so gut schmeckte, war beim Gerry auch immer bestens gehütet...

Gerry Reiter (Bild oben mit Co-Trainer Christian Keglevits) starb im Alter von 59 Jahren. Eduard Schitter (rechts) half Reiter in den letzten Monaten und ist der neue GAK-Zeugwart.

Bestens aufgehoben waren beim Gerry nicht nur kleine Geheimnisse. Gemeinsam mit Lebensgefährtin Angelika sorgte er stets dafür, dass die Dressen und Trainingsutensilien der GAK-Spieler frisch gewaschen, geputzt und gebügelt waren. Er war in seinem Bereich unterhalb der Stehplatztribüne im Casino Stadion der Herr über vier Waschmaschinen, denen er tagtäglich alles abverlangt hat. Rund eine Tonne Waschpulver verbrauchte er pro Jahr. In seinem „Kleiderschrank" befanden sich zehn Garnituren Dressen, eine Menge Trainingskleidung und über 100 Paar Fußballschuhe, die es zu pflegen galt und gilt. Nur für die Kampfmannschaft wohlgemerkt. In den letzten Monaten hatte Gerry schon Unterstützung in Person von Eduard Schitter, der die wichtige Aufgabe des Zeugwartes seit diesem 10. Mai, dem Todestag von Gerry Reiter, alleine zu erledigen hat.

Gerry, wir werden Dich nie vergessen!
Deine GAK-Familie *Peter Karner*

Der Stadionsprecher — **Heute**

Die Stimme des GAK

Martin Zwischenberger gehört die Stimme, die bei keinem GAK-Heimspiel fehlen darf. Der Stadionsprecher begann seine Tätigkeit beim Klub, als der GAK im Abstiegs-Play-Off herumkickte.

„Unsere Mannschaft, der LIEBHERR GAK, geht mit 1:0 in Führung. Und nun ihr Applaus für den Torschützen: die Rückennummer 19, Ronni...!" Wenn diese Worte durch die Lautsprecher im Arnold Schwarzenegger Stadion hallen, sitzt Martin Zwischenberger, die Stimme des GAK, hinter dem Mikro. In der Sprecherkabine, die einem Radiostudio ähnelt und die Zwischenberger als Wunder der Technik bezeichnet – zumindest dann, wenn er sich an vergangene Tage im Casino Stadion zurück erinnert. „In der Körösistraße hatten wir auch eine Wundertechnik – dort war es ein Wunder, wenn alles funktioniert hat. So ging einmal gut und gerne 20 Minuten gar nichts, als ich vor 11.000 Zuschauern gerade die Derbyaufstellung angesagt habe. Die Stadtwerke mussten kommen und das Werkl wieder in Gang bringen", blickt Zwischenberger zurück.

Im Schwarzenegger Stadion blieben seine Aufgaben die gleichen: Aufstellungen durchgeben, Werbung abspielen, Mutter oder Vater von verloren gegangenen Kindern ausrufen – und natürlich mit großer Begeisterung GAK-Tore verkünden. „Nur hier ist alles viel einfacher, weil die Technik am neuesten Stand ist und 36 Boxen zu je 200 Watt für eine tadellose Akustik sorgen. Aber ohne mein Team wäre ich aufgeschmissen. Helga Brunner und Peter Kerngast bedienen 20 Regler, 216 Knöpfe, jede Menge hochtechnische Geräte und sorgen für die richtigen Einblendungen auf den beiden Anzeigentafeln und die richtige Musik", erklärt Zwischenberger. Hektisch wird es vor allem dann, wenn der GAK ein Tor schießt: Helga Brunner spielt die Torhymne ab, Peter Kerngast gibt den Torschützen in den Computer ein und Martin Zwischenberger nimmt das Mikro mit einem Lächeln zur Hand.

Zum ersten Mal griff Martin für den GAK im Casino Stadion zum Mikro – ein ehemaliges Vorstandsmitglied hatte ihn gebeten, eine Aufstellung vor leeren Rängen durchzugeben. Dieser Herr wusste, dass der ehemalige ORF-Moderator Zwischenberger ein Roter war. Martin tat's und war vom Fleck weg engagiert. Bereut hat er diesen Schritt bis heute nicht, ganz im Gegenteil. Neben seiner Aufgabe als Stadionsprecher macht er auch Führungen durch das Schwarzenegger-Oval oder moderiert GAK-Stammtische. Sein schönstes Erlebnis war das UEFA-Cup-Spiel gegen Inter Mailand im Kapfenberger Alpenstadion: „Damals ist sogar mir die Gänsehaut aufgestiegen, was sich dort abgespielt hat, war der absolute Wahnsinn!" Bleibt nur zu hoffen, dass Martin Zwischenberger noch oft die Gänsehaut aufsteigt, wenn der GAK einen Großen des internationalen Fußballs in die Knie zwingt.

Christian Thomaser

Martin Zwischenberger moderiert seit Jahren die Heimspiele des GAK und wünscht sich von Match zu Match nur eines: möglichst viele Tore der Roten Teufel im Arnold Schwarzenegger Stadion!

Heute   *Die Medien*

Als der Kaiser noch von der Titelseite lachte

Zeitungen gab es schon immer, nur die Aktualität war nicht immer die gleiche wie heute. Als der GAK 1902 gegründet wurde, lachte noch Kaiser Franz Joseph von den Titelseiten.

Als der Film laufen lernte..., diese Floskel trifft auch auf die mediale Entwicklung beim GAK zu. Fotos aus der Zeit der Gründung des Klubs sind Mangelware - und vor allem von einer Qualität, die man heute für die Printmedien kaum noch verwenden kann. Es war aber ein Erlebnis, für dieses Buch die alten Fotos durchzusehen!

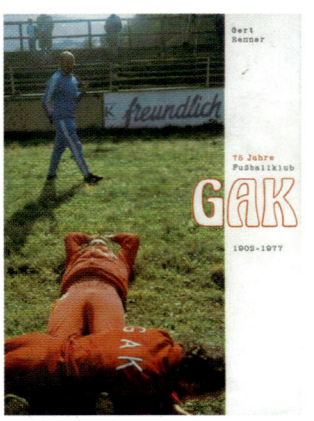

Berichtet wurde über den GAK schon immer. Und der GAK selbst unternahm alles, um über seine Erfolge, Pläne und vieles mehr zu informieren. Heiß begehrt waren stets die Jahrbücher und Jubiläumszeitschriften des GAK oder später die eigene Vereinszeitung. Zum Glück sind die Zeiten, als die Zeitungen noch mit den einzelnen Buchstaben gesetzt werden mussten, längst vorbei. Information ist heute alles - und der GAK hat mit seinem Vereinsmagazin Teufelspost und seinem Internetauftritt unter www.gak.at zwei ausgezeichnete „Sprachrohre" zu seinen Fans. Binnen weniger Minuten können heute die aktuellen News transportiert werden, damit die Anhänger stets auf dem Laufenden sind.

Die Teufelspost

Die Geburtsstunde des aktuellen Vereinsmagazines schlug eigentlich bereits 1996, als der GAK keine eigene Klubpostille hatte. Der heutige Redakteur der „Teufelspost", Christian Thomaser, schlug dem damaligen Präsidenten Harald Fischl vor, anlässlich des UEFA-Cup-Spiels gegen Inter Mailand etwas zu machen. Das Produkt war ein Vierseiter in minimaler Auflage, den alle Fans bekommen haben, die per Bus oder Flugzeug die Reise nach Mailand mitgemacht haben. Beim Rückspiel in Kapfenberg 14 Tage später hatte „Let's go GAK" bereits 16 Seiten und wurde mit dem Layout der Kleinen Zeitung im Schnellverfahren produziert. Als 1997 die „Teufelslinie" von der Firma Zumtobl entworfen wurde, war auch ein teuflisches Layout für eine Vereinszeitung darunter. Pünktlich zur Eröffnung des Arnold Schwarzenegger Stadion kam der „GAK Report" aus der Druckerei, der aus Kostengründen großteils Schwarz-Weiß gedruckt wurde. Richtig professionell wurde das Vereinsmagazin erst, als der Kompetenz Verlag 1997 die Produktion übernommen hat und aus dem „GAK Report" die „GAK Teufelspost" wurde. Zwischen sechs und sieben Ausgaben pro Jahr – natürlich alle färbig – werden produziert und von den Fans sehnsüchtig erwartet. Während Magazine dieser Art früher einmal eine Vorlaufzeit von mehreren Wochen hatten, sind in der Teufelspost stets die Ergebnisse des letzten Spiels zu lesen.

www.gak.at

Noch aktueller ist natürlich das Internet, das sich bei den Fußballfans größter Beliebtheit erfreut. Musste man früher einmal Statistiken in mühsamer Kleinarbeit aus diversen Printmedien zusammentragen, so genügt heute ein Klick dafür. Unter www.gak.at findet der Fan alles, was er über seinen Klub wissen will: Spielerportraits, Termine, Hintergrundinformationen und aktuelle Meldungen – bereits wenige Minuten nach einer Pressekonferenz ist alles Wissenswerte im Internet nachzulesen.

Das www ermöglicht aber noch um einiges mehr – so können Fans über heiße Themen direkt im Forum diskutieren, den Spielern zu Siegen gratulieren oder Kritik anbringen. Wie beliebt das Internet ist, zeigt die Tatsache, dass sogar Fans ihre eigene Homepages bauen. Neben der offiziellen GAK-Homepage gibt es mehrere inoffizielle über den GAK. Ein besonderer Dank seitens des Klubs gebührt an dieser Stelle DI Herbert Rienessel und seinem Sohn Robert, die in mühevoller und monatelanger Kleinarbeit die GAK-Geschichte unter www.gak-archiv.at ins Netz stellten.

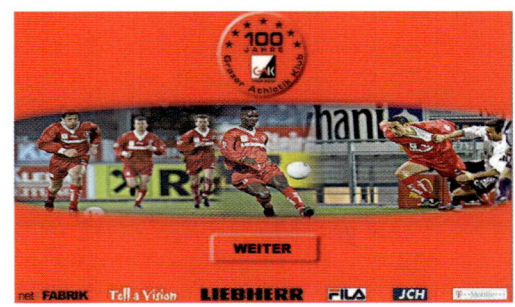

Morgen

SPORTPARK - LIEBHERR GAK
GRAZ NORD

hohensinn
architektur
a-8020 graz grieskai 80 fon +43 (0)316.811160 fax +43(0)316.811160.11 e hohensinn@aon.at

Morgen

Morgen *Fußballakademie*

Fußballer mit Köpfchen

Die moderne Entwicklung des Fußballs hat in vielen Ländern Europas den Stellenwert der Jugend in das Zentrum aller Bemühungen gestellt. Österreich war dabei stets ein Vorreiter moderner Ausbildungstendenzen. Durch die Installierung von Bundesnachwuchszentren (BNZ) schaffte man sehr rasch eine Struktur, die dem Spitzenfußball geeignete Nachwuchskräfte liefern sollte. Nach anfänglichen „Kinderkrankheiten" erreichten die BNZs tatsächlich jene Ziele, für die sie installiert worden waren.

Viele Länder schauten zu diesem Zeitpunkt „neidvoll" auf diese BNZ-Meisterschaft, ehe sie sich dann ebenfalls einem Strukturwandel unterzogen, der die BNZs überflügelte. Eine allumfassende Ausbildung rund um die Uhr war dabei das Ergebnis dieser Überlegung. Speziell Frankreich und Holland standen Pate für diese Neuorientierung im Nachwuchsbereich und Österreich hatte wiederum Handlungsbedarf, wenn man den Anschluss im modernen Fußball nicht verpassen wollte.

Durch Konzentration aller Kräfte und Forcierung der BNZs wurde ein Unterbau eingezogen, der sich in den österreichweit sogenannten LAZs manifestierte. Man erkannte, dass eine gediegene Ausbildung bereits mit 11- bis 12-Jährigen beginnen müsse und installierte aus diesen Überlegungen 45 Ausbildungsstätten in Österreich. Gleichzeitig wurde auch beschlossen, sogenannte Akademien zu errichten. Diese wurden als Schulkooperationsmodell definiert und sollen ebenfalls mit einer Rund-um-die-Uhr-Ausbildung für geistiges, seelisches und körperliches Wohl der jungen Spitzensportler sorgen.

LIEBHERR GAK war neben der Austria und der Admira vom ÖFB 2001 mit diesem Status einer Akademie ausgezeichnet worden und es zeigt sich, dass viele Supertalente aus der Steiermark, aber auch aus den Nachbarländern Burgenland und Kärnten diese Ausbildungschance nützen. „Alles unter einem Dach" ist dabei das Motto.

Die HIB Liebenau, die Heimat dieser Fußballakademie LIEBHERR GAK HIB Liebenau, inmitten weitläufiger gepflegter Garten- und Parkanlagen gelegen, besitzt fünf Sportplätze, einen Hartplatz, Leichtathletikanlagen, ein Hallenbad, zwei Tennisplätze, zwei Turnsäle, Tischtennisräume, eine Kletterwand und eine Kraftkammer. Mittlerweile tummeln sich hier an die 60 Fußballer, die neben polysportiven Inhalten sich fußballspezifisch einer Intensivausbildung unterziehen und in einer BNZ-Meister-

Fußballakademie   **Morgen**

Um diese Ziele der Spitzennachwuchsförderung zu erreichen, bedarf es eines gut strukturierten Unterbaues. Über diesen verfügt glücklicherweise die Jugendabteilung des LIEBHERR GAK, die in den Händen des Jugendleiters Leo Baumkirchner liegt. LIEBHERR GAK führt einen Fußballkindergarten und acht Mannschaften vom U7 bis U14-Bereich, weiters ein U15-Team, zwei U16-Teams und die zwei BNZ-Mannschaften im Spitzenbereich. Der Jugendbereich versteht sich dabei als leistungsorientierter Ausbildungsbetrieb in einer sehr breit gefassten Ganzheitserziehung von Seele, Geist und Körper. Trainingsumfang und Trainingspläne erfolgen in Anlehnung an den Perspektivenplan des ÖFB. In der Struktur unterscheidet man klar zwischen dem Kinder- und Jugendfußball und die Jugendtrainer haben damit im Organisationsbereich viele Aufgaben zu bewältigen.

Es ist kein Geheimnis, dass LIEBHERR GAK dringend ein Trainingszentrum benötigt und dass dadurch die Arbeit für die Jugendtrainer wesentlich erleichtert werden wird. Dieses Trainingszentrum soll noch 2002 im Norden von Graz, in Andritz, entstehen und Dank der Initiative und des Engagements von Präsident Mag. Rudi Roth und der finanziellen Mithilfe von Stadt und Land ist dieses Projekt mittlerweile sehr realistisch geworden. Wie dringend notwendig dieses Trainingszentrum ist, zeigt auch die Tatsache, dass die Jugendmannschaften von LIEBHERR GAK derzeit auf vier bis fünf verschiedenen Anlagen trainieren bzw. Meisterschaftsspiele durchführen. Das neue Trainingszentrum mit fünf Plätzen und einem kleinen Stadion soll dann noch bessere Zeiten für den Jugendbetrieb bei LIEBHERR GAK einleiten.

Die Höhere Internatsschule des Bundes (HIB) in Liebenau bietet den Fußballstars von morgen alle Trainingsmöglichkeiten inklusive Hallenbad.

Besondere Merkmale der Jugendarbeit von LIEBHERR GAK sind hohe Standards, wie eine sportmotorische Testbatterie, orthopädische Untersuchungen, Spezialtrainings, sportwissenschaftliche Betreuung. Partnerschulen bzw. Kooperationen mit fast allen Schultypen runden die Infrastruktur ebenso ab, wie die Durchführung von Trainingslagern und die Arbeit in den Hallen. Nicht vergessen sollte man, dass der Idealismus und das Engagement vieler Eltern ebenso wesentliche Säulen der Jugendarbeit von LIEBHERR GAK sind.

schaft Sonntag für Sonntag auf der Bühne des österreichischen Nachwuchsfußballes stehen. Eine gediegene Schulbildung und gleichzeitig die Ausbildung zum Spitzenfußballer ist das erklärte Ziel und diesem wird alles untergeordnet. Ein Betreuerstab, zusammengesetzt aus Trainern, Physiotherapeuten, Masseuren, Ärzten, Sportwissenschaftern kümmert sich um die Erreichung dieser Ziele.

Dass diese Maßnahmen greifen, beweist auch die Tatsache, dass LIEBHERR GAK in der Akademie HIB Liebenau derzeit sieben aktuelle Teamspieler betreut und somit aufzeigt, dass bei Konzentrierung aller Kräfte auch kleine Länder, wie Österreich, die Chance haben, der Jugend dieses Landes Partner in einer Spitzensportausbildung zu sein.

Der GAK dominiert in den feinen Zimmern der HIB Liebenau, wo sich die Fußballakademiker so richtig wohl fühlen.

Ein gemeinsames Erscheinungsbild, wie bei Dressen und Trainingsanzügen vom U8-Bereich bis zur Kampfmannschaft sind ebenfalls ein Signal für Struktur und Know-how in der Jugendarbeit. Nicht zuletzt hat man durch Trainer Libregts, der sich auch um die Belange des Nachwuchses bemüht und sich in Konferenzen informiert, einen Mann gefunden, der auch an einer einheitlichen Spielphilosophie interessiert ist. Das gibt den Trainern Rückhalt, Feedback und den Jugendlichen und deren Eltern Zuversicht für ihre Entscheidung, bei LIEBHERR GAK Fußball zu spielen.

133

Morgen
Akademie und BNZ

Vom BNZ-GAK 2000 z

Nach langjähriger Pause hat der GAK wieder ein Bundesnachwuchszentrum.

Peter Svetits setzte nach einjähriger Bemühung beim ÖFB durch, dass der GAK wieder in der höchsten Nachwuchsspielklasse mitspielen darf. Ein Jahr davor waren die Bestrebungen am Umstand gescheitert, dass dem GAK die Infrastruktur fehlte. Deshalb versuchte man entsprechende Infrastruktur über eine Schulkooperation mit der HIB Liebenau zu erreichen. Diese Idee haben auch Werner Gregoritsch und Dr. Gernot Wainig mitgetragen. Zwei kongeniale Partner haben sich dabei gefunden: Der damalige Leiter der Schule, Hofrat Dr. Richard Ude, hatte sofort die Dimensionen erkannt und dem GAK die Ressourcen zur Verfügung gestellt und nach harten Verhandlungen mit dem Unterrichtsministerium stand die Kooperation GAK – HIB-Liebenau. Hans Strikovic hat beide Mannschaften (U16, U18) auf die Beine gestellt und war der erste Koordinator. Die Trainer im ersten Jahr waren Heimo Kump (U17) und Thomas Hösele (U19).

Die Geschichte der Bundesnachwuchszentren ist 24 Jahre alt und sehr abwechslungsreich, wobei der GAK im österreichweiten Konzert nicht immer dabei war. Bemerkenswert ist auch die Tatsache, dass die großen Wiener Vereine bis 1989 am Bewerb gar nicht teilnahmen. Die Meisterschaft der BJLZ (Bundesjugendleistungszentren) begann im Spieljahr 1977/78 mit einem U17- Bewerb. Ein Jahr später wurde dazu auch ein U15-Bewerb gestartet. Der StFV war Lizenznehmer, die steirischen Vereine konnten Spieler in dieses LZ einbringen; diese blieben aber Spieler des Stammvereines. Im Spieljahr 1979/80 wurde die U17 des StFV Meister im Bewerb der BJLZ.

Mit Beginn der Meisterschaft 1989/90 wurde die Toto-Jugendliga-BNZ mit vielen Strukturveränderungen gestartet. Zum ersten Mal nahmen die drei großen Wiener – AUSTRIA, RAPID, VIENNA an der Meisterschaft teil, aber auch der GAK spielte im Konzert der Großen mit, die Trainer waren Josef Schalk (U16) und Erhard Teschl (U18). Bereits zwei Jahre später geht der GAK eine Spielgemeinschaft mit Flavia Solva ein, die bis 1992/93 dauert. Danach übernimmt wieder der StFV die Führung und STURM, GAK, LUV und Flavia bringen Spieler ein. Übrigens wird 1993/94 unter Werner Gregoritsch der Cup-Bewerb im U15-Bereich gewonnen. Nach der Saison 1995/96 zieht sich der GAK aus dieser unbefriedigenden Situation zurück und bleibt bis zur Saison 2000/2001 Zuschauer der Nachwuchszentren.

Das Betreuerteam der GAK-Akademie und der BNZ-Teams.

Die GAK-Zukunft: Das BNZ-U15-Team.

Dass dies ein Fehler war, wurde am Anfang nicht erkannt. Als aber immer mehr talentierte junge Steirer zum Stadtrivalen STURM und nicht zum GAK tendierten und der GAK teuer junge Spieler für seine Amateurmannschaft kaufen musste, wurde Peter Svetits aktiv. Bereits 1999 versuchte er die ÖFB-Jugendkommission zu überzeugen, dass die Toto-Nachwuchsliga auf 12 Vereine aufzustocken sei. Aber die Tatsache, dass der GAK vor allem in der Infrastruktur Mängel aufwies, verhinderte eine Aufnahme in die Toto-Jugendliga. Peter Svetits fand den Ausweg: in der HIB-Liebenau waren Trainingsplätze, ein Internat, eine Kooperationsschule, einfach die besten Ressourcen, die für einen erfolgreichen Wiedereinstieg in die Toto-Jugendliga vom ÖFB gefordert wurden, vorhanden. Nun wurde auch die HIB-Liebenau unter HR Dr. Richard Ude aktiv und erkannte diese einmalige Chance

Akademie und BNZ — **Morgen**

r Fußballakademie

Die U17-Mannschaft der AKA-LIEBHERR GAK, die bundesweit gegen die Akademien und Bundesnachwuchszentren spielt.

Einige des U19-AKA-LIEBHERR GAK werden in der nächsten Saison bei ESK/GAK-Amateuren in der steirischen Landesliga am Werk sein.

für Schule und Fußball. Eine einmalige und erfolgversprechende Kooperation wurde auf die Füße gestellt.

In der Saison 2000/2001 stieg der GAK wieder in die auf 13 Vereine aufgestockte Toto-Jugendliga ein. Langsam begann der Zustrom der hochtalentierten Jugendlichen zum GAK. Das Motto des ersten Jahres war: FORDERN und FÖRDERN.

Peter Svetits war aber die Wiederaufnahme in die Gemeinschaft der Großen nicht genug. Er verfolgte ein noch viel ehrgeizigeres Projekt, dessen Durchsetzung dem GAK niemand zugetraut hätte: DIE FUSSBALLAKADEMIE. Um auf längere Sicht die Nummer eins in Sachen Nachwuchsarbeit in Graz zu werden, hat der GAK um den Akademiestatus beim ÖFB angesucht. Und im Spieljahr 2001/2002 ist es soweit: der ÖFB vergibt an drei Vereine das Akademiestatut: AUSTRIA WIEN, ADMIRA MÖDLING und GAK werden Fußballakademien.

Nun hat der GAK eine große Chance: vor allem aus der Steiermark, aber auch aus dem gesamten Bundesgebiet strömen Jugendliche zum GAK und wollen diese Fußballakademie besuchen. Man kann aus den Talentiertesten aussuchen und die ersten Erfolge dieser Arbeit sind sichtbar. Der GAK hat in den diversen ÖFB-Jugendauswahlen wieder Nationalspieler und die ersten Namen junger Nachwuchsspieler des GAK sind in aller Munde: Thomas Lechner, Martin Six, Jürgen Nebel und Christoph Ninaus sind auf dem Weg nach oben.

Akademie und BNZ – die Trainer

Sportlicher Leiter:	Thomas Hösele
Administrativer Leiter:	Wolfgang Kohlfürst
AKA-U19:	Hermann Kern
AKA U17:	Heimo Kump
AKA U15:	Manfred Horvath
U18 I:	Otmar Glauninger
U18 II:	Edmund Tschaussnig
Tormanntrainer:	Alfred Schwarzl
Spartentrainer:	Stojadin Rajkovic
Individualtrainer:	Dieter Sperr
Masseur und Reha-Trainer:	Peter Wöhrer
Sportwissenschafter:	Andreas Hausberger
Medizinische Betreuung:	Dr. Nina Gründler
Physiotherapeut:	Hannes Thorbauer
Scouting:	Hans Strikovic

Morgen *Amateure*

Die junge Garde

In der Amateurmannschaft des ESK/GAK gibt es einige Talente, die den Sprung in die Kampfmannschaft schaffen könnten. Trainer Bernd Kovacic hat aber noch andere Pläne: Er möchte mit seiner Elf von der Landesliga in die Regionalliga aufsteigen.

Der ESK/GAK legte in der steirischen Landesliga eine tolle Frühjahrssaison 2002 hin und überholte einige Konkurrenten. Talente, denen der Trainer den Sprung in die Kampfmannschaft zutraut, hat er einige im Kader. Vor allem die beiden U19-Nationalspieler Jürgen Nebel und David Sencar (beide Jahrgang 1984) sind ein Versprechen für die Zukunft. Beide spielten im Frühjahr mit der ÖFB-Auswahl gegen Belgien. „Aber auch ein Georg Paier, Gernot Baumgartner oder Markus Pfingstl hätten das Talent", ist Kovacic überzeugt. Vom Namen her der bekannteste Spieler bei den Amateuren ist Philipp Gamauf, der Sohn von Ex-GAK-Spieler Harald Gamauf, der in den 80er-Jahren zu den Stützen der Athletiker gezählt hat. „Philipp überzeugte in der Vorbereitung, dann hatte er plötzlich Bandscheibenprobleme und musste einige Wochen pausieren. Er hat aber sehr gute Ansätze und ist ein körperlich starker Spieler", meint der Trainer unserer Amateure.

Auf jeden Fall wird der eine oder andere Spieler schon bald mit der Kampfmannschaft mittrainieren. „Der Sprung von der Landesliga in die T-Mobile-Bundesliga ist sehr groß und ein riesiges Problem", weiß Kovacic. Da die geplante U23-Meisterschaft nicht, wie vorgesehen, ab der Saison 2002/2003 gespielt wird, hat Kovacic seine Ziele neu gesteckt: „Wir werden sicher mit einer schlagkräftigen Mannschaft in die Landesliga starten und alles unternehmen, um vielleicht in die Regionalliga aufzusteigen. Dann wäre für die Spieler der Sprung in die Kampfmannschaft um eine Spielklasse geringer!" Im Blickpunkt stehen die Amateure aber schon jetzt – GAK-Trainer Thijs Libregts lässt kein Heimspiel der Talenteschmiede aus.

Kader ESK/GAK

Trainer:	Bernd Kovacic
Tor:	Heinz Lienhart, Christian Gratzei
Verteidigung:	Gernot Pirker, Martin Preiss, Dominik Murlasits, David Preiss, Markus Pfingstl, Jürgen Nebel
Mittelfeld:	Robert Bösiger, David Sencar, Gernot Leeb, Stefan Erkinger, Christoph Ninaus, Georg Paier, Manuel Pieber
Angriff:	Gernot Baumgartner, Philipp Gamauf, Franziskus Milopoulos

Nachwuchs   **Morgen**

Die GAK-Nachwuchstrainer

Auf einen Blick: Die Nachwuchsspieler des LIEBHERR GAK vom Kindergarten bis zur U14-Mannschaft.

Die GAK-Nachwuchstrainer

Jugendleiter (bis U14):	Leo Baumkirchner
Kindergarten:	Mario Kronsteiner
U7:	Marjan Srnec
U8:	Wolfgang Strasser
U9:	Hermann Zrim
U10:	Harald Glashüttner
U11:	Franz Rastl
U12:	Peter Öhlwein
U13:	Eduard Scharler
U14:	Wolfgang Schachner

Morgen
Visionen des Präsidenten

SPORTPARK - LIEBHERR GAK GRAZ NORD

hohensinn architektur
a-8020 graz   grieskai 80   fon +43.(0)316.811188   fax +43.(0)316.811188.11   e hohensinn@aon.at

Visionen des Präsidenten

100 Jahre GAK sind das Fundament für weitere erfolgreiche GAK-Zeiten. Präsident Rudi Roth stellt bereits jetzt die Weichen für eine große GAK-Zukunft.

Das Trainingszentrum des LIEBHERR GAK ist eines der großen Ziele von Rudi Roth.

„Kurzfristig erkaufte Titel bringen keinem Verein etwas. Erfolg über Jahre ist nur mit Kontinuität und langfristiger Planung möglich", ist nicht nur GAK-Präsident Rudi Roth überzeugt. Diese Aussage beweist das Schicksal mehrerer Klubs im In- und Ausland in den letzten Jahren. Darum hat Roth nicht nur Visionen, sondern konkrete Pläne, die bereits jetzt oder spätestens in den nächsten Monaten in die Tat umgesetzt werden. „Besonders freut es mich, dass wir noch heuer mit dem Bau des neuen Trainingsgeländes im Norden von Graz, in der Urzelle des GAK, beginnen werden. Hier entsteht auf einer Fläche von sieben Hektar eines der modernsten Trainingszentren Österreichs mit Gesamtkosten von 6,5 Millionen Euro und wird die neue Heimat des Vereins werden!"

Größtes Augenmerk legt Roth auf die Nachwuchsarbeit, insbesondere auf die GAK-Akademie: „Ich bin überzeugt, dass diese Ausbildungszentren die Zukunft des österreichischen Fußballs sind. Der GAK bildet in der HIB-Liebenau derzeit 100 Fußballer mit Köpfchen aus und ich bin mir sicher, dass schon in wenigen Jahren die ersten großen und vor allem eigenen Talente in der Bundesliga für den GAK spielen werden!"

Großes hat Rudi Roth mit dem Verein vor. Der GAK soll schon ehestmöglich in eine Aktiengesellschaft mit professioneller Führung umgewandelt werden, um wirtschaftlich mit den Top-Klubs mithalten zu können.

Auf sportlicher Ebene garantiert der Präsident weiterhin Spitzenfußball „made by GAK". Nicht nur das Jubiläumsspiel gegen die weltbeste Mannschaft, das weiße Ballett „Real Madrid", ist schon ein großes Highlight, aber auch das weitere große Ziel ist klar definiert: „Wir wollen einmal österreichischer Meister werden – wer keine Ziele hat, hat auch keine Zukunft!"

Statistik

Statistik
Alle Präsidenten des GAK

Alle Präsidenten des GAK

1. Obmann Carl Rieckh
1902

1. Obmann Hofrat Dr. E. Krodemansch
1927–1930

1. Obmann Dozent Dr. E. Pfab
1931–1932

1. Obmann Franz Ircher
1933–1934

1. Obmann F. Hütter
1935

1. Obmann Hofrat Dr. G. Müller
1936–1940

Vereinsführer Dr. A. Arbeiter
1941

1. Obmann Direktor R. Posch
1946–1948

1. Obmann Professor Dr. Konrad Reinthaler
1949–1952
Hofrat Dr. Reinthaler wurde am 11. März 1906 in Graz geboren und war von 1960 bis 1966 Obmann. Er war nicht nur als Fußballer und Sportfunktionär in seiner Heimatstadt Graz eine Persönlichkeit, sondern auch als Lehrer und Direktor der Handelsakademie Graz. Er hat wesentlich dazu beigetragen, dass der GAK zu einem Kapitel der österreichischen Fußballgeschichte geworden ist. Er verstarb unmittelbar vor den Feierlichkeiten zum 75jährigen Bestand des Vereines.

Dr. Franz Allitsch
1966 übernahm er als Mann schneller Entscheidungen die Führung des GAK, 1967 wurde er Generaldirektor der NEWAG und damit automatisch Admira-Präsident. 1969 kehrte er nach Graz auf den GAK-Obmannsessel zurück und führte gemeinsam mit Rudi Rabitsch bis Dezember 1972 die Fußballsektion.

Rudi Rabitsch
Führte gemeinsam mit Dr. Allitsch bis Dezember 1972 die Fußballsektion.
Rabitsch gründete im Jahre 1977 die GAK-61-Mannschaft. Im Jahre 1988 erhielt Rudi Rabitsch das „Ehrenzeichen der Stadt Graz für Verdienste um den Sport".

Ing. Rupert Mild
Ing Mild übernahm von Generaldirektor Allitsch nach dessen Wechsel nach Niederösterreich das Amt des Obmannes der Fußballsektion. Nach dessen Rückkehr bestand die Führung aus einem Dreierdirektorium: Mild, Allitsch und Rabitsch.

Dr. Naimer
Hofrat Dr. Naimer übernahm von Dr. Allitsch eine eingespielte Mannschaft mit Senekowitsch als Trainer und 800.000 Schilling auf dem Bankkonto. Der Klub wurde von einem Direktorium geleitet: Dr. Naimer, Baumeister Voit und Heribert Kasper.

Luis Schönberger
Hofrat Naimer legte im Mai 1974 seine Funktion als Obman zurück, um – wie er sagte – Wirtschaftsfachleuten Platz zu machen. Auch Heribert Kasper zog sich in die zweite Reihe zurück. Der „Schotterbaron" Alois Schönberger übernahm in der schwierigen Zeit des Zwangabstieges in die Nationalliga die Führung der Fußballsektion. Er trat aber bald aus gesundheitlichen Gründen zurück.

Horst Melcher
Horst Melcher, Eigentümer der ATS-Bank, übernahm von Schönberger Anfang 1975 das Amt des Obmannes in einer schwierigen finanziellen Lage des Vereines und trat als großzügiger Sponsor auch der Jugendmannschaften in Erscheinung. Anfang 1976 wurden Untersuchungen gegen die ATS Bank eingeleitet, gegen Melcher wurde ein Gerichtsverfahren eingeleitet – der GAK stand vor dem Aus.

Dr. Reinthaler
Nach den Turbulenzen mit der ATS-Bank und dem Rücktritt des Direktoriums übernahm Dr. Reinthaler im Februar 1976 mit 70 Jahren wieder die Führung der Fußballsektion bei leerer Vereinskassa. Die Fußballsektion wandelte er zum eigenständigen „Klub Körting TV/GAK" um. Zum neuen Präsidenten wurde Heribert Kasper gewählt, als Obmann kam DI Anton Kürschner.

Foto: GAK-Archiv

Alle Präsidenten des GAK
Statistik

Heribert Kasper
Heribert Kasper, seit 16 Jahren im Vorstand, verbanden schon viele Jahrzehnte mit dem GAK: schon als kleiner Junge war er als Ballbub für den GAK tätig. Kasper war im KFZ-Handel tätig, Kammerfunktionär und Vizepräsident des STAMK. Aus der Hand des Bundespräsidenten Dr. Rudolf Kirchschläger erhielt er das „Silberne Verdienstzeichen für Verdienste um die Republik Österreich".

DI Anton Kürschner
DI Kürschner begann 1976 als Obmann des GAK und übte diese Funktion zehn Jahre lang aus. Seine Erfolgsbilanz: Österreichischer Cupsieger 1981 unter Wenzel Halama, Intertoto-Gruppensieger unter Trainer Gerd Springer, 3-mal Sieger im Grazer Hallenturnier. Unter seiner Führung kam es zur Rückkehr ins Casino-Stadion. Er erwarb sich durch die umsichtige Führung des Vereines höchste Anerkennung.

Ing. Peter Tabor
Ing. Peter Tabor war Mitglied des im Sommer 1987 nach dem Rücktritt von Kürschner neu geschaffenen Dreierdirektoriums, das als neues Führungsmodell „GAK 2000" aus der Taufe gehoben wurde. Seine Aufgabenbereiche als geschäftsführender Direktor waren Organisation, Marketing und Öffentlichkeitsarbeit. Tabor brachte es in seiner Jugend auf zwei Einsätze in der österreichischen Juniorenauswahl.

Dr. Manfred Rath
Dr. Manfred Rath, seit 1982 im GAK-Vorstand, war und ist Rechtsanwalt und kümmerte sich um die rechtlichen Belange des Klubs. Er bemühte sich, den Klub nach kaufmännischen und betriebswirtschaftlichen Grundsätzen zu führen. Dr. Rath war in seiner Jugend in diversen GAK-Nachwuchsteams tätig, ehe er sich schließlich ganz dem Reitsport verschrieb.

Kurt Knilli
Kurt Knilli, seit 1981 im GAK-Vorstand, war als Direktoriumsmitglied für die Finanzen verantwortlich. In dieser Funktion versuchte er die Spielerverträge auf reiner Leistungsbasis abzuschließen. Knilli begann als Balljunge beim GAK und hatte schon früh mit Zahlen zu tun: er bediente die Tafel mit dem Spielstand an der Matchuhr! Privat war Knilli schon zu dieser Zeit ein sehr erfolgreicher Geschäftsmann in der Modebranche.

Adolf Heschl
Adolf Heschl wurde ein halbes Jahr nach Gründung des Direktoriums zum Direktoriumsmitglied ernannt, Tabor war nun Obmann des Viererdirektoriums. Heschl war für den Kompetenzbereich Koordination des Nachwuchses und für das U-21-Team verantwortlich. Der Gastronom sah seine Hauptaufgabe in der Entlastung des Obmannes, dessen Stellvertreter er war. Die Funktion eines GAK-Obmannes übte er von Juli 1990 bis Dezember 1991 aus.

Harald Fischl
Im Dezember 1991 übernahm der Fürstenfelder Geschäftsmann Harald Fischl nach turbulenten Jahren und mitten im Abstiegskampf der 2. Division das Präsidentenamt beim GAK und leitete damit das Wiedererstarken des Vereins ein. Mit seinem großen Engagement und vor allem mit all seinen finanziellen Kräften schaffte er es, den GAK wieder erstklassig zu machen. Einer seiner schönsten Tage war jener, an dem Inter Mailand im UEFA-Cup 1996 mit 1:0 geschlagen wurde. Am 22.10.1998 trat Harald Fischl völlig unerwartet zurück.

Peter Svetits
Am 21. 10. 1998 wurde Svetits zum Präsidenten gewählt. Der am 21.1.1958 in Fürstenfeld geborene Manager war als Spieler in der Landesliga und Regionalliga mehrfach Torschützenkönig. In seiner Ära als Präsident spielte der GAK dreimal im Europacup, zusätzlich wurde der ÖFB-Cup und der Supercup gewonnen. In der Saison 2000/2001 gelang dem GAK erstmals seit 1989 eine Platzierung vor SK Sturm. Svetits war nach seinem Rücktritt als Präsident am 30. Mai 2001 weiterhin als Sportdirektor tätig, wurde aber Ende 2001 von Frank Stronach zur Austria geholt.

Mag. Rudi Roth
Mag. Rudi Roth übernahm am 30. 5. 2001 das Präsidentenamt. Bereits mit 15 Jahren holte sich der talentierte Torhüter mit Gnas in der 1. Klasse seinen ersten Meistertitel und wechselte zu Frohnleiten in die Landesliga. 1972 kam Rudi Roth zum GAK und beendete 1974 das Studium der Betriebswirtschaft, obwohl er die Nummer eins im Tor der Athletiker war. Rudi Roth musste seine Karriere 1977 wegen einer schweren Verletzung beenden und gründete seine eigene Ölfirma. Von diesem Zeitpunkt an war und ist er ein großer Gönner des GAK und kam 1978 in den GAK-Vorstand. *Quelle: www.gak-archiv.at*

Statistik — Alle Spieler

Alle Spiele

1902
Accurti G.
Brodner R.
Egger Franz
Formanek N.
Köck Fr.
Kurowsky
Maggi August
Maresch Albert
Markel Carl
Pfeiffer Josef
Potschivalnik N.
Rasanelli Wilhelm
Rieckh H.
Schmiderer Fritz
Schneider Rudolf
Stanger Julius
Stanger Rudolf

1903
Accurti
Appl
Brodner
Egger
Glas
Ircher Franz
Köhler Fritz
Lenz
Maggi
Markel
Schmiderer
Stanger J.
Stanger R.
Wirgler Heinrich

1906-1909
Brodner
Egger
Gaischek
Hodum
Ircher
Köhler
Leitgebel
Maresch, Ing.
Markel
Schmiderer
Stanger J.
Stanger R.
Taubenschuß, Dr.
Wirgler, Dr.

1911
Einsiedler
Ircher
Marintsch Fritz
Plank Robert
Roßmanith
Schmiderer
Schwarzenberg
Stanger Julius
Stanger R.
Werbegg
Wirgler
Wurmser

1912
Bieber Fritz
Fuchs Leo
Klapf Gallus
Ircher
Marintsch
Plank
Platzer August
Stanger J.
Stanger R.
Wenzel Hermann
Werbegg
Zettinig Robert

1913
Bieber
Fiedler Josef
Fuchs
Gaischek
Hruby Max
Ircher
Klapf
Klimek
Marintsch
Plank
Platzer
Schlosser
Stanger J.
Stanger R.
Stumpf
Wallner Ferdinand
Wenzel
Werbegg
Zettinig

1919
Brom
Burger
Fiedler J.
Fiedler Karl
Friedrich Fritz
Fuchs
Gaischek
Hruby
Lorenz
Payer Wolfgang
Polster
Rosner Otto
Stanger J.
Stanger R.
Wallner
Weisel
Werbegg

1921
Fiedler J.
Friedrich
Hruby
Payer
Pirker
Polster
Reisinger Hugo
Rosner
Sartory Fritz
Wallner

1922
Czeniczewski Arthur
Diamant Hans
Fiedler J.
Fiedler K.
Friedrich
Gaber Otto
Holzinger „Nino"
Hruby
Kowanda Heinz
Mellitzer Leopold
Payer
Pirker
Polster
Reinthaler Konrad
Reisinger
Rosner
Sartory
Wallner
Wicher Othmar
Wisiak

1925
Diamant
Fasching Franz
Fiedler K.
Helfrich Hans
Kowanda
Nemschak Franz
Pirker
Ptacek Josef
Reinthaler
Sartory
Stany Josef
Wicher

Alle Spieler — Statistik

des GAK

1926
Cesny
Diamant
Fasching
Fiedler
Helfrich
Hiden Rudi
Legat
Nemschak
Pirker
Ptacek
Reinthaler
Sartory, Dr.
Stany
Wicher
Zwetkoff Dimitroff

1927
Adamek Erich
Fasching
Gaber
Helfrich
Hergesell
Hiden
Keckstein Othmar
Lamot Martin
Nemschak
Ptacek
Reinthaler
Reiter Willi
Robl Franz
Sinkovic Hans
Stany
Wicher

1929–1934
Adamek
Brandner Reinhard
Brotschneider Rudolf
Cechal
Czuk
Eichler Josef
Ernstmann Ferdinand
Fabian
Filz
Frisch F.
Gaber
Helfrich
Heubrandner Toni
Jesenitschnig Adolf
Keckstein
Koller Josef
Kovar Otto
Krammer Heribert
Lube Karl
Matejka Josef
Müller Hubert
Nemetz Fritz
Nemschak
Pohan
Ptacek
Reinthaler, Dr.
Reiter
Scheibein
Schwar
Setny
Stany
Titz
Werboschek
Wesiak Franz
Wicher

1942–1944
Belligoi
Gergitsch Anton I
Gergitsch II
Ginhart Harry
Gritsch
Kleindienst Anton
Mocnik
Pechmann
Ruhs
Schuster
Wladar Helmut
Zitz

1945/46
Chloupek
Gergitsch A.
Gergitsch II
Ginhart
Jeschofnik
Kamka
Kleindienst
Krean
Pechmann
Ptacek
Stepizl
Wladar

1948/1949
Landesliga
Trainer: Karl Mütsch

Amreich Pepe
Gasteiger Ottokar
Halla Paul
Kandler Fritz
Kölly Alfred II
Kölly Stefan I
Kotzmuth Hugo
Krammer
Mühlbauer
Pestitschek Fredl
Weigl

1949/1950
3. Landesliga
Trainer: Mütsch

Amreich
Gasteiger
Ginhart
Kandler
Klaps
Kölly A.
Kölly St.
Kotzmuth
Krammer
Landauf Anton
Mühlbauer
Pestitschek
Reiter
Ruhs
Steirer
Weigl
Wladar

1950/1951
2. Staatsliga B
Trainer: Mütsch

Amreich
Cihak Emil
Gasteiger
Ginhart
Gsöll Leopold
Halla
Heber Hans
Kandler
Kölly A.
Kölly St.
Kotzmuth
Landauf
Matti Otto
Pestitschek
Suchy Josef

Statistik

Alle Spieler

	Abazi Eduard (Alb)	Adzic Stevo (Jug)	Aichholzer Herwig	Aigner Karl	Akoto Eric (Tog)	Akwuegbu Ben (Nig)	Almer Franz (T)	Aloisi Ross (Aus)	Aluka Chidi (Kam)	Amerhauser Martin	Amreich Pepe (T)	Anderle Fritz	Anicic Michael (Jug)	Arnejcic Milan (Jug)	Arnold Hans (T)	Aufhauser Rene	Bajlitz Paul (D)
Eins. 1.Div.	x	19	31	169	54	100	200	24	6	110	62	26	42	12	74	28	77
T.G.	0	8	3	47	2	31	0	0	0	12	0	0	4	4	0	2	10
T.1D		8	3	47	2	31	0	0	0	9	0	0	4	4	0	2	10
T.2D	0						0			3							
52											0						
53				0							0						
54				12							0						
55				7											0		
56				11											0		
57				9											0		
58				7											0		
59				1													
60				0								0					
61				0													
62				0													
63																	
64																	
65																	
66																	
67																	
68		8															
69																	
70																	
71															4		
72																	
73																	
74																	
75																	
76																	
77																	
78																	
79																	
80																	5
81																	4
82																	1
83																	0
84																	
85			2														
86			1														
87																	
87*																	
88																	
89																	
90																	
90*																	
91																	
92																	
93	0																
94							0										
95							0			3							
96							0			3							
97							0		0					1			
98							0							3			
99						0	6	0									
00						0	12	0	0	3							
01						0	5	0	0	1							
02						2	8	0		2						2	

Alle Spieler — Statistik

	Bartl	Bauer Alexander	Bauer Willy	Bazina Mario (Kro)	Binder Christian	Binder Heinz	Blizenez Franz	Breiner Norbert	Breithuber Siegfried (T)	Brenner Ewald	Brettner Gustav	Brnas Stipe (Kro)	Brod Herbert (T)	Bruggraber Markus	Brunmayr Ronald	Buchsbaum Ewald	Burger Richard
Eins. 1.Div.	1	24	x	32	2	67	23	90	1	49	1	46	2	x	65	1	26
T.G.	0	5	5	6	0	0	6	1	0	4	0	1	0	0	42	0	4
T.1D	0	5		6	0	1	0	1	0	4	0	1	0		42	0	4
T.2D			5			6								0			
52																	
53																	
54																	
55																	
56																	
57																	
58																	
59																	
60																	
61																	
62																	
63										0							
64																	
65																0	
66																	
67																	
68																	
69							0										
70							0										
71							0										
72							0										
73							1										
74		5					0										
75			5														
76	0					1											
77						0							0				
78																	
79																	
80																	
81																	4
82																	
83																	0
84																	
85																	
86																	
87																	0
87*																	0
88									0								
89																	
90																	
90*																	
91															0		
92																	
93																	
94															0		
95						6											
96						0											
97												1					
98										1		0					
99										3							
00				0													
01															15		
02			6												27		

Legende: Eins. Anzahl der Einsätze in der 1. Spielklasse, T.G. Gesamtzahl aller erzielten Tore, T.1D. Anzahl der Tore in der 1. Spielklasse, T.2D. Anzahl der Tore in der 2. Spielklasse, 52,53,54... Anzahl der jeweils in den Saisonen (1951/52, 1952/53, 1953/54 usw.) erzielten Tore, 87*, 90* Aufstiegs Play-off, 1974/75, 1990/91–1994/95 2. Division, (T) Torhüter, (Alb), (Jug), (Gha)...Herkunftsländer der Spieler

Statistik

Alle Spieler

	Burgstaller Peter (T)	Ceh Ales (Slo)	Celestina	Cvetko Andreas	Czihak Emil	Dampfhofer Erwin	Denk Fritz	Deutsch	Devescovi Angelo (Slo)	Dietrich Klaus	Dihanich Johann	Dmitrovic Boban (Jug)	Drechsel Herwig	Drumlic Christian	Eccher Walter	Eckhardt Ferdinand	Eder Wolfgang
Eins. 1.Div.	1	212	4	13	41	12	64	x	108	21	69	173	20	5	2	13	4
T.G.	0	5	0	0	0	46	18	0	0	5	7	12	3	0	0	1	0
T.1D	0	2	0	0	0	1	18		0	2	7	12	3	0	0	1	0
T.2D	0	3		0		45			0	0	3						
52					0												
53					0												
54						11											
55						5											
56						2											
57						0											
58						0											
59						0											
60																	
61																	
62																	
63																	
64																	
65																	
66																	
67																	
68																1	
69																0	
70																	
71			0														
72																	
73																	
74																	
75																	
76																	
77																	
78																	
79																	
80																	
81																	
82																	
83																	
84																	
85										0							
86										0							
87				0						0							
87*				0						0							
88										0	4				0		
89											3				0		
90																	
90*																	
91						10		0									
92						12											
93		2				7											
94		1				12											
95		0				4				3							
96		0								0							
97		0					1			2		3			0		0
98		0								0		2			0		
99		1										4	3				
00		0										2					
01		1										0					
02		0										1					

146

Alle Spieler   Statistik

	Egger Johann	Ehmann Anton	Eigenstiller Kurt	Ekmescic Boris (Jug)	Ekmecic Savo (Jug/T)	Engel Minnie	Erkinger Gerry	Fendler Robert	Fink Karl	Fleischhacker Günther	Fleischhacker Rudolf	Foka Kurt	Fradl Karl	Fraydl Gernot (T)	Freisegger Arnold	Frisch Erich	Frühwirth
Eins. 1.Div.	58	100	202	x	269	68	164	46	1	48	13	x	11	71	45	340	2
T.G.	4	8	39	17	0	32	2	10	0	16	0	4	0	0	1	16	0
T.1D	4	8	39		0	32	2	10	0	16	0		0	0	1	16	0
T.2D				17					0			4					
52			6		9												
53			5		8												
54			8		8											0	
55			5		6											0	
56			3		1											1	
57			5													0	
58			3												0	0	
59			3												0	0	
60			0												0	0	
61	2		1												0	0	
62	1						2									3	
63	1						0									1	
64	0						0									5	
65	0						0			6						2	
66							0			9	0					1	
67							0			1	0					1	
68							0			0						2	
69							0									0	0
70							0										
71																	
72																	
73								8									
74								2									
75														4			
76														0			
77														0			
78				0													
79				0													
80				0													
81				0													
82				0													
83				0					0								
84				0													
85				0													
86																	
87																	
87*									0								
88															0		
89															1		
90																	
90*																	
91				10													
92				7													
93																	
94																	
95																	
96																	
97																	
98		2															
99		0															
00		3															
01		3															
02		0															

Legende: Eins. Anzahl der Einsätze in der 1. Spielklasse, T.G. Gesamtzahl aller erzielten Tore, T.1D. Anzahl der Tore in der 1. Spielklasse, T.2D. Anzahl der Tore in der 2. Spielklasse, 52,53,54... Anzahl der jeweils in den Saisonen (1951/52, 1952/53, 1953/54 usw.) erzielten Tore, 87*, 90* Aufstiegs Play-off, 1974/75, 1990/91-1994/95 2. Division, (T) Torhüter, (Alb), (Jug), (Gha)...Herkunftsländer der Spieler

Statistik — Alle Spieler

	Frühwirth Bernd	Gajic (Jug)	Gamauf Harald	Gasselich Felix	Gasteiger Ottokar	Geurts Erich	Geyer Johann	Gimpl	Ginhart Harry	Gislason Stefan (Isl)	Glieder Edi	Gluic Josip (Jug)	Golombek Andreas (D)	Goracinov S. (Jug)	Goriupp Roland (T)	Gössl Ernst	Gregoritsch Werner
Eins. 1.Div.	13	x	263	30	7	2	23	1	152	3	60	2	13	22	8	170	62
T.G.	0	1	11	3	0	0	2	0	3	0	60	0	1	9	0	12	16
T.1D	0		11	3	0	0	2	0	3	0	8	0	1	6	0	12	16
T.2D	0	1	0								52			3	0		
52					0				1								
53									1								
54									0								
55									0								
56									0								
57									0								
58									1								
59									0								
60																	
61																	
62																	
63						0											
64																	
65																	
66																	
67																	
68							2										
69																	
70																	
71								0									
72																	
73																	
74																	
75	0																
76	0																
77																2	0
78																2	0
79													0			0	0
80			1													2	8
81			2													3	3
82			1													2	
83			1													0	
84			0													1	5
85			0													0	
86			2														
87			0														
87*			0											3			
88			2											2			
89			2	3							0			0			
90			0								1			4	0		
90*		1	0								0			0	0		
91											6				0		
92											3				0		
93											10				0		
94											20						
95											13						
96											7						
97																	
98																	
99													1				
00																	
01																	
02																	

Alle Spieler — Statistik

	Griessenauer Gerhard	Grimm Marco (D)	Grubisic (Jug)	Grubjesic Pavle (Jug)	Guggi Peter	Haase Jörg	Halla Paul	Hammer Adolf	Hanser Bernhard	Hardt Jean (Lux)	Haring Gert	Hartl Alois	Hartmann Jürgen	Hasenhüttl Ralph	Hauser Helmut	Heber Hans	Hepflinger Erich
Eins. 1.Div.	13	26	53	7	17	17	47	37	x	8	6	13	110	62	28	5	49
T.G.	0	2	2	0	4	0	27	2	9	0	0	5	2	20	2	0	0
T.1D	0	2	2	0	0	0	27	2		0	0	5	0	19	2	0	0
T.2D					4				9				2	1			
52							13					5					
53							14									2	
54																	
55																	
56																	
57																	
58																	
59																	
60																	
61																	
62																	
63						0				0					2		
64						0									0		
65																	
66								0									
67								0			0						
68								2									
69																	
70			1														
71			1														
72																	
73																	
74																	
75																	
76	0																
77	0																
78																	0
79																	0
80																	
81																	
82				0													
83																	
84																	
85																	
86															0		
87																	
87*					0									1			
88					0									12			
89					0									7			
90																	
90*																	
91								5									
92				4				2									
93								2						2			
94								0									
95								0									
96																	
97																	
98														0			
99		2												0			
00														0			
01														0			
02														0			

Legende: Eins. Anzahl der Einsätze in der 1. Spielklasse, T.G. Gesamtzahl aller erzielten Tore, T.1D. Anzahl der Tore in der 1. Spielklasse, T.2D. Anzahl der Tore in der 2. Spielklasse, 52,53,54... Anzahl der jeweils in den Saisonen (1951/52, 1952/53, 1953/54 usw.) erzielten Tore, 87*, 90* Aufstiegs Play-off, 1974/75, 1990/91-1994/95 2. Division, (T) Torhüter, (Alb), (Jug), (Gha)...Herkunftsländer der Spieler

Statistik — Alle Spieler

	Herko	Hierzer Wolfgang	Hiesel Walter	Hödl Günter (D)	Hodschar Gerfried (T)	Hofbauer J.	Hohenwarter Erwin	Hohnjec Stefan (Jug)	Holzer Harald	Horak Max	Horvath Hans	Hösele Thomas	Hrstic Josef	Huberts Willy	Hübler Michael	Hülshoff B. (NL)	Hütter Adi
Eins. 1.Div.	x	1	23	1	73	74	258	21	x	12	17	19	16	204	13	3	32
T.G.	2	1	7	0	0	1	30	3	3	2	3	1	0	31	0	0	12
T.1D		1	7	0	0	1	30	3		2	3	1	0	29	0	0	2
T.2D	2								3			0	0	2			10
52																	
53																	
54																	
55																	
56														5			
57														2			
58														7			
59														4			
60														8			
61										2				2			
62																	
63																	
64																	
65																	
66				0		1				1							
67				0		14				2							
68				0		7											
69			7	0		0											
70				0		1											
71						0											
72						0								1			
73														0			
74														0			
75		2												2			
76																	
77																	
78						1	3										
79						1											
80						2											
81						3											
82						0											
83						1										0	
84		1															
85																	
86																	
87												0	0				
87*												0	0				
88				0								0					
89												1					0
90												0					
90*												0					
91												0					
92												0	0				
93									2								10
94									1								
95																	
96																	
97																	
98																	
99																	
00															0		
01															0		2
02																	0

Alle Spieler — Statistik

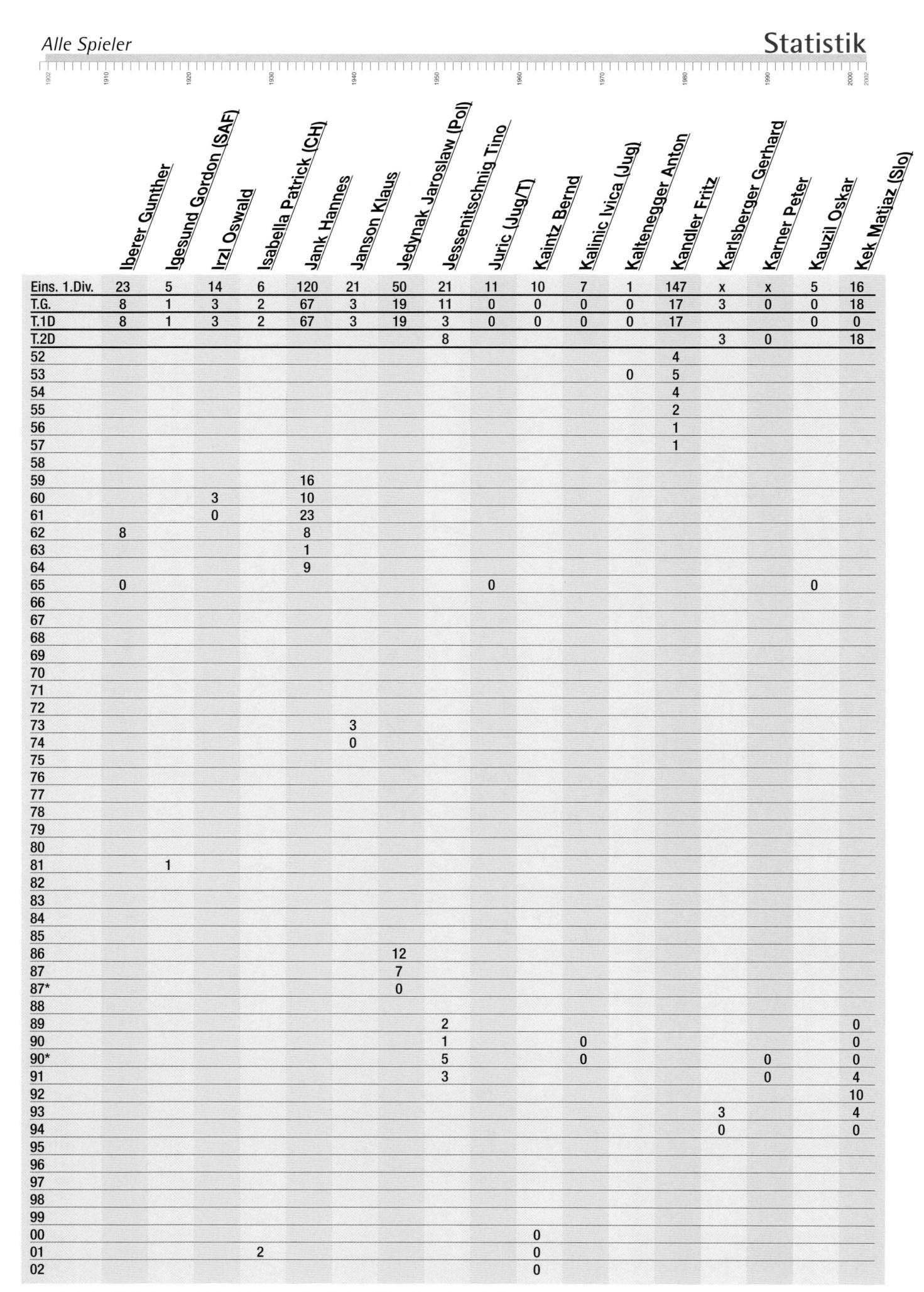

	Iberer Gunther	Igesund Gordon (SAF)	Irzl Oswald	Isabella Patrick (CH)	Jank Hannes	Janson Klaus	Jedynak Jaroslaw (Pol)	Jessenitschnig Tino	Juric (Jug/T)	Kaintz Bernd	Kalinic Ivica (Jug)	Kaltenegger Anton	Kandler Fritz	Karlsberger Gerhard	Karner Peter	Kauzil Oskar	Kek Matjaz (Slo)
Eins. 1.Div	23	5	14	6	120	21	50	21	11	10	7	1	147	x	x	5	16
T.G.	8	1	3	2	67	3	19	11	0	0	0	0	17	3	0	0	18
T.1D	8	1	3	2	67	3	19	3	0	0	0	0	17			0	0
T.2D								8						3	0		18
52													4				
53										0			5				
54													4				
55													2				
56													1				
57													1				
58																	
59					16												
60			3		10												
61			0		23												
62	8				8												
63					1												
64					9												
65	0								0							0	
66																	
67																	
68																	
69																	
70																	
71																	
72																	
73								3									
74								0									
75																	
76																	
77																	
78																	
79																	
80																	
81		1															
82																	
83																	
84																	
85																	
86							12										
87							7										
87*							0										
88																	
89							2										0
90							1			0							0
90*							5			0					0		0
91							3								0		4
92																	10
93														3			4
94														0			0
95																	
96																	
97																	
98																	
99																	
00											0						
01			2								0						
02											0						

Legende: Eins. Anzahl der Einsätze in der 1. Spielklasse, T.G. Gesamtzahl aller erzielten Tore, T.1D. Anzahl der Tore in der 1. Spielklasse, T.2D. Anzahl der Tore in der 2. Spielklasse, 52,53,54... Anzahl der jeweils in den Saisonen (1951/52, 1952/53, 1953/54 usw.) erzielten Tore, 87*, 90* Aufstiegs Play-off, 1974/75, 1990/91–1994/95 2. Division, (T) Torhüter, (Alb), (Jug), (Gha)...Herkunftsländer der Spieler

Statistik — Alle Spieler

	Kern Hermann	Kim Lim (Sko)	Kimoni Daniel (Bel)	Kirisits Helmut	Kirisits Josef	Kiss Paul (Ung)	Klug Hans	Koch Andreas (T)	Kogler Johann	Koleznik Gernot	Koleznik Walter	Kollmann Roland	Kölly Alfred	Kölly Stephan	Koschak Günther	Kotzmuth Hugo	Kovac Zeljko
Eins. 1.Div.	2	x	3	53	6	12	125	1	19	x	401	7	285	70	168	4	22
T.G.	0	0	0	13	0	1	5	0	12	11	84	3	6	34	46	0	10
T.1D	0		0	9	0	1	5	0	2		80	3	6	34	43	0	10
T.2D		0		4					10	11	4				3		
52													4	17	0		
53													1	7			
54													0	10			
55													0				
56													1				
57													0				
58													0				
59													0				
60													0				
61													0				
62										3			0				
63										4			0				
64										7			0				
65						1	2			6			0				
66							2			7							
67							1			1							
68							0			7							
69							0			10							
70										11							
71										4							
72										6							
73										0							11
74				3	0					5							
75				4						4							
76				5						1							
77										4							
78										4							
79					0												
80																	
81														0			
82														4			
83														6			
84														9			
85				1										7			
86		0												9			
87														5			
87*														3			
88		0												3			
89																	
90									2								
90*									1								
91		0							9		1						
92											0						
93											3						
94											5						
95											2						
96									0								
97																	
98																	
99																	
00																	
01																	
02		0											3				

Alle Spieler — Statistik

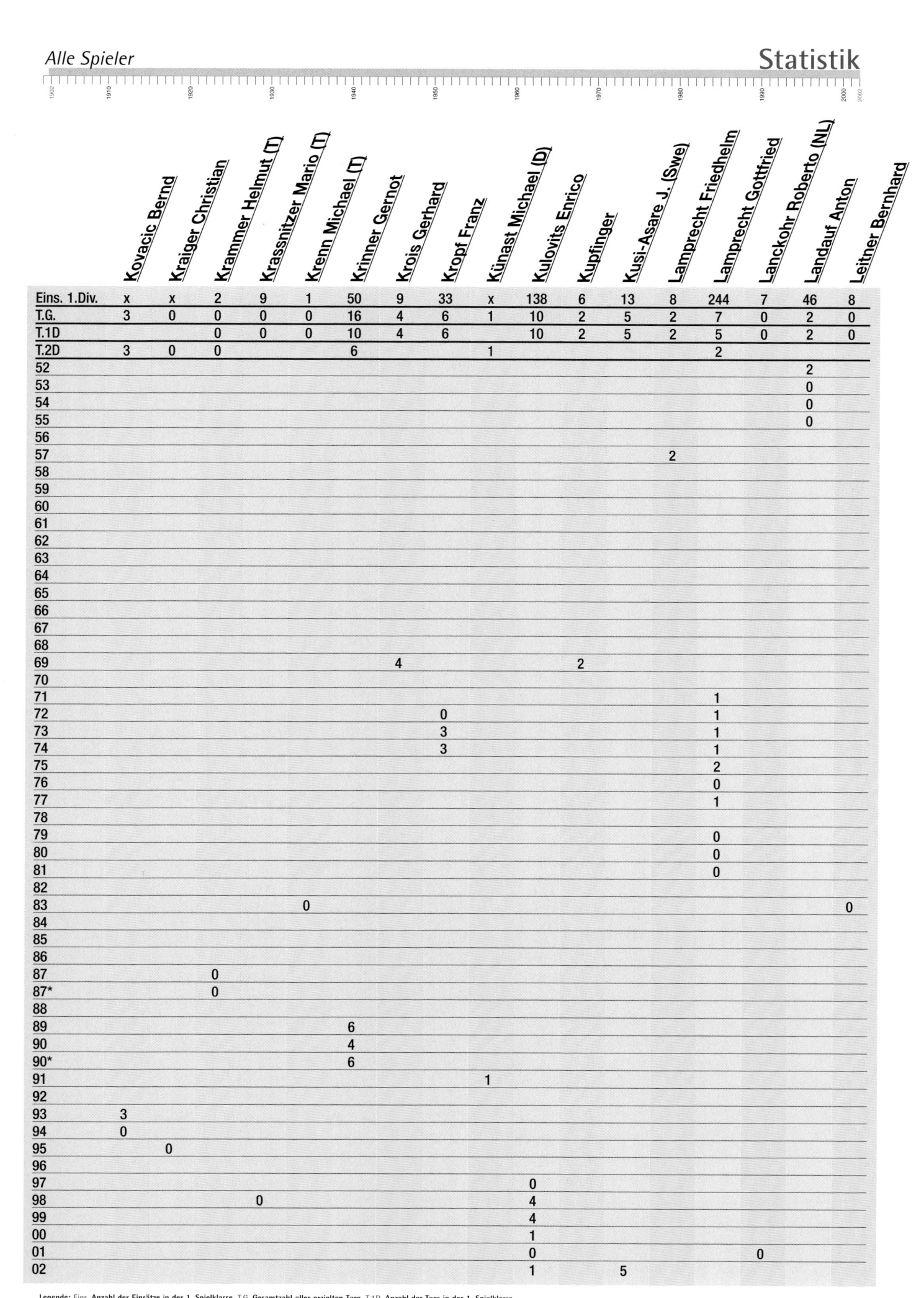

	Kovacic Bernd	Kraiger Christian	Krammer Helmut (T)	Krassnitzer Mario (T)	Krenn Michael (T)	Krinner Gernot	Krois Gerhard	Kropf Franz	Künast Michael (D)	Kulovits Enrico	Kupfinger	Kusi-Asare J. (Swe)	Lamprecht Friedhelm	Lamprecht Gottfried	Lanckohr Roberto (NL)	Landauf Anton	Leitner Bernhard
Eins. 1.Div.	x	x	2	9	1	50	9	33	x	138	6	13	8	244	7	46	8
T.G.	3	0	0	0	0	16	4	6	1	10	2	5	2	7	0	2	0
T.1D			0	0	0	10	4	6		10	2	5	2	5	0	2	0
T.2D	3	0	0			6			1					2			
52																2	
53																0	
54																0	
55																0	
56																	
57													2				
58																	
59																	
60																	
61																	
62																	
63																	
64																	
65																	
66																	
67																	
68																	
69							4				2						
70																	
71														1			
72								0						1			
73								3						1			
74								3						1			
75														2			
76														0			
77														1			
78																	
79														0			
80														0			
81														0			
82																	
83			0														0
84																	
85																	
86																	
87		0															
87*		0															
88																	
89						6											
90						4											
90*						6											
91							1										
92																	
93	3																
94	0																
95		0															
96																	
97										0							
98				0						4							
99										4							
00										1							
01										0					0		
02										1	5						

Legende: Eins. Anzahl der Einsätze in der 1. Spielklasse, T.G. Gesamtzahl aller erzielten Tore, T.1D. Anzahl der Tore in der 1. Spielklasse, T.2D. Anzahl der Tore in der 2. Spielklasse, 52,53,54... Anzahl der jeweils in den Saisonen (1951/52, 1952/53, 1953/54 usw.) erzielten Tore, 87*, 90* Aufstiegs Play-off, 1974/75, 1990/91-1994/95 2. Division, (T) Torhüter, (Alb), (Jug), (Gha)...Herkunftsländer der Spieler

Statistik — Alle Spieler

	Leitner Harald	Lerant Peter (Slk)	Lethmair Thomas	Leuchtmann Christian	Liendl Josef	Lipa Andreas	Losch Werner	Loske Helmut	Loske Walter	Luhovy Lubomir (Slk)	Luttenberger Erich	Lutz Christian (D)	Maier	Maier Anton	Maier Werner	Maleg	Mallegg Alois
Eins. 1.Div.	49	7	x	1	53	106	51	39	21	21	39	3	x	181	323	1	38
T.G.	4	0	0	0	1	10	20	7	5	3	0	0	0	33	2	0	0
T.1D	4	0		0	1	10	13	7	5	3	0	0		33	2	0	0
T.2D			0		0		7						0		0		
52																	
53																	
54																	
55														10			
56														11			
57														5			0
58														2			0
59														1			0
60														0			0
61								3						1			0
62								3						3			
63								1	5								
64									0								
65																	
66																	
67											0						
68											0						
69																	
70											0				0		
71											0				0		
72											0				0	0	
73															0		
74															1		
75							7								0		
76		2					9								0		
77		1					4										
78		1													0		
79		0													0		
80															1		
81															0		
82															0		
83																	
84																	
85																	
86																	
87						0											
87*						0											
88						0											
89						1											
90						0											
90*																	
91				0													
92																	
93														0			
94																	
95																	
96																	
97																	
98						3							0				
99						5				3							
00					0	2											
01						0											
02						0											

Alle Spieler — Statistik

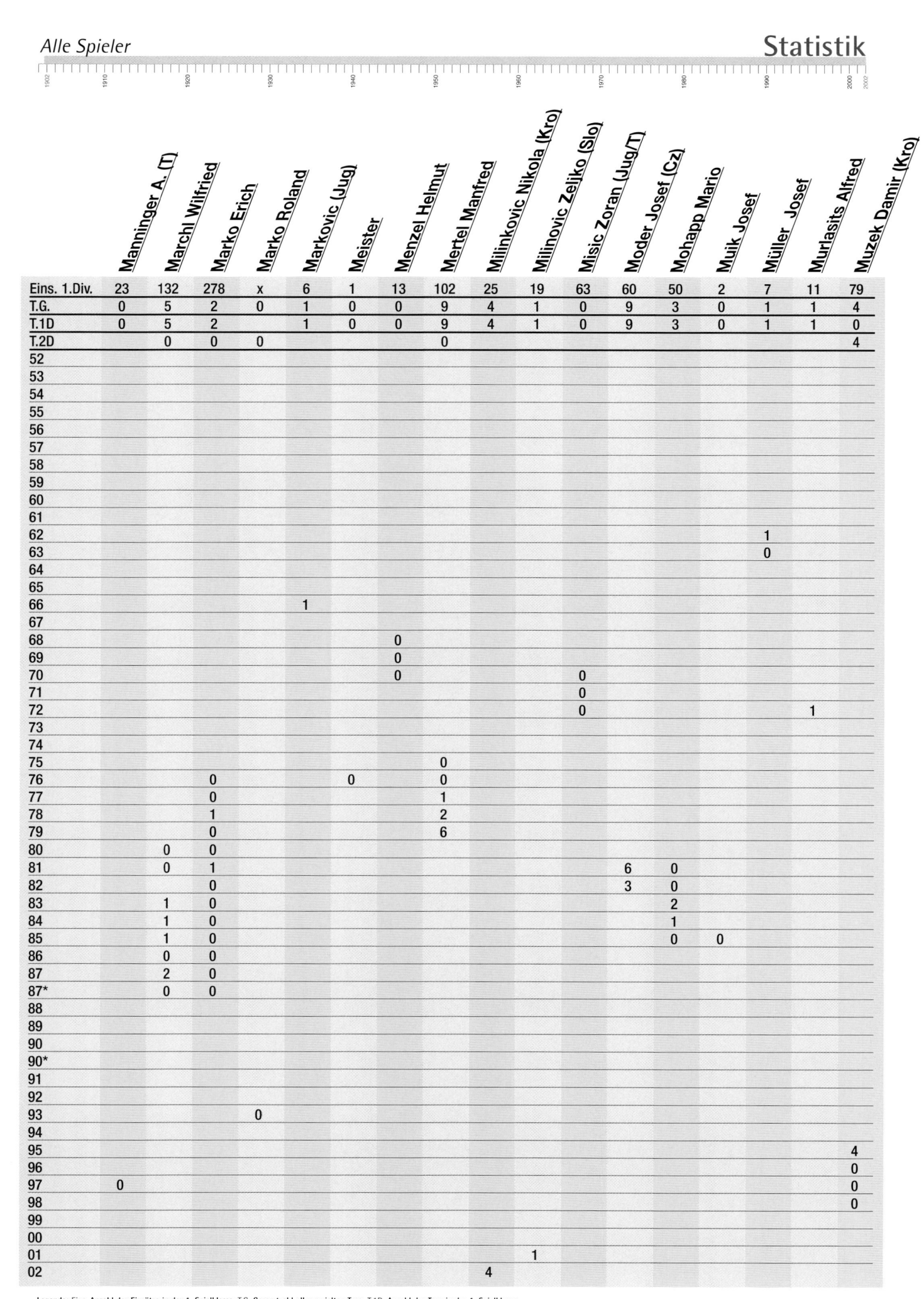

	Manninger A. (T)	Marchl Wilfried	Marko Erich	Marko Roland	Markovic (Jug)	Meister	Menzel Helmut	Mertel Manfred	Milinkovic Nikola (Kro)	Milinovic Zeljko (Slo)	Misic Zoran (Jug/T)	Moder Josef (Cz)	Mohapp Mario	Muik Josef	Müller Josef	Murlasits Alfred	Muzek Damir (Kro)
Eins. 1.Div.	23	132	278	x	6	1	13	102	25	19	63	60	50	2	7	11	79
T.G.	0	5	2	0	1	0	0	9	4	1	0	9	3	0	1	1	4
T.1D	0	5	2		1	0	0	9	4	1	0	9	3	0	1	1	0
T.2D		0	0	0				0									4
52																	
53																	
54																	
55																	
56																	
57																	
58																	
59																	
60																	
61																	
62															1		
63															0		
64																	
65																	
66			1														
67																	
68							0										
69							0										
70							0					0					
71												0					
72												0				1	
73																	
74								0									
75								0									
76			0		0			0									
77			0					1									
78			1					2									
79			0					6									
80		0	0														
81		0	1									6	0				
82			0									3	0				
83		1	0										2				
84		1	0										1				
85		1	0										0	0			
86		0	0														
87		2	0														
87*		0	0														
88																	
89																	
90																	
90*																	
91																	
92																	
93				0													
94																	
95																	4
96																	0
97	0																0
98																	0
99																	
00																	
01											1						
02									4								

Legende: Eins. Anzahl der Einsätze in der 1. Spielklasse, T.G. Gesamtzahl aller erzielten Tore, T.1D. Anzahl der Tore in der 1. Spielklasse, T.2D. Anzahl der Tore in der 2. Spielklasse, 52,53,54... Anzahl der jeweils in den Saisonen (1951/52, 1952/53, 1953/54 usw.) erzielten Tore, 87*, 90* Aufstiegs Play-off, 1974/75, 1990/91-1994/95 2. Division, (T) Torhüter, (Alb), (Jug), (Gha)...Herkunftsländer der Spieler

Statistik — Alle Spieler

	Nehoda (Tch)	Nekola Manfred	Nessl Kurt	Neubauer	Neusiedler Johann	Neuwirth Johann	Nilsen Roger (N)	Ninaus Erwin	Ninaus Herbert	Orsag Miroslav (Jug)	Ostermann Edgar	Padrun Raimund	Painsi Erich	Pamic Igor (Kro)	Paulinho Antonio (Bra)	Pauritsch Rene	Pech Robert
Eins. 1.Div.	1	6	84	1	12	20	13	233	98	4	x	8	19	66	15	15	x
T.G.	0	1	20	0	1	2	0	10	54	1	0	0	0	24	1	1	2
T.1D	0	1	19	0	1	2	0	10	54	1		0	0	24	1	0	
T.2D			1								0		0			1	2
52																	
53																	
54																	
55								7									
56								8									
57								6									
58								24									
59								9									
60								0									
61																	
62																	
63								0									
64								1									
65								2								1	
66								2								0	
67								3									
68								0									
69								0									
70						2		2									
71								0									
72																	
73																	
74				0													
75																	
76					1												
77																	
78													0				
79													1				
80																	
81																	
82																	
83	0	1															
84																0	
85																	
86			9													0	
87			2														
87*			1														
88			4														
89			4														
90													0				
90*											0		0				
91											0						0
92																	2
93															1		0
94																	0
95																	0
96																	
97																	
98																	
99														1			
00						0								9			
01														14			
02														0			

Alle Spieler — Statistik

	Pegam Dietmar	Pekovsek Otmar	Penksa Marek (Slk)	Pestitschek Fredl	Pfeiler Thomas	Pfingstl Markus	Philipp Karl	Pigel Hans	Pilz Kurt	Plank	Polanz Franz	Pöllmann Wolfgang	Pötscher Gregor	Pojer Rene	Poznic Igor (Jug)	Preiss David	Preschern Alfred
Eins. 1.Div.	x	8	16	69	2	3	270	269	2	3	11	x	159	x	x	1	18
T.G.	1	0	6	1	0	0	34	55	0	0	0	0	7	1	0	0	2
T.1D		0	6	1	0	0	30	51	0	0	0		1			0	2
T.2D	1						4	4			0	0	6	1	0		0
52				0													
53				1													
54				0													
55				0													
56																	
57																	
58																	
59																	
60																	
61																	
62																	
63																	
64																	
65																	
66								0									
67								0									
68																	
69								5									
70								3									
71								1		0							
72								6									
73								5									
74								4									
75								4									
76								2									
77		0						3									
78								0									
79								1	5								
80								0	6								
81									6								
82									4								
83									4								
84																	
85									6								
86									7								
87									3		0						
87*									4		0						
88									8								
89						0			2								
90																	2
90*												0					0
91												2	1				
92												0	0				
93												0					
94	1													0			
95												4					
96			6									0					
97												0					
98												0					
99												0					
00						0						0				0	
01						0						0					
02												1					

Legende: Eins. Anzahl der Einsätze in der 1. Spielklasse, T.G. Gesamtzahl aller erzielten Tore, T.1D. Anzahl der Tore in der 1. Spielklasse, T.2D. Anzahl der Tore in der 2. Spielklasse, 52,53,54... Anzahl der jeweils in den Saisonen (1951/52, 1952/53, 1953/54 usw.) erzielten Tore, 87*, 90* Aufstiegs Play-off, 1974/75, 1990/91–1994/95 2. Division, (T) Torhüter, (Alb), (Jug), (Gha)...Herkunftsländer der Spieler

Statistik

Alle Spieler

	Prexl Hans-Jürgen (T)	Prügger	Puza Martin	Raczynski Roman	Rader Wolfgang	Radlspeck Thomas (D)	Radostics Josef	Radovic Zjelko	Rajkovic Stojadin (Slo)	Ramusch Dieter	Ratschnig Ewald	Rauscher Andreas	Ravnic Eugen (Jug/T)	Rebernig Harald	Rebernig Wolfgang	Reheis Falk	Reiner Ludwig
Eins. 1.Div.	50	1	39	32	1	22	1	71	55	219	97	1	41	148	4	26	2
T.G.	0	0	4	3	0	0	0	19	10	9	8	0	0	30	0	1	3
T.1D	0	0	0	3	0	0	0	19	1	26	8	0	0	29	0	1	0
T.2D			4						9					1			3
52																	
53																	
54																	
55																	
56																	
57																	
58	0															1	
59	0															0	
60	0															0	
61																0	
62	0																
63	0												0				
64	0												0				
65																	
66													0				
67																	
68																	
69																	
70														8			
71														8			
72														4			
73														5			
74														2			
75														1			
76														2			
77																	
78																	
79										0							
80										4							
81										3							
82								0		1							
83																	
84																	
85																0	
86																0	
87																	
87*																	
88				3													
89			0	0													
90																	0
90*																	0
91									0								0
92									2								0
93									0								0
94			2						3								2
95			2						4								1
96			0						1	4							0
97			0						0	10							
98								9	6		0						
99						0		6		3							
00					0	0		4		1							
01										1							
02										1							

Alle Spieler — Statistik

	Reinprecht (T)	Reiter Anton (T)	Reiterer Franz	Reitmayer Alfred	Repitsch Hermann	Riedl Alfred	Robin	Roßbacher	Roth Rudi (T)	Rumpf Werner (T)	Sabitzer Herfried	Sajko Erich	Sauper Gerhard	Sauseng Helmut	Savic Lenko (Jug)	Schachner Walter	Schaffer Gerhard
Eins. 1.Div.	9	1	5	20	101	42	1	18	72	18	88	144	2	90	14	x	3
T.G.	0	0	3	0	15	11	0	0	0	0	32	14	0	9	1	2	0
T.1D	0	0	1	0	15	11	0	0	0	0	32	14	0	6	1	2	0
T.2D			2		0				0					3		2	
52																	
53																	
54												5					
55												2					
56												0					
57												0					
58												3					
59				0										0			
60				0								0					
61												0					
62		0										4					
63																	
64																	
65	0																
66	0																
67															1		0
68																	
69									0	0							
70									0								
71				3					0								
72				6	0												
73				6					0								
74				0					0								
75				0					0								
76									0								
77									0								
78																	
79																	
80																	
81					3												
82					8												
83																	
84																	
85																	
86																	
87															0		
87*															0		
88															4		
89															2		
90			1												0		
90*			0												0	2	
91			2												1		
92															2		
93															0		
94																	
95																	
96														9			
97														8			
98														15			
99																	
00																	
01																	
02																	

Legende: Eins. Anzahl der Einsätze in der 1. Spielklasse, T.G. Gesamtzahl aller erzielten Tore, T.1D. Anzahl der Tore in der 1. Spielklasse, T.2D. Anzahl der Tore in der 2. Spielklasse, 52,53,54... Anzahl der jeweils in den Saisonen (1951/52, 1952/53, 1953/54 usw.) erzielten Tore, 87*, 90* Aufstiegs Play-off, 1974/75, 1990/91–1994/95 2. Division, (T) Torhüter. (Alb), (Jug), (Gha)...Herkunftsländer der Spieler

Statistik — Alle Spieler

	Scharmann Hans	Schatzschneider D. (D)	Scheucher Klaus	Schilcher Heinz	Schink Kurt	Schitnik Günther	Schlatzer Gerhard	Schneider Erich	Schober August	Schrammel Christian	Schranz Andreas (T)	Schreiner Arno	Schuitemann B. (NL)	Schursch Alois	Schursch Gerhard	Schwicker Wolfgang	Selim Saleh (Äg)
Eins. 1.Div.	48	27	6	88	33	1	3	81	27	x	19	x	8	13	1	65	6
T.G.	2	4	7	0	1	0	0	6	0	0	0	0	0	3	0	0	3
T.1D	2	4	0	0	1	0	0	6	0		0		0	3	0	7	3
T.2D			7					0		0		0					
52					1												
53					0												
54																	
55					0												
56																	
57																	
58																	
59															1		
60															1		
61															1		
62															0		
63																	3
64																	
65																	
66			0														
67			0														
68	0		0														
69	0		0														
70	0							0									
71	1																
72	1																
73								0									
74								0									
75																	
76								0									
77								0									
78								5									
79								1									
80																	
81																0	
82																4	
83																3	
84																0	
85																0	
86																	
87																	
87*																	
88		4															
89			0														
90							0										
90*							0										
91				2													
92				5													
93				0										0			
94				0				0		0							
95																	
96																	
97																	
98																	
99											0						
00											0			0			
01											0						
02																	

Alle Spieler — Statistik

	Schwicker Wolfgang	Sestan Mate (Kro)	Sgerm Willi	Sick Gernot	Sigmund Adolf	Silberberger Thomas	Slovic Rado (Jug)	Sobl Walter	Sommer Christian	Sörensen Niels (Dän)	Sorger (T)	Spanring Gerhard	Spirk Klaus	Spreitz Gregor	Standfest Joachim	Stanek Fritz	Stangl Günter
Eins. 1.Div.	65	x	255	72	91	3	33	19	1	65	1	9	231	26	74	6	14
T.G.	0	0	120	0	11	0	6	1	0	4	0	1	7	5	3	0	0
T.1D	7		120	0	11	0	6	1	0	4	0	1	6	5	3	0	0
T.2D		0								0			1				
52					3												
53					6												
54					1												
55					0												
56			13		1												
57			15											2			
58			12											1			
59			10											0			
60			21											2			
61			15														
62			2													0	
63			5													0	
64			16														
65			7									0					
66			4									1					
67			0														
68							5					0					
69							1										
70															0		
71																	
72																	
73																	
74																	
75																	
76																	
77																	
78																	
79										2			0				
80										2							
81									0				0				
82	4												0				
83	3												2				
84	0												1				
85	0												2				
86													0				
87													1				
87*													0				
88													0				
89													0				
90									1				0				
90*									0				1				
91													0				
92																	
93		0															
94																	
95																	
96																	
97				0	0												
98				0													
99				0												0	
00				0												0	
01				0												1	
02																2	

Legende: Eins. Anzahl der Einsätze in der 1. Spielklasse, T.G. Gesamtzahl aller erzielten Tore, T.1D. Anzahl der Tore in der 1. Spielklasse, T.2D. Anzahl der Tore in der 2. Spielklasse, 52,53,54... Anzahl der jeweils in den Saisonen (1951/52, 1952/53, 1953/54 usw.) erzielten Tore, 87*, 90* Aufstiegs Play-off, 1974/75, 1990/91–1994/95 2. Division, (T) Torhüter, (Alb), (Jug), (Gha)...Herkunftsländer der Spieler

Statistik — Alle Spieler

	Stary Roman	Steigenberger Hans (T)	Steinbauer Rudolf	Steinkogler Gerhard	Stering Sepp	Stessl Hermann	Strafner Gerald	Strobl Walter	Strohmayer Walter	Stückler Christoph	Subosits Bela (Ung)	Sühsner Kurt	Tantscher Robert	Techt G.	Temm Kurt	Tokic Mario (Kro)	Tomic Tomas (D/T)
Eins. 1.Div.	x	97	139	64	296	204	66	7	8	6	14	13	x	3	38	30	4
T.G.	0	0	12	15	48	23	9	0	0	0	3	6	4	4	2	0	0
T.1D		0	12	15	48	23	9	0	0	0	3	4		0	2	0	0
T.2D	0	0	0					0				2	4	4	0		
52																	
53								0									
54																	
55								0									
56																	
57																	
58						0					2						
59						0					1						
60						0											
61						3											
62						3											
63						3											
64						4											
65						1											
66						5											
67						1											
68						1											
69		0			6	2											
70					4												
71		0			12										0		
72		0			5										0		
73		0															
74		0											4				
75		0											2		4		
76		0											0				
77		0															
78				0													
79				5													
80			1	5													
81				7													
82				6													
83			0	4													
84			3	5	3												
85			1	1													
86			6	0													
87																	
87*																	
88																	
89																	
90									0								
90*									0								
91																	
92																	
93																	
94		0													3		
95	0	0													1	0	
96		1				2										2	
97						2										0	
98						5											
99										0							0
00										0							0
01																0	
02																	

Alle Spieler — Statistik

	Trafella Gert	Traxler Alfred	Trost Manfred (T)	Turcik Josip (Tch)	Tutu Adu Skelley (Gha)	Urdl Gerhard	Vidalli Peter	Vidovic Zelimir (Kro)	Vladimir Ivica (Kro)	Vukas Bernhard (Ung)	Vukovic Zeljko (Kro)	Vulic Kasimir (Jug)	Wagner Erich	Weber Karl	Weber Helmut	Weber Werner (II)	Wehr Franz
Eins. 1.Div.	72	24	93	41	59	12	125	150	x	23	138	x	x	x	3	1	48
T.G.	1	5	0	4	9	0	22	17	4	1	10	14	1	3	0	0	1
T.1D	1	5	0	4	9	0	22	14		1	10				0	0	1
T.2D			0					3	4			14	1	3			
52																	
53																	
54																	
55																	
56																	
57																	
58																	
59																	
60																	
61																	
62																	
63																	
64										1							
65										0							
66																	
67																0	0	
68																	
69																	
70		5															
71																	
72	0																
73	0																
74	1																
75														3			
76							2										0
77						0	5										1
78						0	6										0
79							6										
80							3										
81																	
82																	
83				3													
84				1			3										
85			0				5										
86			0				1										
87			0				3										
87*			0				3										
88			0				2										
89			0				0										
90																	
90*							0										
91																	
92								4									
93											2	1					
94											12	0					
95			0														
96											6						
97											1						
98											0						
99											3						
00				4													
01				2													
02				3													

Legende: Eins. Anzahl der Einsätze in der 1. Spielklasse, T.G. Gesamtzahl aller erzielten Tore, T.1D. Anzahl der Tore in der 1. Spielklasse, T.2D. Anzahl der Tore in der 2. Spielklasse, 52,53,54... Anzahl der jeweils in den Saisonen (1951/52, 1952/53, 1953/54 usw.) erzielten Tore, 87*, 90* Aufstiegs Play-off, 1974/75, 1990/91-1994/95 2. Division, (T) Torhüter, (Alb), (Jug), (Gha)...Herkunftsländer der Spieler

Statistik — Alle Spieler

	Weiß Andreas	Weiß Leo	Weitzer Franz (T)	Welk Erich (T)	Welzl Kurt	Wenzelmayer Ernst	Werner Peter	Wieger Herbert	Witzmann	Wöhry Josef	Zevkovic Stefan (Jug)	Ziegler Christian	Zirngast Gernot	Zisser Michael	Zivanovic G. (Jug/T)	Zoglmeier Bernd (T)	Zrinsky Franz (T)
Eins. 1.Div.	57	127	10	36	12	25	x	96	1	15	15	4	x	127	49	x	25
T.G.	0	22	0	0	3	3	1	25	0	1	5	0	0	9	0	0	0
T.1D	0	22	0	0	3	3		10	0	1	5	0		8	0		0
T.2D					0		1	15					0	1	0	0	
52																	0
53																	0
54																	0
55																	0
56																	0
57																	
58																	
59																	
60																	
61																	
62				0	0			0									
63				0	1							3					
64	0				2							2					
65	0			0	0					0							
66	0									1							
67	0		0							0							
68			0														
69	0									0							
70																	
71																	
72																	
73																	
74																	
75																	
76		7															
77		3															
78		2															
79		1															
80																	
81		6															
82		3															
83																	
84													0				
85													0				
86														0			
87				3										0			
87*				0										0			
88														2			
89														3	0		
90														0	0		
90*						1								0	0		
91														1			
92																0	
93																	
94																0	
95								15						0			
96								0						2			
97								8						1			
98								2						0			
99								0									
00																	
01								0									
02																	

Legende: Eins. Anzahl der Einsätze in der 1. Spielklasse, T.G. Gesamtzahl aller erzielten Tore, T.1D. Anzahl der Tore in der 1. Spielklasse, T.2D. Anzahl der Tore in der 2. Spielklasse, 52,53,54... Anzahl der jeweils in den Saisonen (1951/52, 1952/53, 1953/54 usw.) erzielten Tore, 87*, 90* Aufstiegs Play-off, 1974/75, 1990/91–1994/95 2. Division, (T) Torhüter, (Alb), (Jug), (Gha)...Herkunftsländer der Spieler

Alle Spieler   Statistik

	Zsak Manfred	Zuenelli Mario
Eins. 1.Div.	3	343
T.G.	0	1
T.1D	0	1
T.2D		3
52		
53		
54		
55		
56		
57		
58		
59		
60		
61		
62		
63		
64		
65		
66		
67		
68		
69		
70		
71		
72		
73		
74		0
75		3
76		7
77		9
78		14
79		6
80		5
81		0
82		0
83		11
84		9
85		4
86		4
87		0
87*		0
88		
89		
90		
90*		
91		
92		
93		
94		
95		
96		
97	1	
98		
99		
00		
01		
02		

GAK „Top-25" nach Einsätzen in der 1. Spielklasse

1.	Koleznik Walter	401
2.	Zuenelli Mario	343
3.	Frisch Erich	340
4.	Maier Werner	323
5.	Stering Sepp	296
6.	Kölly Alfred	285
7.	Marko Erich	278
8.	Philipp Karl	270
9.	Ekmecic Savo (Jug)	269
	Pigel Hans	269
11.	Gamauf Harald	263
12.	Hohenwarter Erwin	258
13.	Sgerm Willi	255
14.	Lamprecht Gottfried	244
15.	Ninaus Erwin	233
16.	Spirk Klaus	231
17.	Ramusch Dieter	219
18.	Ceh Ales (Slo)	212
19.	Stessl Hermann	204
20.	Huberts Willy	204
21.	Eigenstiller Kurt	202
22.	Almer Franz	200
23.	Maier Anton	181
24.	Dmitrovic Boban (Jug)	173
25.	Gössl Ernst	170

GAK „Top-25" nach Toren in der 1. Spielklasse

		T	Sp
1.	Sgerm Willi	120	255
2.	Koleznik Walter	80	401
3.	Zuenelli Mario	69	343
4.	Jank Hannes	67	120
5.	Ninaus Herbert	54	98
6.	Pigel Hans	51	269
7.	Stering Sepp	48	296
8.	Aigner Karl	47	169
9.	Koschak Günther	43	168
10.	Brunmayr Ronald	42	65
11.	Eigenstiller Kurt	39	202
12.	Kölly Stephan	34	70
13.	Maier Anton	33	181
14.	Engel Minnie	32	68
15.	Sabitzer Herfried	32	88
16.	Akwuegbu Ben (Nig)	31	100
17.	Hohenwarter Erwin	30	258
18.	Philipp Karl	30	270
19.	Rebernig Harald	29	148
20.	Huberts Willy	29	204
21.	Halla Paul	27	47
22.	Ramusch Dieter	26	219
23.	Pamic Igor (Kro)	24	66
24.	Stessl Hermann	23	204
25.	Vidalli Peter	22	125

Teamspieler während ihrer Zeit beim GAK

	Einsätze	Spielzeit beim GAK
Eigenstiller Kurt	1	1951–61
Fraydl Gernot	27	1957–61
Frisch Erich	1	1953–69
Halla Paul	34	1951–53
Hodschar Gerfried	2	1965–70
Huberts Willi	4	1955–61
		1971–75
Jank Hannes	1	1958–64
Kölly Stefan	1	1951–54
Koleznik Walter	6	1961–78
Ninaus Herbert	2	1954–59
Stering Josef	26	1968–72
		1980–86
Zuenelli Mario	2	1973–87
Hasenhüttl Ralph	8	1985–89
Steinbauer Rudi	3	1979/80
		1982–86
		1993–96
Ramusch Dieter	10	seit 1995
Sabitzer Herfried	6	1995–98
Amerhauser Martin	8	1994–96,
		seit 1999
Lipa Andi	1	1998–2002
Brunmayr Ronny	8	seit 2000
Aufhauser Rene	3	seit 2001

165

Der GAK im Europacup

Cup der Cupsieger 1962/1963

1. Runde:

Graz, 30.10.1962, 6500.
GAK – BK 09 Odense 1:1 (0:1)
Tore: Jank (89.); Hansen (39.).
Aufstellung: Welk; Frisch; Ninaus, Kölly; Steßl, Loske I; Koleznik, Loske II, Jank, Egger, Sgerm.

Odense, 14.11.1962, 5000.
BK 09 Odense – GAK 5:3 (3:3)
Tore: Petersen (7., 33., 40., 65.), Berg (74.); Koleznik (28.), Loske II (29.), Steßl (43.).
Aufstellung: Welk; Ninaus; Stangl, Kölly; Loske I, Erkinger; Koleznik, Steßl, Loske II, Egger, Sgerm.

Cup der Cupsieger 1968/1969

1. Runde:

Den Haag, 19.9.1968, 25000.
ADO Den Haag – GAK 4:1 (1:1)
Tore: Schoenmaker (41., 55.), Aarts (58.), Giesen (68.); Hohenwarter (39.).
Aufstellung: Hodschar (59. Rumpf); Frisch; Erkinger, Ninaus, Klug; Steßl (76. Weiß), Schilcher, Slovic; Stering, Koleznik, Hohenwarter.

Graz, 3.10.1968, 3000.
GAK – ADO Den Haag 0:2 (0:1)
Tore: Heijnen (17., 90.).
Aufstellung: Rumpf; Frisch, Erkinger (85. Weiß), Klug; Ninaus, Schilcher; Koleznik, Eckhardt, Krois, Hohenwarter, Slovic (55. Philipp).

UEFA Cup 1973/1974

1. Runde:

Athen, 20.9.1973, 10000.
Panahaiki Patras – GAK 2:1 (2:1)
Tore: Michalopoulos (15.), Spetzopoulos (43.); Koleznik (29.).
Aufstellung: Roth; Maier; Trafella, Huberts, Lamprecht; Breiner, Rebernig, Repitsch; Fendler, Koleznik, Philipp.

Graz, 3.10.1973, 8500.
GAK – Panahaiki Patras 0:1 (0:0)
Tor: Spetzopoulos (49.).
Aufstellung: Roth; Maier; Trafella, Huberts, Lamprecht; Rebernig, Repitsch (46. Bauer); H. Kirisits (59. Breiner), Fendler, Koleznik, Philipp.

Cup der Cupsieger 1981/1982

1. Runde:

Tiflis, 16.9.1981, 70000 (!).
Dynamo Tiflis – GAK 2:0 (1:0)
Tore : Swanja (41.), Schengelija (71., Elfmeter).
Aufstellung: Ekmecic; Hohenwarter; Marko, Gamauf, Mohapp (47. Zuenelli); Pigel, Stering, Maier, Moder; Weiß, Riedl (88. Spirk).

Graz, 30.9.1981, 6000.
GAK – Dynamo Tiflis 2:2 (0:1)
Tore: Riedl (65.), Schwicker (77.); Schengelija (41., 64., Elfmeter).
Aufstellung: Ekmecic; Hohenwarter; Marko, Gamauf, Ratschnig; Stering, Maier, Moder; Riedl, Bajlitz (46. Weiß, 70. Schwicker), Pigel.

UEFA-Cup 1982/1983

1. Runde:

Graz, 15.9.1982, 6000.
GAK – Corvinul Hunedoara 1:1 (0:1)
Tore: Schwicker (53.); Gabor (15.).
Aufstellung: Ekmecic; Hülshoff (67. Hohenwarter); Leitner, Gamauf, Marchl; Stering, Gössl (56. Mohapp), Zuenelli; Steinbauer, Schwicker, Pigel.

Hunedoara, 29.9.1982, 15000.
Corvinul Hunedoara – GAK 3:0 (0:0)
Tore: Andone (51. Elfmeter), Klein (63.), Dumitrache (85.).
Aufstellung: Ekmecic; Hülshoff; Leitner, Gamauf, Marchl; Gössl, Stering, Mohapp (63. Schwicker), Zuenelli; Pigel, Nekola (56. Koschak).

UEFA-Cup 1996/1997

Qualifikationsrunde:

Graz, 6.8.1996, 1117.
GAK – FK Vojvodina 2:0 (1:0)
Tore: Vukovic (45.), Muzek (54.).
Aufstellung: Almer; Vukovic; Pötscher, Zisser, Strafner; Ramusch (86. Dietrich), Ceh, Muzek, Dmitrovic; Silberberger (71. Puza), Sabitzer (77. Dampfhofer).

Die besten EC-Torschützen:

Akwuegbu 10, Standfest, Sabitzer je 5, Brunmayr 3, Koleznik, Schwicker, Ramusch, Lipa, Ehmann, Radovic, Tutu, Pamic je 2

Der GAK im Europacup — **Statistik**

Novi Sad, 20.8.1996, 4000.
FK Vojvodina – GAK 1:5 (0:0)
Tore: Stojak (55.); Sabitzer (51., 77.), Ramusch (46.), Wieger (56.), Anicic (90.).
Aufstellung: Almer; Vukovic; Pötscher, Zisser, Strafner; Ramusch (82. Silberberger), Ceh, Muzek (87. Puza), Dmitrovic; Sabitzer, Wieger (74. Anicic).

1. Runde:

Ekeren, 10.9.1996, 4000.
KFC Germinal Beerschot Antwerpen – GAK 3:1 (0:1)
Tore: Radzinski (56.), Vandewalle (59., Elfmeter), Czerniatynski (82.); Strafner (8.).
Aufstellung: Almer; Vukovic; Pötscher, Rajkovic, Puza; Ramusch, Ceh (69. Anicic), Zisser, Muzek, Dmitrovic; Strafner.

Kapfenberg, 24.9.1996, 3000.
GAK – KFC Germinal Beerschot Antwerpen 2:0 (0:0)
Tore: Sabitzer (65., 83.)
Aufstellung: Almer; Vukovic; Pötscher, Zisser, Puza; Ramusch, Ceh, Muzek (83. Dampfhofer), Anicic (87. Wieger); Sabitzer (89. Rajkovic), Strafner.

2. Runde:

Mailand, 15.10.1996, 8200.
Inter Mailand – GAK 1:0 (0:0)
Tor: Angloma (80.).
Aufstellung: Manninger; Vukovic; Rajkovic, Zisser, Strafner; Ramusch, Ceh, Muzek, Dmitrovic; Sabitzer, Dampfhofer (77. Silberberger).

Kapfenberg, 29.10.1996, 11000.
GAK – Inter Mailand 1:0 (1:0) Elfmeterschießen (3:5)
Tor: Sabitzer (35.).
Elfmeterschießen:
0:1 Zamorano
1:1 Anicic
1:2 Djorkaeff
Pagliuca hält Elfer von Dampfhofer
1:3 Berti
2:3 Rajkovic
2:4 Pistone
3:4 Muzek
3:5 Fresi
Aufstellung: Manninger; Vukovic; Pötscher, Rajkovic, Strafner; Ramusch, Ceh, Muzek, Dmitrovic (105. Anicic); Sabitzer, Dampfhofer.

UEFA-Cup 1998/1999

2. Qualifikationsrunde:

Vaasa, 11.8.1998, 2934.
VPS Vaasa – GAK 0:0
Aufstellung: Almer; Vukovic; Ehmann, Akoto (75. Grimm), Hartmann; Ramusch, Ceh (80. Kulovits), Sick, Drechsel (70. Dmitrovic). Akwuegbu, Luhovy.

Graz, 25.8.1998, 5000.
GAK – VPS Vaasa 3:0 (0:0)
Tore: Luhovy (52.), Grimm (53.), Drechsel (90.).
Aufstellung: Almer; Vukovic; Lipa, Grimm, Hartmann; Ramusch, Kulovits, Radovic (70. Drechsel), Dmitrovic; Akwuegbu, Luhovy (78. Brenner).

1. Runde:

Burgas, 15.9.1998, 7000.
FC Liteks Lovech – GAK 1:1 (0:0)
Tore: Stoilov (59.), Lipa (54.).
Aufstellung: Almer; Vukovic; Lipa, Ehmann, Hartmann; Ramusch, Kulovits (59. Sick), Ceh, Dmitrovic; Akwuegbu (88. Radovic), Luhovy (65. Wieger).

Graz, 29.9.1998, 7536.
GAK – FC Liteks Lovech 2:0 (1:0)
Tore: Golombek (7.), Akwuegbu (82.).
Aufstellung: Almer; Vukovic; Pötscher, Grimm, Golombek; Ramusch, Kulovits, Ehmann, Dmitrovic (67. Drechsel). Akwuegbu (89. Sick), Luhovy (71. Brenner).

2. Runde:

Graz, 20.10.1998, 15400.
GAK – AS Monaco 3:3 (1:1)
Tore: Akwuegbu (28., 56.), Ehmann (80.); Spehar (17., 60.) Giuly (77.).
Aufstellung: Tomic; Vukovic; Pötscher (70. Lipa), Grimm, Hartmann; Ramusch, Ceh, Sick (77. Ehmann), Dmitrovic; Akwuegbu, Luhovy (64. Brenner).

Monaco, 3.11.1998, 6810.
AS Monaco – GAK 4:0 (2:0)
Tore: Gava (8., 66.), Spehar (16.), Diawara (54.).
Aufstellung: Tomic; Vukovic; Pötscher, Akoto, Hartmann; Ramusch, Sick (53. Luhovy), Ehmann, Dmitrovic; Akwuegbu (75. Brenner), Drechsel (58. Radovic).

Die meisten EC-Einsätze:

Dmitrovic 23, Ramusch 22, Ceh 20, Akwuegbu 19, Almer, Kulovits 16, Pötscher 14, Ehmann 13, Vukovic 12, Lipa 11

Statistik
Der GAK im Europacup

UEFA-Cup 1999/2000

Qualifikationsrunde:

Toftir, 12.8.1999, 763.
KI Klaksvik – GAK 0:5 (0:3)
Tore: Standfest (9., 85., 89.), Radovic (7., 37.).
Aufstellung: Almer; Pötscher (46. Stückler), Ehmann, Lipa, Hartmann; Ramusch, Aloisi (46. Kulovits), Ceh, Standfest; Akwuegbu, Radovic (71. Tutu).

Graz, 26.8.1999, 9800.
GAK – KI Klaksvik 4:0 (0:0)
Tore: Ramusch (48.), Akwuegbu (74.), Dmitrovic (81.), Tutu (88.).
Aufstellung: Schranz; Hübler, Stückler, Nilsen (86. Nörlund), Hartmann; Ramusch, Kulovits, Aloisi (64. Rader), Dmitrovic; Tutu, Pamic (59. Akwuegbu).

1. Runde:

Graz, 16.9.1999, 3070.
GAK – FC Spartak Trnava 3:0 (2:0)
Tore: Akwuegbu (12., 56.), Tutu (34.).
Aufstellung: Almer; Hübler, Ehmann, Nilsen, Lipa; Ramusch (87. Kulovits), Ceh, Aloisi, Standfest (75. Dmitrovic); Akwuegbu, Tutu (89. Radovic).

Trnava, 30.9.1999, 2000.
FC Spartak Trnava – GAK 2:1 (1:1)
Tore: Muzlay (45., 70.); Standfest (14.).
Aufstellung: Almer; Pötscher, Ehmann, Nilsen, Hartmann; Ramusch, Ceh, Aloisi, Standfest (81. Lipa); Akwuegbu (64. Tutu), Pamic (72. Sick).

2. Runde:

Graz, 21.10.1999, 5214.
GAK – Panathinaikos Athen 2:1 (0:0)
Tore: Lipa (57.), Pamic (80.); Sypniewski (64.).
Aufstellung: Almer; Lipa, Ehmann, Nilsen, Hartmann (75. Amerhauser); Ramusch, Kulovits (90. Aloisi), Ceh, Dmitrovic; Akwuegbu (80. Tutu), Pamic.

Athen, 4.11.1999, 20000.
Panathinaikos Athen – GAK 1:0 (0:0)
Tor: Pflipsen (90., Elfmeter).
Aufstellung: Almer; Lipa, Akoto, Nilsen, Hartmann; Ramusch, Kulovits, Ceh, Aloisi (57. Amerhauser), Dmitrovic (83. Pötscher); Akwuegbu (76. Pamic).

UEFA-Cup 2000/2001

1. Runde:

Kosice, 12.9.2000, 2000.
FC Kosice – GAK 2:3 (0:0)
Tore: Zvara (54. Elfmeter), Jambor (76.); Akwuegbu (58.), Standfest (84.), Pamic (93. Elfmeter).
Aufstellung: Almer; Milinovic, Ehmann, Dmitrovic; Standfest, Isabella (46. Kulovits), Ceh, Hütter, Amerhauser (61. Hübler); Pamic, Brunmayr (14. Akwuegbu).

Graz, 26.9.2000, 4000.
GAK – FC Kosice 0:0
Aufstellung: Schranz; Milinovic, Ehmann, Dmitrovic; Standfest, Lipa (24. Akwuegbu), Ceh (91. Sick), Hütter, Amerhauser; Pamic (77. Kulovits), Brunmayr.

2. Runde:

Barcelona, 27.10.2000, 12500.
Espanyol Barcelona – GAK 4:0 (4:0)
Sergio (30., 45.), Tamundo (14.), Galca (20. Elfmeter).
Aufstellung: Schranz; Milinovic, Ehmann, Akoto; Ramusch (79. Kulovits), Ceh, Pamic (46. Pötscher), Hütter, Dmitrovic; Akwuegbu (29. Standfest), Brunmayr.

Graz, 10.11.2000, 3000.
GAK – Espanyol Barcelona 1:0 (0:0)
Tor: Ehmann (65.).
Aufstellung: Schranz; Milinovic, Ehmann, Dmitrovic; Pötscher (15. Hübler), Ceh, Hütter (54. Sick), Ramusch, Amerhauser; Brunmayr (71. Lipa), Akwuegbu.

UEFA-Cup 2001/2002

Qualifikationsrunde:

Torshavn, 9.8.2001, 300.
HB Torshavn – GAK 2:2 (0:0)
Tore: Mortansson (50., 59.); Akwuegbu (60., 90.).
Aufstellung: Schranz; Hütter; Akoto, Dmitrovic; Standfest, Kulovits, Milinkovic (46. Akwuegbu), Aufhauser, Amerhauser; Tutu, Bazina.

Graz, 23.8.2001, 6245.
GAK – HB Torshavn 4:0 (2:0)
Tore: Brunmayr (13., 35.), Tokic (70.), Milinkovic (90.).
Aufstellung: Almer; Tokic; Akoto, Dmitrovic; Pötscher (62. Milinkovic), Ramusch, Kulovits (72. Tutu), Ceh, Amerhauser; Bazina, Brunmayr.

1. Runde:

Utrecht, 20.9.2001, 13500.
Utrecht – GAK 3:0 (2:0)
Tore: van den Bergh (21.), Tanghe (34.), Glusevic (49.).
Aufstellung: Almer; Tokic; Akoto, Dmitrovic; Ramusch (77. Bazina), Kulovits, Pamic (67. Aufhauser), Ceh, Amerhauser; Akwuegbu, Brunmayr (80. Tutu).

Graz, 27.9.2001, 5000.
GAK – Utrecht 3:3 (3:0)
Tore: Bazina (4.), Brunmayr (20.), Akwuegbu (38.); Kuijt (47.), Zwaanswijk (54.), Jochemsen (68.).
Aufstellung: Almer; Tokic; Akoto, Kimoni; Aufhauser, Kulovits, Milinkovic (74. Lipa), Bazina, Dmitrovic; Akwuegbu (82. Kaintz), Brunmayr (77. Tutu).

Tabellen — Statistik

1952

	Verein	Sp	S	U	N	TV	P
1	Rapid	26	20	1	5	107:39	41
2	Austria Wien	26	18	3	5	94:40	39
3	Vienna	26	14	4	8	71:51	32
4	Wacker Wien	26	14	3	9	84:55	31
5	Admira	26	13	5	8	71:55	31
6	GAK	26	13	3	10	66:48	29
7	LASK	26	10	5	11	42:54	25
8	Sturm	26	11	3	12	42:56	25
9	FAC	26	10	4	12	56:70	24
10	FC Wien	26	10	2	14	42:55	22
11	Simmering	26	9	4	13	40:58	22
12	Wr. Sportclub	26	7	3	16	34:69	17
13	Kapfenberg	26	6	1	19	31:66	13
14	Blau-Weiss	26	5	3	18	25:89	13

1953

	Verein	Sp	S	U	N	TV	P
1	Austria Wien	26	21	3	2	106:38	45
2	Wacker Wien	26	20	4	2	101:30	44
3	Rapid	26	18	3	5	94:48	39
4	Vienna	26	16	4	6	89:48	36
5	Admira	26	11	6	9	65:53	28
6	FAC	26	12	2	12	56:82	26
7	GAK	26	9	7	10	50:59	25
8	Simmering	26	9	4	13	41:52	22
9	Sturm	26	7	8	11	44:59	22
10	LASK	26	8	3	15	51:59	19
11	FC Wien	26	6	7	13	38:61	19
12	Mödling	26	7	5	14	35:62	19
13	Grazer SC	26	6	4	16	45:90	16
14	SAK	26	1	2	23	33:107	4

1954

	Verein	Sp	S	U	N	TV	P
1	Rapid	26	18	5	3	96:43	41
2	Austria Wien	26	16	6	4	73:43	38
3	Wacker Wien	26	12	7	7	72:42	31
4	GAK	26	14	3	9	60:52	31
5	Vienna	26	13	4	9	74:44	30
6	Admira	26	12	6	8	55:46	30
7	Wr. Sportclub	26	11	7	8	61:59	29
8	LASK	26	10	7	9	51:42	27
9	A. Salzburg	26	9	5	12	43:67	23
10	Simmering	26	7	8	11	41:43	22
11	FC Wien	26	8	5	13	40:62	21
12	WAC	26	9	0	17	42:69	19
13	Sturm	26	9	4	16	48:69	16
14	FAC	26	2	3	21	33:108	7

1955

	Verein	Sp	S	U	N	TV	P
1	Vienna	26	17	5	4	64:26	39
2	Wr. Sportclub	26	17	5	4	75:40	39
3	Rapid	26	14	8	4	87:47	36
4	Wacker Wien	26	16	2	8	86:53	34
5	Austria Wien	26	13	7	6	68:49	33
6	Admira	26	10	7	9	54:51	27
7	Kapfenberg	26	11	5	10	55:57	27
8	GAK	26	8	9	9	45:47	25
9	A. Salzburg	26	7	8	11	43:55	22
10	Simmering	26	10	1	15	57:55	21
11	Stadlau	26	7	6	13	29:48	20
12	FC Wien	26	6	5	15	39:77	17
13	LASK	26	7	2	17	45:62	16
14	Bregenz	26	2	3	21	13:93	7

1956

	Verein	Sp	S	U	N	TV	P
1	Rapid	26	20	3	3	93:37	43
2	Wacker Wien	26	19	3	4	85:33	41
3	Vienna	26	18	4	4	96:41	40
4	Austria Wien	26	16	3	7	78:47	35
5	Wr. Sportlcub	26	12	5	9	50:51	29
6	Simmering	26	10	8	8	68:61	28
7	GAK	26	11	5	10	59:63	27
8	A. Salzburg	26	9	5	12	50:65	23
9	Admira	26	7	4	15	54:61	18
10	Sturm	26	5	8	13	43:68	18
11	Kapfenberg	26	7	3	16	39:67	17
12	Stadlau	26	5	5	16	43:74	15
13	FC Wien	26	5	5	16	31:68	15
14	Austria Graz	26	7	1	18	25:78	15

1957

	Verein	Sp	S	U	N	TV	P
1	Rapid	26	19	2	5	100:43	40
2	Vienna	26	17	5	4	71:32	39
3	Austria Wien	26	18	2	6	68:41	38
4	Wacker Wien	26	14	7	5	82:37	35
5	Simmering	26	11	9	6	67:60	31
6	GAK	26	12	2	12	47:55	26
7	Kapfenberg	26	11	3	12	56:74	25
8	Admira	26	9	4	13	52:57	22
9	Krems	26	9	4	13	53:79	22
10	Wr. Sportclub	26	9	3	14	50:46	21
11	WAC	26	8	5	13	58:62	21
12	Sturm	26	9	3	14	48:66	21
13	Salzburg	26	6	3	17	55:83	15
14	Stadlau	26	2	4	20	26:98	8

Statistik

Tabellen

1958

	Verein	Sp	S	U	N	TV	P
1	Sportclub	26	20	5	1	100:35	45
2	Rapid	26	20	3	3	93:39	43
3	Vienna	26	12	6	8	57:39	30
4	Wacker Wien	26	10	8	8	54:39	28
5	GAK	26	10	7	9	63:49	27
6	WAC	26	10	6	10	42:62	26
7	Kapfenberg	26	10	6	10	42:62	26
8	Austria Wien	26	11	3	12	63:52	25
9	Simmering	26	10	2	14	52:65	22
10	Admira	26	8	6	12	53:76	22
11	ÖMV Olympia	26	7	7	12	34:53	21
12	Kremser SC	26	8	4	14	39:67	20
13	Sturm Graz	26	7	3	16	42:81	17
14	FC Wien	26	3	6	17	26:70	12

1959

	Verein	Sp	S	U	N	TV	P
1	Sportclub	26	20	6	0	104:35	46
2	Rapid	26	21	2	3	102:29	44
3	Vienna	26	13	6	7	63:41	32
4	Austria Wien	26	12	7	7	63:47	31
5	WAC	26	12	6	8	56:45	30
6	Simmering	26	10	6	10	63:58	26
7	GAK	26	11	3	12	46:61	25
8	Wacker Wien	26	10	3	13	57:61	23
9	KremserSC	26	8	6	12	49:51	22
10	Donawitz	26	9	3	14	63:91	21
11	LASK	26	9	3	14	46:68	21
12	Admira	26	8	3	15	55:63	19
13	Kapfenberg	26	5	6	15	32:68	16
14	ÖMV Olympia	26	2	4	20	25:106	8

1960

	Verein	Sp	S	U	N	TV	P
1	Rapid	26	18	6	2	87:32	42
2	Sportclub	26	17	4	5	71:35	38
3	WAC	26	17	4	5	74:43	38
4	Vienna	26	17	4	5	81:50	38
5	Austria Wien	26	12	6	8	67:49	30
6	Simmering	26	11	6	9	51:49	28
7	LASK	26	9	8	9	54:57	26
8	Wacker Wien	26	7	6	13	47:57	20
9	Wr. Neustadt	26	6	8	12	49:79	20
10	GAK	26	7	5	14	45:55	19
11	A. Salzburg	26	5	9	12	42:67	19
12	Kremser SC	26	6	6	14	44:65	18
13	Donawitz	26	7	3	16	39:73	17
14	Admira	26	3	5	18	31:71	11

1961

	Verein	Sp	S	U	N	TV	P
1	Austria Wien	26	17	5	4	68:31	39
2	Vienna	26	13	6	7	63:41	32
3	WAC	26	13	6	7	60:41	32
4	Wr. Sportclub	26	13	6	7	71:52	32
5	GAK	26	11	8	7	53:37	30
6	Rapid	26	13	4	9	49:42	30
7	LASK	26	11	6	9	56:50	28
8	Wr. Neustadt	26	10	5	11	58:67	25
9	SVS Linz	26	9	6	11	53:58	24
10	Simmering	26	7	7	12	42:52	21
11	Schwechat	26	8	5	13	37:49	21
12	A. Salzburg	26	8	4	14	45:54	20
13	Wacker Wien	26	6	8	12	12:39	20
14	Dornbirn	26	3	4	19	37:101	10

1962

	Verein	Sp	S	U	N	TV	P
1	Austria Wien	26	19	4	3	65:23	42
2	LASK	26	16	6	4	69:40	38
3	Admira	26	16	4	6	56:34	36
4	Sportclub	26	12	8	6	58:39	32
5	Rapid	26	12	7	7	58:32	31
6	WAC	26	11	5	10	47:37	27
7	GAK	26	10	7	9	43:42	27
8	SVS Linz	26	10	6	10	47:50	26
9	Simmering	26	7	10	9	37:62	24
10	Schwechat	26	9	5	12	50:68	23
11	Vienna	26	8	5	13	44:44	21
12	Kapfenberg	26	5	6	15	29:53	16
13	Wr. Neustadt	26	4	5	17	30:57	13
14	SAK	26	1	6	19	27:79	8

1963

	Verein	Sp	S	U	N	TV	P
1	Austria Wien	26	17	4	5	60:26	38
2	Admira	26	15	4	7	46:23	34
3	Sportclub	26	14	5	7	56:38	33
4	Rapid	26	14	4	8	52:28	32
5	LASK	26	14	1	11	39:38	29
6	Schwechat	26	11	4	11	49:44	26
7	WAC	26	11	4	11	37:46	26
8	Vienna	26	9	7	10	44:39	25
9	GAK	26	9	5	12	31:41	23
10	Simmering	26	7	7	12	34:46	21
11	SVS Linz	26	8	4	14	34:50	20
12	A. Salzburg	26	9	1	16	31:59	19
13	Wacker Wien	26	7	5	14	38:53	19
14	A. Kagenfurt	26	7	3	16	26:49	17

Tabellen — Statistik

1964

	Verein	Sp	S	U	N	TV	P
1	Rapid	26	19	5	2	69:27	43
2	Austria Wien	26	17	3	6	61:36	37
3	LASK	26	15	3	8	46:36	33
4	Schwechat	26	13	5	8	51:41	31
5	Wr. Sportklub	26	13	5	8	48:53	31
6	**GAK**	26	11	5	10	49:42	27
7	Admira	26	11	5	10	52:49	27
8	Vienna	26	8	8	10	38:33	24
9	WAC	26	7	10	9	33:38	24
10	Wr. Neustadt	26	8	6	12	33:47	22
11	Kapfenberg	26	8	2	16	38:56	18
12	SVS Linz	26	5	7	14	42:56	17
13	Simmering	26	8	1	17	46:64	17
14	Dornbirn	26	4	5	17	31:59	13

1965

	Verein	Sp	S	U	N	TV	P
1	LASK	26	14	8	4	49:29	36
2	Rapid	26	14	7	5	42:21	35
3	Admira	26	14	7	5	52:28	35
4	Sportclub	26	15	3	8	54:36	33
5	Vienna	26	12	6	8	51:36	30
6	Schwechat	26	10	9	7	27:28	29
7	Austria Wien	26	9	10	7	29:28	28
8	Innsbruck	26	8	10	8	29:23	26
9	Wr. Neustadt	26	8	7	11	31:32	23
10	**GAK**	26	6	8	12	28:48	20
11	Kapfenberg	26	5	10	11	25:45	20
12	Sturm	26	7	5	14	29:40	19
13	WAC	26	5	5	16	31:54	15
14	Wacker Wien	26	4	7	15	27:56	15

1966

	Verein	Sp	S	U	N	TV	P
1	Admira	26	18	7	1	51:17	43
2	Rapid	26	16	8	2	64:22	40
3	Austria Wien	26	16	3	7	58:27	35
4	Wr. Sportclub	26	11	8	7	57:33	30
5	A. Klagenfurt	26	11	7	8	39:33	29
6	Vienna	26	11	7	8	53:49	29
7	LASK	26	10	7	9	45:37	27
8	Innsbruck	26	8	9	9	32:31	25
9	Schwechat	26	9	5	12	40:42	23
10	**GAK**	26	7	9	10	35:46	23
11	Kapfenberg	26	5	10	11	26:51	20
12	Wr. Neustadt	26	7	5	14	30:60	19
13	A. Salzburg	26	3	6	17	26:66	12
14	Simmering	26	3	3	20	26:68	9

1967

	Verein	Sp	S	U	N	TV	P
1	Rapid	26	20	1	5	72:29	41
2	Innsbruck	26	18	5	3	58:24	41
3	Austria Wien	26	14	7	5	43:23	35
4	LASK	26	12	7	7	39:25	31
5	Wr. Sportclub	26	12	6	8	60:36	30
6	Bregenz	26	12	3	11	26:34	27
7	Admira	26	10	6	10	36:25	26
8	Vienna	26	11	4	11	42:49	26
9	**GAK**	26	8	7	11	27:44	23
10	A. Klagenfurt	26	8	6	12	21:32	22
11	Sturm	26	7	4	15	32:47	18
12	Wacker Wien	26	7	4	15	28:50	18
13	Wr. Neustadt	26	6	3	17	21:44	15
14	Kapfenberg	26	2	7	17	17:59	11

1968

	Verein	Sp	S	U	N	TV	P
1	Rapid	26	21	2	3	75:24	44
2	Innsbruck	26	15	7	4	45:27	37
3	Austria Wien	26	15	5	6	46:24	35
4	Wr. Sportclub	26	11	9	6	41:30	31
5	A. Klagenfurt	26	11	7	8	31:36	29
6	**GAK**	26	11	5	10	35:37	27
7	Sturm	26	9	7	10	38:47	25
8	LASK	26	8	7	11	40:37	25
9	Admira	26	5	11	10	41:47	21
10	Eisenstadt	26	8	5	13	26:33	21
11	Bregenz	26	8	5	13	27:41	21
12	A. Salzburg	26	7	6	13	34:43	20
13	Vienna	26	7	1	18	27:50	15
14	Radenthein	26	5	5	16	30:60	15

1969

	Verein	Sp	S	U	N	TV	P
1	Austria Wien	28	19	8	1	80:35	46
2	Wr. Sportclub	28	13	12	3	62:21	38
3	Rapid	28	15	5	8	64:34	35
4	LASK	28	12	7	9	38:33	31
5	Sturm	28	12	7	9	33:29	31
6	A. Salzburg	28	10	10	8	41:28	30
7	Innsbruck	28	12	5	11	46:43	29
8	Admira	28	11	6	11	43:45	28
9	A. Klagenfurt	28	10	8	10	38:41	28
10	**GAK**	28	10	6	12	37:54	26
11	Wacker Wien	28	9	6	13	39:51	24
12	Wattens	28	7	8	13	32:55	22
13	Eisenstadt	28	6	9	13	33:42	21
14	Bregenz	28	8	5	15	30:49	21
15	DSV	28	3	4	21	26:82	10

Statistik

Tabellen

1970

	Verein	Sp	S	U	N	TV	P
1	Austria Wien	30	19	7	4	63:31	45
2	Wr. Sportclub	30	16	6	8	63:34	38
3	Sturm	30	14	8	8	43:34	36
4	LASK	30	13	8	9	41:27	34
5	Innsbruck	30	14	5	11	52:38	33
6	Rapid	30	12	7	11	52:35	31
7	Wattens	30	12	7	11	45:35	31
8	A. Salzburg	30	12	7	11	45:38	31
9	Vienna	30	8	14	8	35:43	30
10	Admira	30	11	6	13	38:45	28
11	Wacker Wien	30	11	6	13	55:69	28
12	VOEST Linz	30	11	6	13	31:48	28
13	**GAK**	30	8	11	11	37:35	27
14	Eisenstadt	30	7	8	15	40:63	22
15	A. Klagenfurt	30	5	11	14	26:51	21
16	Dornbirn	30	4	9	17	23:63	17

1971

	Verein	Sp	S	U	N	TV	P
1	Innsbruck	30	20	4	6	68:30	44
2	A. Salzburg	30	18	7	5	64:33	43
3	Rapid	30	16	9	5	65:36	41
4	Vienna	30	14	9	7	55:39	37
5	LASK	30	15	6	9	53:44	36
6	VOEST Linz	30	13	10	7	44:38	36
7	Admira	30	14	4	12	55:57	32
8	Wattens	30	12	7	11	50:45	31
9	Wr. Sportclub	30	10	9	11	54:40	29
10	Austria Wien	30	10	9	11	43:45	29
11	**GAK**	30	12	4	14	36:54	28
12	Sturm	30	10	4	16	35:42	24
13	Simmering	30	8	7	15	31:55	23
14	Bregenz	30	7	5	18	31:60	19
15	Wacker Wien	30	5	6	19	43:59	16
16	Radenthein	30	4	4	22	31:81	12

1972

	Verein	Sp	S	U	N	TV	P
1	Innsbruck	28	15	9	4	49:20	39
2	Austria Wien	28	17	4	7	49:34	38
3	VOEST Linz	28	15	5	8	52:26	35
4	A. Salzburg	28	12	11	5	47:29	35
5	Rapid	28	12	9	7	39:23	33
6	DSV	28	10	10	8	31:28	30
7	Sturm	28	13	4	11	37:39	30
8	**GAK**	28	9	10	9	32:42	28
9	Vienna	28	9	7	12	30:31	25
10	Wr. Sportclub	28	10	5	13	27:43	25
11	Eisenstadt	28	9	6	13	29:30	24
12	LASK	28	8	8	12	37:39	24
13	Admira	28	6	12	10	31:39	24
14	Simmering	28	8	6	14	23:48	22
15	Bischofshofen	28	1	6	21	22:64	8

1973

	Verein	Sp	S	U	N	TV	P
1	Innsbruck	30	18	7	5	57:25	43
2	Rapid	30	16	8	6	50:31	40
3	**GAK**	30	13	10	7	44:26	36
4	Admira	30	14	8	8	37:30	36
5	VOEST	30	14	7	9	53:32	35
6	LASK	30	11	12	7	45:35	34
7	A. Salzburg	30	13	6	11	40:37	32
8	Wr. Sportclub	30	11	9	10	39:40	31
9	DSV	30	10	9	11	36:52	29
10	Austria Wien	30	11	5	14	53:43	27
11	Vienna	30	10	7	13	40:50	27
12	Klagenfurt	30	11	4	15	32:47	26
13	Eisenstadt	30	10	5	15	37:41	25
14	Sturm	30	8	9	13	29:38	25
15	Bregenz	30	9	4	17	36:54	22
16	Wr. Neustadt	30	3	6	21	23:70	12

1974

	Verein	Sp	S	U	N	TV	P
1	VOEST Linz	32	18	11	3	51:28	47
2	Innsbruck	32	19	8	5	57:21	46
3	Rapid	32	18	9	5	74:33	45
4	Austria Wien	32	16	7	9	59:37	39
5	Sturm	32	14	6	12	35:34	34
6	DSV	32	13	7	12	51:48	33
7	Admira	32	11	9	12	50:48	31
8	A. Salzburg	32	10	11	11	35:35	31
9	LASK	32	11	8	13	38:48	30
10	Wr. Sportclub	32	10	9	13	43:60	29
11	Simmering	32	10	8	14	49:47	28
12	**GAK**	32	9	10	13	31:41	28
13	Eisenstadt	32	11	6	15	36:52	28
14	A. Klagenfurt	32	8	11	13	33:44	27
15	Radenthein	32	6	14	12	33:40	26
16	Vienna	32	8	8	16	38:54	24
17	Vorarlberg	32	5	8	19	31:56	18

1975 – 2. Division

	Verein	Sp	S	U	N	TV	P
1	**GAK**	26	16	6	4	47:20	38
2	Wr. Sportklub	26	14	7	5	52:26	35
3	Vienna	26	11	10	5	49:32	32
4	Simmering	26	10	9	7	59:52	29
5	FC Dornbirn	26	12	4	10	42:33	28
6	WSG/VSV	26	10	8	8	27:18	28
7	Kapfenberg	26	10	7	9	39:37	27
8	Wr. Neustadt	26	10	6	10	31:26	26
9	DSV Alpine	26	10	5	11	34:39	25
10	Rapid Lienz	26	8	8	10	24:44	24
11	Vorarlberg	26	9	6	11	32:39	24
12	Wolfsberg	26	7	7	12	27:42	21
13	Stockerau	26	5	7	14	21:34	17
14	Bischofshofen	26	4	2	20	21:61	10

Tabellen — Statistik

1976

	Verein	Sp	S	U	N	TV	P
1	Austria/WAC	36	21	10	5	77:29	52
2	Innsbruck	36	18	9	9	68:38	45
3	Rapid	36	17	6	13	55:50	40
4	A. Salzburg	36	14	11	11	47:48	39
5	Admira Wacker	36	13	10	13	51:54	36
6	VOEST Linz	36	13	9	14	44:44	35
7	LASK	36	10	11	15	46:55	31
8	Sturm Graz	36	11	8	17	38:51	30
9	GAK	36	9	11	16	39:60	29
10	A. Klagenfurt	36	6	11	19	30:66	23

1977

	Verein	Sp	S	U	N	TV	P
1	Innsbruck	36	21	11	4	51:22	53
2	Rapid	36	18	11	7	72:39	47
3	Austria/WAC	36	19	7	10	72:44	45
4	LASK	36	12	11	13	47:48	35
5	VOEST Linz	36	10	14	12	46:47	34
6	Admira Wacker	36	11	12	13	43:52	34
7	Vienna	36	9	13	14	34:40	31
8	GAK	36	9	12	15	34:62	30
9	Sturm Graz	36	9	10	17	40:55	28
10	A. Salzburg	36	9	5	22	34:64	23

1978

	Verein	Sp	S	U	N	TV	P
1	Austria Wien	36	23	10	3	77:34	56
2	Rapid	36	16	10	10	76:43	42
3	Innsbruck	36	15	9	12	49:34	39
4	Sturm Graz	36	13	12	11	51:54	38
5	VOEST Linz	36	10	13	13	45:49	33
6	GAK	36	10	13	13	44:49	33
7	Vienna	36	12	8	16	34:54	32
8	Sportclub	36	8	15	13	47:61	31
9	Admira Wacker	36	8	12	16	45:67	28
10	LASK	36	9	10	17	35:58	28

1979

	Verein	Sp	S	U	N	TV	P
1	Austria Wien	36	25	5	6	44:88	55
2	Sportclub/Post	36	15	11	10	71:54	41
3	Rapid	36	13	13	10	52:42	39
4	Sturm Graz	36	14	9	13	43:50	37
5	VOEST Linz	36	11	14	11	41:44	36
6	A. Salzburg	36	13	10	13	38:53	36
7	Admira Wacker	36	13	8	15	42:43	34
8	Vienna	36	9	11	16	48:62	29
9	GAK	36	7	15	14	36:53	29
10	Innsbruck	36	8	8	20	41:55	24

1980

	Verein	Sp	S	U	N	TV	P
1	Austria Wien	36	20	10	6	84:39	50
2	VOEST Linz	36	17	9	10	63:41	43
3	LASK	36	13	17	6	51:34	43
4	GAK	36	15	12	9	45:40	42
5	Rapid	36	11	13	12	46:40	35
6	A. Salzburg	36	12	8	16	37:61	32
7	Admira Wacker	36	9	13	14	34:53	31
8	Sportclub	36	9	11	16	52:59	29
9	Sturm Graz	36	8	13	15	41:60	29
10	Vienna	36	10	6	20	40:66	26

1981

	Verein	Sp	S	U	N	TV	P
1	Austria Wien	36	20	6	10	77:46	46
2	Sturm Graz	36	17	11	8	58:39	45
3	Rapid	36	18	7	11	69:43	43
4	Admira Wacker	36	17	8	11	56:52	42
5	GAK	36	13	12	11	52:49	38
6	VOEST Linz	36	12	12	12	44:40	36
7	LASK	36	11	12	13	42:51	34
8	Sportclub	36	12	8	16	46:69	32
9	A. Salzburg	36	10	3	23	40:61	23
10	Eisenstadt	36	6	9	21	25:59	21

1982

	Verein	Sp	S	U	N	TV	P
1	Rapid	36	18	11	7	69:43	47
2	Austria Wien	36	18	8	10	54:32	44
3	GAK	36	16	6	14	40:47	38
4	Admira Wacker	36	14	8	14	52:59	36
5	Innsbruck	36	14	7	15	60:52	35
6	Sturm Graz	36	14	5	17	53:62	33
7	Sportclub	36	12	9	15	49:61	33
8	VOEST Linz	36	12	8	16	38:41	32
9	A. Salzburg	36	11	9	16	48:55	31
10	LASK	36	12	7	17	36:47	31

Statistik — Tabellen

1983

	Verein	Sp	S	U	N	TV	P
1	Rapid	30	20	8	2	72:18	48
2	Austria Wien	30	22	4	4	76:27	48
3	Innsbruck	30	13	12	5	55:36	38
4	Sturm Graz	30	16	5	9	50:33	37
5	A. Salzburg	30	14	6	10	45:34	34
6	A. Klagenfurt	30	13	6	11	52:49	32
7	GAK	30	12	8	10	40:40	32
8	VOEST Linz	30	12	8	10	41:42	43
9	Eisenstadt	30	8	13	9	41:48	29
10	Admira Wacker	30	9	9	12	42:47	27
11	Sportclub	30	10	7	13	44:60	27
12	LASK	30	9	7	14	42:49	25
13	Neusiedl/See	30	7	7	16	29:49	21
14	Wels	30	6	8	16	27:46	20
15	Vienna	30	7	5	18	25:61	19
16	Simmering	30	2	7	21	20:62	11

1984

	Verein	Sp	S	U	N	TV	P
1	Austria Wien	30	21	5	4	85:29	47
2	Rapid	30	19	9	2	71:18	47
3	LASK	30	17	8	5	54:25	42
4	Innsbruck	30	13	11	6	54:31	37
5	Sturm Graz	30	15	7	8	52:43	37
6	Admira Wacker	30	12	12	6	47:36	36
7	A. Klagenfurt	30	12	10	8	55:38	34
8	GAK	30	13	6	11	45:37	32
9	Sportclub	30	10	7	13	53:52	27
10	A. Salzburg	30	10	7	13	39:46	27
11	Eisenstadt	30	9	7	14	39:49	25
12	VOEST Linz	30	8	9	13	35:52	25
13	FavAC	30	8	9	13	35:52	25
14	St. Veit	30	7	7	16	37:59	21
15	Neusiedl	30	1	2	27	10:102	4

1985

	Verein	Sp	S	U	N	TV	P
1	Austria Wien	30	25	4	1	85:17	54
2	Rapid	30	18	9	3	85:30	45
3	LASK	30	17	4	9	49:37	38
4	Innsbruck	30	12	8	10	51:44	32
5	Admira Wacker	30	11	10	9	49:42	32
6	Sturm Graz	30	13	6	11	51:52	32
7	A. Klagenfurt	30	10	11	9	39:38	31
8	Eisenstadt	30	9	10	11	29:31	28
9	VOEST Linz	30	10	8	12	39:43	28
10	GAK	30	8	12	10	31:35	28
11	DSV Donawitz	30	11	5	14	38:47	27
12	Sportclub	301	10	5	15	40:55	25
13	Spittal/Drau	30	9	6	15	28:55	24
14	FavAC	30	7	7	16	26:62	21
15	A. Salzburg	30	7	4	19	35:69	18
16	Vienna	30	4	9	17	33:51	17

1986

	Verein	Sp	S	U	N	TV	P
1	Austria Wien	36	26	6	4	99:28	58
2	Rapid	36	23	10	3	101:34	56
3	Innsbruck	36	14	11	11	69:57	39
4	LASK	36	13	12	11	50:44	38
5	Sturm Graz	36	9	17	10	45:50	35
6	GAK	36	13	9	14	53:60	35
7	Admira/W.	36	9	11	16	54:66	29
8	A. Klagenfurt	36	8	12	16	41:67	28

1987 – Aufstiegs-Play-Off

	Verein	Sp	S	U	N	TV	P
1	Rapid	36	22	8	6	94:43	52
2	Austria Wien	36	21	10	5	86:40	52
3	FC Tirol	36	20	5	11	78:57	45
4	LASK	36	17	6	13	56:59	40
5	Admira/W.	36	13	7	16	63:55	33
6	Sportclub	36	13	6	17	74:64	32
7	Sturm Graz	36	11	8	17	45:67	30
8	VOEST Linz	36	11	7	18	46:73	29

1988 – Oberes Play-off

	Verein	Sp	S	U	N	TV	P
1	Rapid	36	22	10	4	81:40	54
2	Austria Wien	36	19	8	9	83:47	46
3	Sturm Graz	36	15	12	9	55:48	42
4	Vienna	36	18	3	15	68:65	39
5	Admira/W.	36	16	6	14	73:51	38
6	FC Tirol	36	11	15	10	47:49	37
7	GAK	36	11	13	12	50:66	35
8	Sportclub	36	9	13	14	63:77	31

1989 – Oberes Play-off

	Verein	Sp	S	U	N	TV	P
1	FC Tirol	36	24	9	5	78:36	39
2	Admira/W.	36	20	8	8	78:52	33
3	Austria Wien	36	18	10	8	76:44	31
4	Rapid	36	17	7	12	67:40	29
5	Vienna	36	12	13	11	59:59	26
6	Sportklub	36	13	6	17	60:70	22
7	GAK	36	11	9	16	37:64	20
8	St. Pölten	36	10	9	17	44:68	17

Tabellen
Statistik

1990

	Verein	Sp	S	U	N	TV	P
1	FC Tirol	36	23	9	4	78:37	38
2	Austria Wien	36	20	5	11	70:46	30
3	Rapid	36	17	10	9	69:52	30
4	Admira	36	17	8	11	79:56	28
5	Sturm	36	10	16	10	34:30	25
6	A. Salzburg	36	10	15	11	49:52	25
7	St. Pölten	36	9	16	11	45:54	24
8	Vienna	36	10	9	17	51:70	19

1991 – Unteres Play-off

	Verein	Sp	S	U	N	TV	P
1	GAK	36	17	12	7	58:32	33
2	SR Donaufeld	36	13	10	13	59:61	27
3	WSG Wattens	36	11	13	12	55:59	25
4	SV Spittal	36	11	10	15	52:54	24
5	A. Klagenfurt	36	7	13	16	30:57	22
6	ASV Vösendorf	36	11	8	17	40:61	20
7	FC Salzburg	36	12	4	20	76:81	18
8	Wolfsberger AC	36	8	8	20	39:79	18

1992 – Mittleres Play-off

	Verein	Sp	S	U	N	TV	P
1	Sturm	14	4	9	1	18:11	17
2	Mödling	14	5	6	3	16:15	16
3	LASK	14	5	5	4	19:17	15
4	Wr. Sportclub	14	5	4	5	23:18	14
5	Vienna	14	5	4	5	15:13	14
6	DSV	14	6	2	6	17:20	14
7	Krems	14	3	6	5	22:25	12
8	GAK	14	3	4	7	12:23	10

1993 – Aufstiegs-Play-off

	Verein	Sp	S	U	N	TV	P
1	Mödling	14	11	2	1	26:6	24
2	Sturm	14	8	2	4	26:12	18
3	LASK	14	5	6	3	11:8	16
4	GAK	14	4	7	3	20:13	15
5	DSV	14	3	5	6	14:18	11
6	FC Linz	14	3	4	7	12:16	10
7	Ried	14	4	1	9	14:26	9
8	FavAC	14	3	3	8	10:34	9

1994 – 2. Division

	Verein	Sp	S	U	N	TV	P
1	LASK	30	24	4	2	65:16	52
2	FC Linz	30	19	6	5	64:31	44
3	GAK	30	19	5	6	63:20	43
4	Ried	30	15	7	8	52:39	37
5	Spittal	30	12	9	9	64:37	33
6	Vienna	30	12	8	10	35:32	32
7	Stockerau	30	11	10	9	43:46	32
8	Puch	30	10	11	9	44:35	31
9	Oberwart	30	9	10	11	33:34	28
10	DSV	30	10	8	12	33:40	28
11	Kufstein	30	10	8	12	31:38	28
12	Braunau	30	9	9	12	38:39	27
13	Wr. Neustadt	30	10	3	17	37:70	23
14	FAVAC	30	6	7	17	31:64	19
15	Wattens	30	3	7	20	25:67	13
16	Krems	30	2	6	22	16:66	10

1995 – 2. Division

	Verein	Sp	S	U	N	TV	P
1	GAK	30	22	6	2	62:15	50
2	Ried	30	20	6	4	55:18	46
3	Vienna	30	18	4	8	68:33	40
4	Spittal	30	16	8	6	59:36	40
5	A. Lustenau	30	15	6	9	60:26	36
6	St. Pölten	30	13	9	8	53:32	35
7	Oberwart	30	10	11	9	40:40	31
8	WSC Gerasdorf	30	10	11	9	40:42	31
9	Kufstein	30	10	9	11	32:44	29
10	DSV	30	7	13	10	30:31	27
11	Braunau	30	10	5	15	30:50	25
12	Flavia	30	5	13	12	22:42	23
13	Klingenbach	30	4	13	13	20:44	21
14	Puch	30	7	7	16	33:59	21
15	Stockerau	30	3	9	18	16:50	15
16	Wr. Neustadt	30	2	6	22	24:85	10

1996

	Verein	Sp	S	U	N	TV	P
1	Rapid	36	22	7	7	68:38	73
2	Sturm	36	20	7	9	61:35	67
3	FC Tirol	36	18	8	10	64:40	62
4	GAK	36	14	15	7	46:36	57
5	Austria Wien	36	14	9	13	42:35	51
6	LASK	36	13	9	14	37:35	48
7	Ried	36	11	14	11	47:53	47
8	A. Salzburg	36	10	14	12	53:52	44
9	Admira	36	7	13	16	35:61	34
10	Steyr	36	0	6	30	25:93	6

Statistik

Tabellen

1997

	Verein	Sp	S	U	N	TV	P
1	A. Salzburg	36	19	12	5	54:25	69
2	Rapid	36	18	12	6	69:36	66
3	Sturm	36	14	13	9	50:31	55
4	FC Tirol	36	16	7	13	49:40	55
5	GAK	36	11	14	11	39:42	47
6	Austria Wien	36	12	10	14	41:51	46
7	LASK	36	9	17	10	38:47	44
8	Ried	36	12	6	18	44:59	42
9	FC Linz	36	6	13	17	30:47	31
10	Admira	36	6	10	20	35:71	28

1998

	Verein	Sp	S	U	N	TV	P
1	Sturm	36	24	9	3	80:28	81
2	Rapid	36	18	8	10	42:36	62
3	GAK	36	18	7	11	53:33	61
4	A. Salzburg	36	16	8	12	48:33	56
5	LASK	36	17	4	15	67:58	55
6	FC Tirol	36	12	12	12	49:51	48
7	Austria Wien	36	10	10	16	39:54	40
8	Ried	36	10	9	17	42:55	39
9	Lustenau	36	6	14	16	38:59	32
10	Admira	36	5	7	24	34:85	22

1999

	Verein	Sp	S	U	N	TV	P
1	Sturm	36	23	4	9	72:32	73
2	Rapid	36	19	13	4	50:25	70
3	GAK	36	20	5	11	46:29	65
4	A. Salzburg	36	15	12	9	55:40	57
5	LASK	36	17	6	13	53:44	57
6	FC Tirol	36	15	10	11	49:41	55
7	Austria Wien	36	13	11	12	41:44	50
8	Ried	36	8	8	20	25:47	32
9	Lustenau	36	4	11	21	24:61	23
10	Steyr	36	3	6	27	29:81	12

2000

	Verein	Sp	S	U	N	TV	P
1	FC Tirol	36	24	5	7	54:30	77
2	Sturm	36	22	8	6	77:32	74
3	Rapid	36	20	6	10	59:29	66
4	Austria Wien	36	16	6	14	49:44	54
5	Ried	36	15	8	13	56:39	53
6	A. Salzburg	36	12	10	14	39:45	46
7	GAK	36	12	6	18	41:62	42
8	LASK	36	10	9	17	41:49	39
9	Bregenz	36	10	5	21	39:73	35
10	Lustenau	36	4	7	25	22:74	19

2001

	Verein	Sp	S	U	N	TV	P
1	FC Tirol	36	20	8	8	63:31	68
2	Rapid	36	16	12	8	62:36	60
3	GAK	36	16	9	11	49:40	57
4	Sturm	36	16	7	13	58:44	55
5	Austria Wien	36	14	8	14	47:43	50
6	A. Salzburg	36	13	10	13	49:45	49
7	Ried	36	13	9	14	51:52	48
8	Bregenz	36	10	8	18	40:67	38
9	Admira	36	8	12	16	29:63	36
10	LASK	36	8	9	19	43:70	33

2002

	Verein	Sp	S	U	N	TV	P
1	FC Tirol	36	23	6	7	63:20	75
2	Sturm	36	18	11	7	68:42	65
3	GAK	36	17	12	7	69:39	63
4	Austria Wien	36	14	11	11	53:38	53
5	FC Kärnten	36	14	8	14	40:52	50
6	A. Salzburg	36	13	10	13	42:40	49
7	SW Bregenz	36	12	9	15	51:70	45
8	Rapid	36	11	10	15	37:49	43
9	Ried	36	9	9	18	37:54	36
10	Admira/M.	36	3	6	27	25:81	15

Die fünf Cupfinali des GAK

1962

Wien, 30.05.1962, 9000.
Austria Wien – GAK 4:1 (1:0)
Tor für den GAK: Schursch..
Aufstellung: Welk (38. Prexl); Frisch; Stangl, Kölly; Erkinger, Maier A.; Koleznik, Schursch, Jank, Iberer, Müller.

1968

Wien, 23.05.1968, 8000.
Rapid Wien – GAK 2:0 (1:0)
GAK-Aufstellung: Hodschar; Frisch; Erkinger, Ninaus, Klug; Schilcher, Koleznik, Geyer; Hohenwarter (75. Stessl), Eckhardt (46. Scharmann), Slovic.

1981

Salzburg, 20.05.1981, 7000.
Austria Salzburg – GAK 1:0 (1:0)
Tor: Schildt (7.).
GAK-Aufstellung: Ekmecic; Hohenwarter; Mohapp, Stering, Marko; Gössl, Ratschnig, Bajlitz (67. Zuenelli); Pigel, Gamauf, Weiß (59. Burger).

Graz, 2.06.1981, 7000.
GAK – Austria Salzburg 2:0 (1:0; 1:0)
nach Verlängerung.
Tore: Stering (2., Elfmeter), Riedl (106.).
GAK-Aufstellung: Ekmecic; Hohenwarter; Marko, Gamauf, Zuenelli; Stering, Gössl, Moder; Pigel (81. Weiß), Bajlitz (91. Ratschnig), Riedl.

2000

Wien, 16.05.2000, 9200.
Austria Salzburg – GAK 5:6 (1:2, 2:2)
nach Elfmeterschießen.
Tore: Pamic (3., Elfmeter; 34.); Szewczyk (44.), Aufhauser (93.).
Elfmeterschießen:
Kulovits gehalten,
Laessig 1:0;
Tutu 1:1,
Meyssen 2:1;
Pamic 2:2,
Kitzbichler daneben;
Lipa 2:3,
Sabitzer 3:3;
Ehmann 3:4,
Lipcsei gehalten.
GAK-Aufstellung: Almer; Lipa; Ehmann, Pötscher; Ramusch, Kulovits, Ceh, Dmitrovic (79. Sick), Standfest (85. Amerhauser); Pamic, Akwuegbu (66. Tutu).

2002

Graz, 12.05.2002, 15400.

Sturm Graz – GAK 2:3 (0:3)
Tore: Brunmayr (15., Elfmeter, 20.), Kusi-Asare (35.); Vastic (58., 92. Elfmeter).
GAK-Aufstellung: Almer; Tokic; Akoto, Hartmann; Ramusch, Aufhauser, Bazina (68. Lerant), Ceh, Dmitrovic (76. Standfest); Kusi-Asare, Brunmayr (85. Pötscher).

Statistik

Ergebnisse

Derbies im Oberhaus

1951/52

Sturm – GAK 2:1 (1:1)
Tore: Stumpf, Dureck; Landauf

GAK – Sturm 4:1 (3:0)
Lobenhofer (Eigentor), Kölly A., Engel, Kölly St.; Ninaus

1952/53

Sturm – GAK 0:2 (0:1)
Kölly St., Eigenstiller

GAK – Sturm 2:1 (1:1)
Engel, Kandler; Gapp

1953/54

GAK – Sturm 4:3 (1:1)
Sajko (2), Eigenstiller, Denk; Mühlbauer (2), Baier

Sturm – GAK 3:3 (1:2)
Kaltenegger, Mühlbauer, Decker; Kölly St., Aigner, Denk

1955/56

GAK – Sturm 2:0 (1:0)
Eigenstiller, Ninaus H.

Sturm – GAK 1:5 (1:3)
Meszaros; Sgerm (2), Kandler, Aigner, Huberts W.

1956/57

Sturm – GAK 1:6 (1:4)
Reiter; Aigner (2), Ninaus H. (2), Sgerm (2)

GAK – Sturm 3:2 (3:0)
Huberts W., Sgerm, Eigenstiller; Senekowitsch (Elfmeter), Mühlbauer

1957/58

Sturm – GAK 1:1 (0:0)
Höfler; Ninaus H.

GAK – Sturm 6:1 (1:0)
Aigner (2), Ninaus H. (2), Huberts W. (Elfmeter), Sgerm; Kaltenegger

1954/65

Sturm – GAK 2:0 (1:0)
Murlasits, Tesurinho

GAK – Sturm 3:2 (1:1)
Koleznik, Sgerm, Kiss; Kozlicek, Reisinger

1966/67

GAK – Sturm 0:2 (0:1)
Murlasits, Reisinger

Sturm – GAK 0:1 (0:0)
Stessl

1967/68

Sturm – GAK 1:3 (1:2)
Reisinger; Koleznik (3)

GAK – Sturm 1:2 (1:2)
Koleznik (Elfmeter); Peintinger (2)

1968/69

Sturm – GAK 3:1 (1:0)
Springer (2), Murlasits; Krois

GAK – Sturm 1:1 (1:0)
Hiesel; Kaiser

1969/70

Sturm – GAK 1:1 (0:1)
Schilcher (Elfmeter); Traxler

GAK – Sturm 0:0

1970/71

GAK – Sturm 2:1 (0:0)
Stering, Grubisic; Zamut.

Sturm – GAK 0:1 (0:0)
Stering

1971/72

Sturm – GAK 1:1 (0:1)
Trenkwalder; Repitsch

GAK – Sturm 3:4 (1:2)
Rebernig, Koleznik, Stering; Stendal, Peintinger (Elfmeter), Zamut

Ergebnisse **Statistik**

1972/73

GAK – Sturm 4:0 (2:0)
Repitsch (2), Philipp (2)

Sturm – GAK 1:1 (0:0)
Seneca; Repitsch

1973/74

Sturm – GAK 0:0

GAK – Sturm 0:0

1975/76

Sturm – GAK 0:0

GAK – Sturm 4:4 (1:3)
Zuenelli (2), Kirisits H., Weiß L.; Stendal (2), Kulmer, Gruber

Sturm – GAK 1:1 (1:1)
Stendal; Losch

GAK – Sturm 0:1 (0:0)
Zamut

1976/77

GAK – Sturm 0:3 (0:0)
Stendal (2, 1 Elfmeter), Jurtin

Sturm – GAK 2:1 (2:0)
Jurtin (2); Weiß L.

Sturm – GAK 0:1 (0:0)
Koleznik

GAK – Sturm 0:0
.

1977/78

Sturm – GAK 1:0 (0:0)
Haas T.

GAK – Sturm 3:1 (2:1)
Zuenelli (2, 1 Elfmeter), Koleznik; Seneca

Sturm – GAK 1:1 (0:0)
Haas T.; Vidalli

GAK – Sturm 1:0 (1:0)
Zuenelli

1978/79

GAK – Sturm 1:2 (0:1)
Pigel; Haas T, Jurtin

Sturm – GAK 1:1 (0:0)
Jurtin; Mertel

GAK – Sturm 0:1 (0:0)
Wehr

Sturm – GAK 3:1 (0:0)
Schilcher, Haas T., Stückler; Pigel

1979/80

Sturm – GAK 0:1 (0:1)
Hohenwarter

GAK – Sturm 1:0 (0:0)
Vidalli

Sturm – GAK 1:1 (1:1)
Kulmer; Pigel

GAK – Sturm 1:1 (1:0)
Ratschnig; Jurtin

1980/81

GAK – Sturm 2:1 (1:0)
Gregoritsch, Weiß L.; Haas T.

Sturm – GAK 2:1 (2:0)
Haas T., Schauss; Hohenwarter

GAK – Sturm 0:0

Sturm – GAK 4:1 (1:1)
Stendal, Jurtin, Pichler (Elfmeter), Bakota (Elfmeter); Bajlitz

1981/82

Sturm – GAK 4:1 (1:0)
Bakota (3), Jurtin; Weiß L.

GAK – Sturm 0:2 (0:1)
Kulmer, Niederbacher

Sturm – GAK 0:1 (0:0)
Koschak

GAK – Sturm 2:3 (1:2)
Riedl (Elfmeter), Koschak; Bakota (2, 1 Elfmeter), Jurtin

179

Statistik

Ergebnisse

1982/83

Sturm – GAK 1:0 (1:0)
Bakota

GAK – Sturm 2:1 (0:1)
Turcik, Koschak; Bakota

1983/84

GAK – Sturm 1:2 (0:1)
Gregoritsch; Bakota (2)

Sturm – GAK 3:1 (1:1)
Bakota, Szokolai, Bergaus; Zuenelli

1984/85

Sturm – GAK 1:1 (1:1)
Bakota; Vidovic

GAK – Sturm 0:0

1985/86

GAK – Sturm 0:0

Sturm – GAK 2:1 (0:0)
Cop, Schauss; Zuenelli

GAK – Sturm 0:0

Sturm – GAK 1:1 (0:0)
Löschnig; Koschak

1986/87

Sturm – GAK 1:0 (0:0)
Teskeredzic

GAK – Sturm 2:3 (1:0)
Koschak, Welzl (Elfmeter); Jurtin, Goldbrich, Marko R.

1987/88

GAK – Sturm 3:0 (1:0)
Hasenhüttl, Schatzschneider, Dihanich

Sturm – GAK 1:1 (0:0)
Koschak; Vidovic

Sturm – GAK 5:2 (2:0)
Krämer (3), Türmer, Feirer; Gamauf, Schatzschneider

GAK – Sturm 1:1 (0:0)
Nessl; Krämer (Elfmeter)

1988/89

Sturm – GAK 0:1 (0:0)
Sauseng

GAK – Sturm 0:4 (0:1)
Temm, Feirer (Elfmeter), Holzer, Werner

1989/90

Sturm – GAK 0:1 (0:1)
Glieder
GAK – Sturm 0:4 (0:1)
Diaz (3), Temm

1995/96

GAK – Sturm 3:2 (3:1)
Sabitzer (2, 1 Elfmeter), Glieder; Haas M., Mählich

Sturm – GAK 1:1 (1:1)
Vastic; Rajkovic

GAK – Sturm 1:0 (0:0)
Glieder

Sturm – GAK 0:2
Glieder, Penksa

1996/97

Sturm – GAK 0:0

GAK – Sturm 2:2 (1:1)
Wieger, Zisser; Hiden, Reinmayr

Sturm – GAK 0:0

GAK – Sturm 1:1 (1:0)
Wieger; Hopfer

1997/98

GAK – Sturm 0:4 (0:1)
Vastic (2), Mählich, Prilasnig

Sturm – GAK 2:1 (0:1)
Haas, Kocijan; Radovic

Sturm – GAK 2:1 (1:1)
Reinmayr, Schopp; Sabitzer

GAK – Sturm 0:0

Ergebnisse **Statistik**

1998/99

Sturm – GAK 2:3 (1:0)
Vastic, Reinmayr; Ramusch, Kulovits, Brenner

GAK – Sturm 0:5 (0:3)
Haas (2), Vastic, Reinmayr, Popovic

Sturm – GAK 0:1 (0:1)
Pamic (Elfmeter)

GAK – Sturm 1:2 (0:0)
Vastic, Martens; Dmitrovic (Elfmeter)

1999/2000

Sturm – GAK 5:0 (3:0)
Vastic (3, 1 Elfmeter), Reinmayr, Prilasnig

GAK – Sturm 1:0 (1:0)
Pamic

Sturm – GAK 6:1 (3:1)
Vastic (2), Schupp, Neukirchner, Schopp, Martens; Amerhauser

GAK – Sturm 2:4 (2:4)
Pamic; Prilasnig, Schopp, Yuran, Popovic

2000/2001

GAK – Sturm 2:0 (0:0)
Pamic (2)

Sturm – GAK 1:1 (1:0)
Schopp; Pamic (Elfmeter)

GAK – Sturm 1:2 (1:2)
Tutu; Haas, Amoah

Sturm – GAK 0:1 (0:0)
Amerhauser

2001/2002

Sturm – GAK 2:0 (0:0)
Vastic, Haas

GAK – Sturm 1:1 (1:0)
Bazina; Vastic

Sturm – GAK 2:2 (1:1)
Vastic, Mujuri; Brunmayr (2)

GAK – Sturm 1:1 (1:0)
Panadic; Kusi-Asare

Die Autoren

Bravo GAK – die Au

Dr. Klaus Edlinger ist einer der prominentesten und bekanntesten TV-Moderatoren. Er moderierte jahrelang die ZIB 1 und ZIB 2 und ist Autor von 14 Büchern. Edlinger, auch als Kommunikationstrainer tätig, war und ist seit Jahrzehnten mit kurzen Unterbrechungen im GAK-Vorstand. Dr. Klaus Edlinger zeichnet für das Konzept dieses Buches verantwortlich.

Mag. Michael Pucher ist Historiker und durchleuchtete als solcher in monatelanger Arbeit die 100-jährige GAK-Geschichte. Der zweifache Familienvater ist seit Jahren freiberuflicher Sportjournalist, arbeitet zur Zeit beim „Grazer" und beschreibt sich selbst als überzeugten Grazer und GAK-Fan.

Christian Thomaser schnupperte in den 80er-Jahren erstmals bei der Steirerkrone „Medienluft" und ging beim ehemaligen Sportchef der Kleinen Zeitung, Harald Schaupp, in die Lehre. Der Gleisdorfer ist beim Kompetenz Verlag als Chefredakteur (SteirerSport, GAK-Teufelspost) tätig und schreibt die Turniermagazine für die beiden größten österreichischen Tennisveranstaltungen in Kitzbühel und Wien.

Gastkommentare:

Gerhard Felbinger ist seit 20 Jahren Journalist und von Kindheit an leidenschaftlicher GAK-Anhänger. Es gibt kaum ein Heimspiel, das Gerhard Felbinger auslässt. Der Redakteur der Steirerkrone ist ein Kenner der VIP-Longue und beschäftigt sich journalistisch vor allem mit Politik und Wirtschaft.

Dr. Egyd Gstättner gilt als einer der großen literarischen Newcomer Österreichs. Er lebt als freier Autor in Klagenfurt und hat zahlreiche Preise und Auszeichnungen erhalten. Egyd Gstättner schreibt in Anthologien, er ist mit Feuilletons in in- und ausländischen Zeitungen vertreten und hat neben sieben Theaterstücken bisher zwölf Bücher veröffentlicht. Bekannte Titel sind unter anderem: „Nachrichten aus der Provinz", „Der König des Nichts" oder „Untergänge".

Wolf Haas ist Österreichs erfolgreichster Krimi-Autor. Seine Bücher gehören zu den besten und komischsten deutschsprachigen Kriminalromanen der letzten Jahre. Der Vater von Wolf Haas ist Feldbacher und leidenschaftlicher GAK-Anhänger – von ihm handelt die Geschichte in diesem Buch.

Peter Karner war von 1978–1992 Spieler beim GAK, von 90–92 Spieler der Kampfmannschaft. Heute ist Peter Karner beim ORF als Nachrichten- und Sportredakteur tätig.

Dr. Klaus Edlinger entwarf das Konzept dieses Buches.

Martin Konrad ist seit 12 Jahren Fernseh- und Radiojournalist. Der „ORF-Fußballer" hat seit seiner Kindheit eine besondere Beziehung zum GAK: Er war von der U10- bis zur U21-Mannschaft Stürmer bei den Roten Teufeln. Trotz dieser jugendlichen Vorbelastung gilt Martin Konrad, der bei SAT 1 durch die harte Interviewschule gegangen ist, stets als scharfer Kritiker des GAK.

Werner Krause ist der fußballerfahrene Kultur-Redakteur bei der Kleinen Zeitung. Krause war Ex-Junioren-Auswahlspieler und heitert den Sportteil der Kleinen Zeitung bei Großereignissen wie Olympischen Spielen und Fußball-Weltmeisterschaften immer wieder mit seinen Kolumnen auf.

August Kuhn ist Sportchef der Kleinen Zeitung und seit 30 Jahren mit dem steirischen und Grazer Fußball eng verbunden. In seiner Jugend stand er selbst im Fußballtor, hat aber sehr schnell gesehen, um wie viel lustiger es sich als Kritiker lebt.

Die Autoren dieses Buches

Historiker Mag. Michael Pucher durchstöberte alle GAK-Archive.

Christian Thomaser hatte die redaktionelle Leitung des Buches.

Mike Markart, geboren 1961, lebt als freier Autor in der Süd-West-Steiermark. Markart ist vor allem mit Anthologien, Hörspielen und Lyrik an die Öffentlichkeit getreten. Mike Markart, der zahlreiche Literatur-Preise erhalten hat, ist glühender GAK-Anhänger.

Harald Schaupp, Jahrgang 1929, hat als Sportchef der Kleinen Zeitung den GAK über Jahrzehnte begleitet. Schaupp ist einer der profiliertesten Sportjournalisten Österreichs gewesen und hat von nicht weniger als 20 Olympischen Spielen berichtet. Seine tägliche Kolumne „Ohne Glacé-Handschuhe" ist rund 11.000 mal in der Kleinen Zeitung erschienen. Schaupp lebt heute als golfender Pensionist in Graz.

Johann Schönegger ist sozusagen der „Ober-Fan" des GAK. Der 48jährige Lehrer aus Groß St. Florian betreut seit dem Jahr 2000 die Fanclubs der Roten Teufel und war auch bei der Gründung der „The Burning Devils", der Cheerleaders-Gruppe des GAK, wesentlich beteiligt.

Wilfried Silli ist den Weg mit dem GAK beruflich vierzig Jahre mitgegangen. Er ist Gründungsmitglied der Steiermark-Ausgabe der Kronenzeitung und leitet in Graz seit Oktober 1972 die Sportredaktion und schreibt die Kolumne Seitensprünge.

Johann Skocek ist Sport-Chef beim „Standard". Er gilt als einer der originellsten und profiliertesten Sportjournalisten Österreichs. Er hat viele neue Perspektiven in die Sportberichterstattung eingeführt und auch einige Bücher geschrieben, darunter „100 Jahre Rapid".

Ein herzliches Dankeschön auch an **DI Herbert Rienessel** und dessen Sohn Robert für das Bereitstellen der statistischen Daten aus deren Homepage www.gak-archiv.at!

Sponsoren

Das Buch „Bravo GAK!" entstand mit freundlicher Unterstützung der Sportabteilung des Landes Steiermark und folgender Unternehmen:

AVL

Eskimo iglo
office@eskimo-iglo.com

NiEDERMEYER

LEICHT METALLBAU

autobedarf binder

Styria - Briefmarken
FABIANEK

Sporgasse 14
A-8010 Graz
Tel.: (0316) 81-20-20
E-Mail: info@briefmarken-styria.at
Homepage: www.briefmarken-styria.at

Seit 1939
STYRIA Briefmarken FABIANEK

PUNTIGAMER
DAS „bierige" BIER

Kompetenz®